Topos Taschenbücher
Band 250

Wilhelm Geerlings / Gisbert Greshake (Hg.)

Quellen geistlichen Lebens

Band 1:
Die Zeit der Väter

Topos Taschenbücher

Die Deutsche Bibliothek – CIP-Einheitsaufnahme

Quellen geistlichen Lebens. – Gekürzte Taschenbuchausg. –
Mainz : Matthias-Grünewald-Verl.
Gekürzte Taschenbuchausg.
Bd. 1. Die Zeit der Väter / Wilhelm Geerlings/Gisbert
Greshake (Hg.). – 1. Aufl. – 1995
(Topos-Taschenbücher ; Bd. 250)
ISBN 3-7867-1870-9
NE: Geerlings, Wilhelm [Hrsg.]; GT

 1. Auflage 1995
Reihengestaltung: Harald-Schneider-Reckels und Iris Momtahen
Umschlagfoto: Christusbüste. Commodilla-Katakombe.
Druck und Bindung: Clausen & Bosse, Leck

ISBN 3-7867-1870-9

Inhaltsverzeichnis

Vorwort

Leben aus den Quellen

1. Die Bedeutung von Traditionen für das menschliche Leben

Keiner fängt vom Nullpunkt aus an, Mensch zu sein. Bevor wir beginnen, unser eigenes Leben zu leben und eine eigenständige Stellung in der Wirklichkeit einzunehmen, stehen wir immer schon in einem von der Tradition geprägten Lebens- und Sinnzusammenhang, der es uns allererst ermöglicht, „selbst" zu werden. Bevor wir Gebrauch von unserer Freiheit machen, ist immer schon über uns entschieden. Vom Chromosomensatz angefangen, den wir unseren Eltern und Vorfahren verdanken, bis hin zur Gesellschaft, in die wir ungewollt hineinwachsen, zur Erziehung, die wir ungefragt erfahren, und zur Sprache, die wir unbewußt erlernen: Immer steht etwas *Vorgegebenes*, das uns weitergegeben, also „tradiert" wird, am Anfang aller personalen eigenständigen Akte. So richtig es auch ist, daß das Wichtigste und Höchste des Menschen der Gebrauch seiner Freiheit ist, so kann sich doch keiner aus seinem fundamentalen Eingebundensein in Herkunft und Tradition lösen. Durch Tradition wird uns *geprägtes Leben* vermittelt und dadurch Freiheit instand gesetzt, den unverwechselbar eigenen Weg zu gehen.

Es war der Grundirrtum der Aufklärung und ihrer Folgen, zu meinen, der Mensch könne kraft seiner kritischen Vernunft mit sich selbst beginnen. Am Anfang allen personalen Tuns steht aber nicht autonom-kritische Prüfung, sondern ein Akt des Vertrauens, in dem das von den Eltern und Erziehern Vermittelte und Tradierte, zumal so etwas wie ein „Ur-Vertrauen", eine bestimmte Sinnwelt, fundamentale Wertvorstellungen und Orientierungslinien einfach übernommen werden. Ohne diesen „unkritischen" Anfang wird niemals jene kritische Selbständigkeit erreicht, die das zunächst Übernommene in Freiheit und persönlicher Verantwortung in ein Selbst*be*wußtes, und Selbstverantwortetes umwandeln kann oder auch dazu befähigt, sich gegebenenfalls von der eigenen Herkunft zu emanzipieren. Selbständig wird der Mensch nur, wenn er zunächst das ihm Überlieferte entgegennimmt. Ohne durch Tradition vermittelte Vor-Urteile kommt der Mensch zu keinem Urteil. Gerade von hier aus zeigt sich der zutiefst inhumane Charakter einer Gesellschaft, die keine Tradition mehr vermitteln will; sie macht den Menschen nicht freier, kritischer, mündiger: Sie zerbricht ihn, da sie ihm nicht die aus Tradition und Geschichte, nämlich aus der Erfahrung der Menschheit kommenden Fähigkeiten vermittelt, seinen eigenen Ort zu finden und zu bestehen. Ganz abgesehen davon, daß Tradition entlastet, d.h. von der Last befreit, mit allem und jedem selbst neu anfangen zu müssen, die Wege, die von vorangegangener Erfahrung längst als Irrwege erwiesen sind, nochmals zu gehen, die Sackgassen der Vergangenheit wieder und wieder zu beschreiten. Kein Wunder, daß ohne die Vor-Gabe der Tradition der Mensch leicht zum Spielball anonymer Mächte von rechts oder von links wird. Wer seinen durch Herkunft und Tradition vermittelten Ort nicht kennt, kann sich auch nicht klar werden über den Ausgangspunkt seines Erfahrens, Denkens und kritischen Prüfens. Wer nicht weiß, woher er kommt und wo er eigentlich steht, weiß auch nicht, wohin er zielstrebig zu gehen hat. Ein solcher steht immer in der Gefahr, unbewußt, unreflektiert, unkritisch im Fahrwasser der jeweils lautstärksten Stimmen, der Mode, des „Man" mitzuschwimmen. Wer dagegen seinen „Ort" kennt, besitzt auch die Freiheit zu schöpferischer Neugestaltung und Weiterführung des ihm Tradierten, der vermag auch, wenn es nottut, sich von eben dieser Tradition zu distanzieren.

Die Kenntnis von Tradition ist mithin „gefährlich". Sie ist eine Gefahr für das herrschende „Man", für die unkritische Mode, für das Pathos des Selbstverständlichen, für die Normativität des Faktischen, auch wenn sich diese Haltungen mit dem Mäntelchen eines hyperkritischen Geistes umkleiden. „Kritischer müßten mir die Kritischen sein", bemerkt Karl Barth. Nicht wer am lautesten schreit und die Fahne der Kritik gegen die Tradition hißt, ist der wirklich Kritische, sondern wer die lauten Stimmen noch einmal zu hinterfragen versteht, da sein Atem länger ist als das schnellvergehende Wehen des Zeitgeistes.

2. Tradition und christlicher Glaube

Diese fundamentale Bedeutung von Tradition für ein wahrhaft humanes Leben wird im Hinblick auf den christlichen Glaubensvollzug noch einmal erheblich vertieft. Denn Tradition ist nicht nur das, was jeden Menschen unbefragt und unbewußt prägt, und aus der Tradition kommen uns nicht nur jene Werte zu, die nie mehr aus der Welt verschwinden dürfen, z.B. die Einsicht in die fundamentalen Menschenrechte, in die Würde der Person und der Freiheit, sowie in das Wesen der Rechtsordnung als Freiheitsordnung. Tradition bedeutet für den Christen weit mehr. Das, worauf christlicher Glaube sich stützt, gelangt durch Überlieferung zu uns. „Ich habe überliefert ..., was ich selbst (durch Überlieferung) empfangen habe ...“ (1 Kor 15,3), so beschreibt Paulus den Prozeß der Glaubensvermittlung. Die Glaubenswirklichkeit, die in dem aufgipfelt, der gesagt hat: „Ich bin der Weg, die Wahrheit und das Leben“ (Joh 14,6), und von dem die Schrift bezeugt „in ihm allein ist Heil“ (Apg 4,12), kommt allein durch das Zeugnis der Tradition zu uns. Und wer den christlichen Glauben annimmt, der stellt sich damit unaufgebbar in eine Geschichte, die den Anspruch erhebt, für alle Zeit endgültige Norm und Gestalt wahrer göttlicher Überlieferung und letzte Norm und Gestalt wahren Menschseins zu enthalten. Christlicher Glaube ist also ohne Tradition, d.h. ohne Überlieferung und Weitervermittlung des geschichtlichen Ereignisses der Selbstmitteilung Gottes in Jesus Christus nicht denkbar. Jesus Christus ist die Quelle „lebendigen Wassers“ (Joh 4,10f), die durch den Strom der Überlieferungsgeschichte auch unsere Gegenwart erreicht. So sehr darum auch der Christ in die Zukunft schaut, weil er am Ende der Tage die Vollendung seines Lebens und der Geschichte erwartet, so blickt er wesentlich auch zurück auf die an der Quelle, „in illo tempore“ geschehenen Ereignisse, welche für ihn Verheißung von Zukunft und Ermutigung zur Zukunft bedeuten.

3. Geistliches Leben aus den Quellen

Zwischen der Quelle des Christusereignisses und uns heute steht der Fluß der Tradition, steht das unaufhörliche Empfangen und Weitergeben des Glaubens. Damit ist freilich nicht die mechanische Überlieferung eines „toten" Zeugenberichtes von damals (Heilige Schrift) gemeint, keine starre Weitergabe eines unwandelbaren Bündels von wahren Sätzen, sakramentalen Handlungen und religiösen Brauchtümern (das wäre das traditionalistische Mißverständnis von Tradition). Vielmehr ist Tradition wesentlich ein *Lebenszusammenhang*, in dem das Christusgeschehen (die uns durch ihn vermittelte Versöhnung, seine Lebensform, sein Wort und seine Verheißung) durch gelebte Weitergabe im Heiligen Geist unter veränderten geschichtlichen Bedingungen je neu Gegenwart wird, so daß jeder Mensch zu jeder Zeit sprechen kann: „Nicht mehr ich lebe, sondern Christus lebt in mir" (Gal 2,20). Das Leben des Glaubens entzündet sich am vorgelebten Leben. Der Geist springt über vom Be-Geisterten. Glaubenstradition ist somit ein kontinuierlicher Übersetzungsprozeß des Lebens vom Damals ins je Heute, wobei das Wort „Übersetzung" ganz wörtlich zu nehmen ist: Das Christusereignis will Gegenwart werden, indem es wie ein Fährschiff vom Anfang des Stromes zu uns heute übersetzt. Die ständige Über-setzung, dieser ständige Lebensprozeß der Tradition, heißt *Kirche*. „Ich würde sogar dem Evangelium nicht glauben, wenn mich die Autorität der katholischen Kirche nicht dazu bewegte." Drastischer kann man wohl kaum die Bedeutung kirchlicher Tradition für den christlichen Glauben und das geistliche Leben umschreiben. Augustinus, der diesen Satz formulierte, hat damit nur den von ihm sehr oft zitierten Satz des Apostels Paulus konkretisiert: „Was hast du, das du nicht empfangen hättest" (1 Kor 4,7), und den Satz Cyprians variiert: „Der kann Gott nicht zum Vater haben, der die Kirche nicht zur Mutter hat." Die Kirche ist also nicht allein Ansammlung von einzelnen Glaubenden, auch nicht bloß funktionierende Organisation oder religiöse Institution, sondern der Lebensraum, in dem die Glaubenswirklichkeit empfangen, gelebt und weitergegeben wird.

In diesem lebendigen Prozeß der Weitergabe konnte das klare, reine Wasser der Quelle, das Christusereignis, wenn es zu einem mächtigen Strom anschwillt, auf seiner Reise zur Mündung allmählich getrübt, verunreinigt, ja total verschmutzt werden (welche Generation hätte davon eine anschaulichere Erfahrung als die unsrige!). Auf daß dies nicht geschieht, gibt es in diesem ständigen Tradieren gewissermaßen Stationen der Reinigung und Erneuerung: Es sind herausragende Glaubende oder geistliche Bewegun-

gen, die – beispielhaft für andere – vom Heiligen Geist erfüllt, das Christusgeheimnis neu entdecken, neu zum Leben erwecken, neu formulieren und es so in neuer Weise an ihre Umwelt und an die Zukunft weitergeben. Solche herausragenden Gestalten können wir „Quellen geistlichen Lebens" nennen. Es sind nicht Quellen *neben* der einen Quelle Jesus Christus, wohl aber Quellen, die in radikaler Hinkehr zum einzigen Quellgrund unseres Glaubens in lebendiger Unmittelbarkeit aus ihm geschöpft haben und so mit erneuertem Wasser den Strom der Überlieferung aufbereiten, beleben, weitertreiben, so daß auch die folgenden Generationen an der ungetrübten Quelle lebendigen Wassers Anteil erhalten.
Darum gehört zum geistlichen Leben des Christen nicht nur, daß er sich an der Quelle Jesus Christus orientiert, sondern auch, daß er Maß nimmt an jenen vielfältigen *Quellen des Glaubens und geistlichen Lebens*, die den Ursprung beispielhaft übersetzt und als überzeugende Lebensgestalt weitergegeben haben.
Solche „Orientierung" an den Quellen bedeutet nicht nur ein Offenhalten für deren „Anregung". Es ist zugleich das beste Mittel, um gegen Engführungen des eigenen Glaubens, gegen modische Plausibilitäten und Plattitüden und oberflächliche Verharmlosungen gefeit zu sein. Das Maßnehmen an der Tradition macht frei zur eigenen geistlichen Verwirklichung des Glaubens.
So bedeutet „Leben aus den Quellen" keinen unfruchtbaren *Rückblick*, sondern es ist die Voraussetzung zum schöpferischen Weitergehen und Weitergeben im Heiligen Geist. Die Väter des Glaubens sind Herausforderung an die Söhne …

4. Impulse der Väterzeit

Um drei große Themenkreise bewegen sich die Impulse, die wir von den Vätern der ersten Jahrhunderte empfangen:

1) Mehr als den nachfolgenden Generationen ist ihnen die Bedeutung von *Kirche* gegenwärtig. Stärker als unserer Gegenwart ist ihnen die Differenz von eigenem Lernen und kirchlicher Traditionsvermittlung, von Genie und Glaubendem bewußt. Nicht umsonst finden sich bei einer Reihe von Kirchenvätern Überlegungen zum Lernen oder gar eigene Lerntheorien. Im Unterschied zum Traditionsempfang kann der Schüler im Lernen prinzipiell

den Lehrer einholen oder sogar überflügeln. Das, was als Wissensstoff dem Schüler vermittelt wird, ist einsehbar und jederzeit nachprüfbar; es kann beliebig wiederholt und vorgezeigt werden. Anders verhält es sich mit dem Traditionsprozeß des Glaubens, der nie eingeholt werden kann, da in ihm die lebendige Wirklichkeit Christi und des Geistes ständig vorgegeben bleibt. Sich von der Kirche trennen, hieße darum, sich vom Lebensstrom der Glaubenswirklichkeit abschneiden. Darum ist die sichtbare Kirche (ungeachtet jeder weiteren theologischen Überlegung) einfach überlebensnotwendig. „Teilidentifizierung mit der Kirche" – ein undenkbares Wort. Zwar gibt es Kirchenkritik, schärfer als jemals später in der Kirchengeschichte, weil die Kirche Kirche der Sünder ist, doch den Wert der Kirche als Raum lebendiger Christus- und Geistüberlieferung in Frage zu stellen, wäre den Vätern nie in den Sinn gekommen.

2) Im Vorwort zu seinem Jesaja-Kommentar schreibt Hieronymus: „Die Heilige Schrift nicht kennen, heißt Christus nicht kennen." Theologie ist für die Väter – und diese Bedeutung behält der Begriff bis ins hohe Mittelalter – Auslegung der Heiligen Schrift, aber Auslegung nicht im Sinne gelehrter Kommentare, sondern gepredigte und gelebte Auslegung. Die Überzeugung, daß ein Wort der Schrift für mich persönlich gesprochen und von mir unbedingt zu befolgen ist, zeigt den Ernst, mit dem die Väter das Wort vom Leben im Wort der Schrift suchten. Insofern sind auch die meisten der hier vorgelegten Texte Auslegungen der Schrift, Aktualisierungen des Wortes Gottes, Worte zum Wort.

3) Darum steht Christus in der Mitte der Vätertheologie. Kaum eine Zeit nach ihnen hat tiefer, eindringlicher und auch liebevoller von ihm gesprochen. Er ist ihnen nicht nur Lehrer und Beispiel, nicht nur erhabener Gott und Retter, sondern auch Freund und Bräutigam ihrer Seele. Nur auf den ersten Blick mutet das befremdlich-gefühlsbetont an: Wer sich in die Väter vertieft, ist erstaunt und beeindruckt von der Herbheit und dem tiefen Ernst, mit dem sie von Christus sprechen. Zwar gibt es unterschiedliche Erfahrungen des einen Christusereignisses so gut wie unterschiedliche Frömmigkeitsformen und Predigtstile, gemeinsam ist allen jedoch die überragende Ausrichtung auf Jesus Christus.

Die Richtung Kirche – Schrift – Christus, die in diesen drei großen Themen angedeutet ist, beschreibt die Bewegung des Glaubens, wie er auf den einzelnen zukommt. Es gilt aber auch die Umkehrung: Christus – Schrift – Kirche, wenn man auf die Begründung der Glaubenstradition schaut. Dem Ziel, lebendiger aus der großen theologischen und geistlichen Tradition der Kirche heraus zu leben, will die folgende Textsammlung dienen.

5. Zur Auswahl

Das vorliegende Lesebuch möchte an einigen wenigen Beispielen aus der „Wolke der Zeugen" (Hebr 12,1) zeigen, *welche* geistlichen Gestalten und Bewegungen die Traditionsgeschichte unseres Glaubens geformt und wie sie diese bestimmt haben. Kurze historische Einführungen (in kleineren Drucktypen) suchen Verfasser und Text historisch zu beschreiben und einzuordnen; knappe kommentierende Einleitungen und Überschriften (in Kursivsatz) wollen Hinweise für den geistlichen Zugang und die spirituelle Übersetzung ins Heute geben. Natürlich stellen die hier gebotenen Texte nur eine kleine Auswahl aus einer ungeheuer großen Fülle von Schriften dar.
Die Auswahl wurde nach folgenden Kriterien getroffen:
1) Die wichtigsten Schlüsselworte und Themen des geistlichen Lebens sollten in den Texten vorkommen (siehe das systematische Register). Dabei suchten wir nach Darlegungen, die sich relativ leicht – auch für Nichttheologen – auf die Praxis des persönlichen geistlichen Lebens hin übersetzen lassen.
2) Es wurden möglichst vollständige (oder nur geringfügig gekürzte) Schriften oder Schrifteinheiten aufgenommen. Dies ließ sich nicht immer durchführen, da es zu einigen Themen keine für unseren Rahmen geeigneten größeren Texte gibt, oder auch weil sonst wichtige Werke wegen ihrer Länge überhaupt ausgeschlossen geblieben wären.
3) Auch die formale Variationsbreite des Väterschrifttums sollte zum Tragen kommen: In Abhandlungen und Briefen, in Predigten, in Sprüchen und Geschichten formuliert sich der ganze Reichtum geistlicher Unterweisung durch die ersten Jahrhunderte der Kirche hindurch. Da allerdings für die vorliegende Taschenbuchausgabe gegenüber der Ersterscheinung der „Quellen" erhebliche

Kürzungen notwendig waren, kann die Auswahl nicht beanspruchen, wirklich repräsentativ zu sein.
Daß auch von diesen Kriterien aus die Textauswahl noch einmal „subjektiv" ist, dürfte selbstverständlich sein. Fragen, wie: Warum dieser Text nicht, jener aber wohl?, lassen sich nicht bis ins Letzte „objektiv" beantworten. Hier spielen sowohl geistliche Vorlieben wie auch patristische Kenntnisse der Herausgeber eine entscheidende Rolle.
Wir hoffen, daß dieses Lesebuch dennoch demjenigen vielfältige Anregungen bieten kann, der sich der symphonischen Fülle aussetzt, welche die Väter unseres Glaubens entdeckt, gelehrt und gelebt haben. Zugleich möge es eine Einladung sein, den eigenen Glauben dem Reichtum der Tradition zu öffnen.

Wilhelm Geerlings / Gisbert Greshake

Didache

Die uns unter dem Namen „Didache" oder „Lehre der Apostel" überlieferte Schrift wurde erst 1873 entdeckt. Sie ist allerdings in einigen frühchristlichen Schriften teilweise oder ganz erhalten. Entstehungszeit und Ort lassen sich mit einiger Sicherheit als die erste Hälfte des zweiten Jahrhunderts und Syrien datieren.
Die Didache ist deutlich in zwei Teile gegliedert. Der erste Teil enthält die Lehre von den zwei Wegen, dem Weg des Lebens und dem Weg des Todes. Diesem Teil der christlichen Schrift liegt eine jüdische Zwei-Wege-Lehre zugrunde. Die jüdische Diasporamission hatte vielfach der christlichen Mission vorgearbeitet, und so konnte die christliche Kirche die Zwei-Wege-Lehre, ein wenig überarbeitet, übernehmen. Das Thema der zwei Wege gehört zum Grundbestand der gesamten religiösen Literatur der Menschheit. Aus der griechischen Mythologie kennen wir die Erzählung von Herakles am Scheidewege, und auch der Psalm 1 ist im Grunde eine Variation dieses Themas.
Der zweite (geringfügig gekürzte) Teil unserer Schrift ist ein rein christlicher Text. Er enthält Vorschriften bezüglich Taufe, Fasten, Beten, regelt die Kompetenzen der Amtsträger in der Gemeinde und legt die Ordnung für die Feier der Eucharistie fest. Die Didache spiegelt also ziemlich deutlich die Situation der christlichen Kirche in ihren Anfängen, zumindest im Syrischen Raum wider und erlaubt uns einen reizvollen Einblick in die früheste Zeit der beginnenden Kirche. Die Schrift zeigt, daß die junge Kirche nicht einfach eine aufbrechende charismatische Bewegung war, sondern daß bereits früh die rechtliche Ordnung Grundbestand der Gemeinden war. So hoch man auch den Wert des prophetischen Zeugnisses einschätzte, so nimmt sich doch die Gemeinde das Recht, über wahre und falsche Propheten und Lehrer zu urteilen.
Die Eucharistie- und Agapegebete gehören zu den ältesten christlichen Gebeten und weisen in den Raum des judenchristlichen Verständnisses.

Die Lehre des Herrn für die Völker

Dieser frühe „Katechismus" bringt ein wichtiges Motiv des Evangeliums ins Spiel: Der christliche Glaube ist eine Lebensform, ein Weg, nicht ein beliebiger Weg, sondern der Weg des Lebens. Und weil der Mensch leben will, kann er auch erfahren, daß der Glaube die ihm angemessene Lebensform ist:

Die Didache stellt den Leser in eine Alternative, sehr handgreiflich, fast brutal: Geh den Weg des Todes oder den des Lebens! Alternativen haben etwas bestechendes an sich. Man läßt sich gerne in Alternativen hineinstellen, um sich dann – scheinbar – rein und eindeutig für eine Seite zu entscheiden. Dahinter steckt – neben viel Koketterie und Eitelkeit – die Sehnsucht nach Klarheit und Eindeutigkeit menschlichen Lebens und der Wunsch, aus vielen vergeblichen Anläufen und Irrwegen herauszukommen.
Dennoch hat jeder Mensch am Weg des Lebens und des Todes in unterschiedlichem Maße immer gleichzeitig Anteil. Niemand geht leichtfüßig den Weg des Todes oder strahlend den Weg des Lebens. Das Leben des Menschen ist zumeist ein undurchdringliches und dunkles Ineinander beider Wege, das von dieser frühchristlichen Zwei-Wege-Lehre unter das Licht des Wortes Gottes gestellt wird.

Der Weg des Lebens – der Weg des Todes

I. Zwei Wege gibt es. Der eine ist der Weg des Lebens, der andere der des Todes. Zwischen beiden Wegen aber besteht ein großer Unterschied. Dies ist der Weg des Lebens: „Erstens du sollst Gott lieben, der dich erschaffen hat, zweitens deinen Nächsten wie dich selbst" (vgl. Mt 22, 37). Und alles, was du nicht willst, daß man es dir zufügt, das füge auch einem anderen nicht zu (vgl. Mt 7, 12). Diese beiden Worte wollen uns folgende Lehre erteilen: „Segnet die, die euch verfluchen und betet für eure Feinde." Fastet „für eure Verfolger". Denn welche Gnade erwartet ihr, wenn ihr nur die „liebt, die euch auch lieben? Tun das nicht auch die Heiden?" Ihr aber sollt „die lieben, die euch hassen" (Mt 5, 44f), und dann habt ihr keinen Feind mehr.
Enthalte dich der irdischen und leiblichen Begierden. „Wenn dir jemand einen Schlag auf die rechte Wange gibt, so halte ihm auch die andere hin" (Mt 5, 39), und du wirst vollkommen sein. „Wenn dich jemand nötigt, eine Meile mit ihm zu gehen, so geh mit ihm zwei" (Mt 5, 40). „Wenn dir jemand deinen Mantel wegnimmt, so gib ihm auch noch den Rock" (Lk 6, 29). „Wenn dir jemand etwas von deinem Eigentum nimmt, dann fordere es nicht zurück" (Lk 6,30). Denn das kannst du ja auch nicht.
„Jedem, der etwas von dir erbittet, gib und fordere nicht zurück" (Lk 6, 30). Denn es ist der Wille des Vaters, daß man jedem von

den eigenen Gaben gibt. Selig, der nach dieser Weisung gibt! Denn er ist ohne Fehl. Weh dem, der nimmt! Wenn freilich jemand, weil er in Not ist, nimmt, dann bleibt er ohne Strafe. Wer aber keinen Mangel leidet, der soll zur Rechenschaft darüber gezogen werden, was und wozu er nimmt. Er soll ins Gefängnis geworfen werden und darüber verhört werden, was er getan hat. Und er „wird von dort nicht herauskommen bis er den letzten Heller bezahlt hat" (Mt 5, 26). Freilich gilt auch: „Dein Almosen soll in deiner Hand schwitzen, bis du weißt, wem du es geben sollst."

II. Das zweite Gebot der Lehre lautet so:
„Du sollst nicht morden und nicht ehebrechen" (Mt 19, 18). Du sollst nicht Unzucht mit Kindern treiben, nicht huren, du sollst nicht stehlen, keine Zauberei treiben und nicht Gift mischen, du sollst die Leibesfrucht nicht abtreiben und das neugeborene Kind nicht töten. „Du sollst keinen Meineid schwören und kein falsches Zeugnis ablegen. Du sollst den Besitz deines Nächsten nicht begehren" (Mt 20 ,17).
Du sollst keine Verleumdungen weitergeben, du sollst das dir zugefügte Böse nicht nachtragen.
Du sollst nicht hinterhältig denken und dann falsch reden. Denn eine Schlinge des Todes ist die Doppelzüngigkeit.
Deine Rede sei nicht lügenhaft, nicht hohl, sondern erweise sich als wahrhaftig durch die Tat.
Du sollst nicht habsüchtig sein, nicht räuberisch, nicht heuchlerisch, nicht boshaft, noch überheblich. Gegen deinen Nächsten sollst du keine schlechten Absichten hegen.
Du sollst keinen Menschen hassen. Vielmehr die einen tadeln, hingegen für andere beten, wieder andere mehr lieben als deine Seele.

III. Mein Kind, flieh alles Böse und alles, was ihm ähnlich sieht. Sei nicht zornig, denn der Zorn führt zum Mord. Sei auch nicht eifernd, streitsüchtig oder aufbrausend. Denn aus all dem entstehen Mordtaten.
Erzähle auch keine Zoten und laß deine Augen nicht lüstern herumschweifen. Denn aus all dem entsteht Ehebruch.
Mein Kind, verschreib dich nicht der Wahrsagerei, denn die führt zum Götzendienst. Sei auch kein Glücksspieler, Horoskopanhänger oder Zauberer. Diesen Dingen schau oder höre nicht einmal zu. Denn aus all dem entsteht nur Götzendienst.

Mein Kind, sei kein Lügner. Denn die Lüge führt zum Diebstahl. Sei auch nicht geldgierig oder ruhmsüchtig. Denn aus all dem entsteht nur Diebstahl.
Mein Kind, sei nicht vergrämt. Denn das führt zum Lästern. Sei auch nicht frech oder von schlechter Gesinnung. Denn aus all dem entstehen nur Lästereien.
Sei vielmehr sanftmütig. „Denn die Sanftmütigen werden das Land erben" (Mt 5, 5).
Sei geduldig, barmherzig und ohne Falsch, ruhig und gut.
Nimm in Ehrfurcht die Worte auf, die du gehört hast.
Du sollst dich nicht überheben, und gestatte deinem Geist nicht, übermütig zu werden. Dein Geist soll sich nicht den Hochmütigen gleich machen, sondern mit den Gerechten und Demütigen wandeln. Was dir zustößt, nimm als gut hin. Du weißt, daß ohne Gott nichts geschieht.

IV. Mein Kind, „sei dankbar eingedenk dessen, der dir das Wort des Herrn verkündigt" (Hebr 13, 7). Du sollst ihn ehren wie den Herrn selbst. Denn wo seine Herrschaft verkündet wird, dort ist der Herr selbst anwesend.
Suche täglich die Gemeinschaft der Heiligen Christi, damit du durch ihre Worte erquickt wirst.
Verursache keine Spaltungen, vielmehr versöhne die Streitenden. Urteile gerecht. Wenn du Übertretungen ahnden mußt, dann schau nicht auf die Person.
Hab keinen Zweifel, daß alle Verheißungen eintreten werden.
Streck nicht zum Nehmen die Hände aus, sondern benutze sie zum Geben. Wenn du etwas durch deiner Hände Arbeit erworben hast dann gib es als Lösegeld für deine Sünden.
Zögere nicht zu geben, und wenn du gibst, dann murre nicht dabei. Denn du wirst erkennen, wer der gütige Erstatter des Lohnes ist.
Weise den Bedürftigen nicht ab, teile vielmehr alles mit deinem Bruder und sage nicht, du besäßest etwas Eigenes. Denn wenn ihr schon im Unsterblichen Gemeinschaft habt, wieviel mehr dann noch in den vergänglichen Gütern.
Zieh deine fürsorgliche Hand nicht ab von deinem Sohn oder deiner Tochter. Unterweise sie vielmehr von Jugend an in der Furcht des Herrn.
Du sollst deinem Sklaven oder deiner Magd, die auf den gleichen

Gott hoffen, keine Befehle erteilen, wenn du verbittert bist, damit sie nicht die Gottesfurcht verlieren. Gott herrscht doch über euch beide. Denn er wird nicht kommen, nach dem Ansehen der Person zu berufen, sondern nur danach, wie der Geist in euch gewirkt hat. Ihr Sklaven aber, ordnet euch euren Herren als dem Abbild Gottes in Achtung und Furcht unter.
Du sollst alle Heuchelei hassen und alles, was dem Herrn nicht wohlgefällig ist.
„Von den Geboten des Herrn sollst du nicht ablassen. Was du empfangen hast, das sollst du bewahren, ohne etwas hinzuzufügen oder wegzunehmen“ (Dtn 4,2; 12,32).
In der Gemeinde sollst du deine Sünden bekennen und nicht mit schuldbeladenem Gewissen beten. Dies ist der Weg des Lebens.

V. Der Weg des Todes aber ist dieser:
Vor allem ist er schlecht und fluchbeladen. Mord, Ehebruch, Begierden, Hurerei, Diebstahl, Abgötterei, Zauberei, Giftmischerei, Räuberei, falsches Zeugnis, Heuchelei, Hinterhältigkeit, List, Hochmut, Bosheit, Überheblichkeit, Habsucht, schandhaftes Reden, Eifersucht, Dreistigkeit, Stolz, Prahlerei, Protzerei und endlich das Fehlen jeglicher Gottesfurcht.
Auf diesem Weg gehen die, die die Guten verfolgen, die die Wahrheit hassen, die Freunde der Lüge, die den Lohn der Gerechtigkeit nicht kennen, die sich vom Guten und vom gerechten Urteil abgewandt haben, die aufmerksam spähen nicht nach dem Guten, sondern nach dem Bösen. Ihnen fehlt Milde und Geduld, „sie lieben Nichtiges und jagen nach Lohn“ (Ps 4, 3). Sie haben kein Erbarmen mit den Armen und bringen noch Leid über den schon Niedergedrückten, erkennen ihren Schöpfer nicht an. Es sind Kindsmörder. Sie töten das Gebilde Gottes, weisen den Bedürftigen ab, plagen den Bedrückten, sie sind Fürsprecher der Reichen, unbarmherzige Richter der Armen, mit allen denkbaren Sünden beladen. Möget ihr, meine Kinder, von all dem bewahrt bleiben.

VI. Sieh zu, daß niemand dich von dem Weg des Lebens wegführt, indem er dich Gottloses lehrt.
Denn wenn du das ganze Joch des Herrn tragen kannst, bist du vollkommen. Wenn du das nicht vermagst, dann tu wenigstens das, was du kannst. Bezüglich der Speisevorschriften tu, was du kannst.

Von Götzenopferfleisch aber halte dich in jedem Fall fern. Denn es ist ein Dienst an toten Götzen.

Frühchristliches Gemeindeleben

VII. Was nun die Taufe angeht, so sollt ihr folgendermaßen taufen: Wenn ihr Unterricht im Vorhergesagten erteilt habt, dann tauft in fließendem Wasser „auf den Namen des Vaters und des Sohnes und des Heiligen Geistes".
Wenn du kein fließendes Wasser hast, dann taufe in anderem Wasser. Kannst du nicht in kaltem Wasser taufen, dann taufe in warmem. Wenn beides nicht zur Verfügung steht, dann gieße dreimal Wasser auf das Haupt „im Namen des Vaters und des Sohnes und des Heiligen Geistes".
Vor der Taufe aber sollen der Täufer, der Täufling und wenn möglich noch einige andere fasten. Der Täufling soll in jedem Fall ein oder zwei Tage fasten.

VIII. Euer Fasten soll aber nicht gleichzeitig mit dem der „Heuchler" stattfinden. Denn die fasten am Montag und Donnerstag. Ihr dagegen sollt am Mittwoch und Freitag fasten.
Ihr sollt auch nicht wie die „Heuchler" beten, sondern so wie der Herr es in seinem Evangelium geboten hat. So sollt ihr beten: „Vater unser im Himmel, geheiligt werde dein Name. Dein Reich komme. Dein Wille geschehe, wie im Himmel so auf Erden. Unser tägliches Brot gib uns heute. Und vergib uns unsere Schuld, wie auch wir vergeben unseren Schuldigern, und führe uns nicht in Versuchung, sondern erlöse uns von dem Bösen. Denn dein ist die Kraft und die Herrlichkeit in Ewigkeit" (Mt 6 , 9–13). Dreimal am Tag sollt ihr so beten.

IX. Was die Eucharistie betrifft, sollt ihr so danksagen:
Zunächst für den Kelch. „Wir danken dir, unser Vater, für den heiligen Weinstock Davids, deines Knechtes, den du uns geoffenbart hast durch deinen Knecht Jesus. Dir sei Ehre in Ewigkeit."
Weiter sagt Dank für das Brot: „Wir danken dir, unser Vater, für das Leben und die Erkenntnis, die du uns geoffenbart hast durch deinen Knecht Jesus. Dir sei Ehre in Ewigkeit.
So wie dieses Brot auf den Bergen verstreut war und zu eins

zusammengebracht wurde, so führe auch deine Kirche zusammen von allen Enden der Erde in dein Reich. Denn dein ist die Ehre und die Kraft durch Jesus Christus in Ewigkeit."
Nur die getauft sind auf den Namen des Herrn, sollen essen und trinken von eurer Eucharistie. Denn der Herr selbst hat darüber gesagt: „Gebt das Heilige nicht den Hunden preis" (Mt 7, 6).

X. Nachdem ihr euch gesättigt habt, danket mit diesen Worten:
„Wir danken dir, heiliger Vater, für deinen heiligen Namen, den du hast wohnen lassen in unseren Herzen. Wir danken dir für die Erkenntnis, den Glauben und die Unsterblichkeit, die du uns geoffenbart hast durch Jesus, deinen Knecht. Dir sei Ehre in Ewigkeit. Du allmächtiger Herrscher, hast alles deines Namens wegen erschaffen. Speise und Trank hast du den Menschen zur Erquickung gegeben, damit sie dir danken. Uns aber hast du geistliche Speise und geistlichen Trank gegeben und ewiges Leben durch deinen Knecht.
Vor allem aber danken wir dir, weil du mächtig bist. Dir sei Ehre in Ewigkeit.
Gedenke Herr, deiner Kirche. Rette sie vor allem Bösen und vollende sie in deiner Liebe. Führe sie, die Geheiligte, von allen vier Winden zusammen in dein Reich, das du ihr bereitet hast. Denn dein ist die Kraft und die Herrlichkeit in Ewigkeit.
Es komme die Gnade, und vergehen möge diese Welt. Hosianna dem Gott Davids. Wer heilig ist, der komme. Wer es nicht ist, der tue Buße. Maranatha. Amen."

XI. Wer zu euch kommt und lehrt euch all das, was hier gesagt ist, den nehmt auf.
Wenn aber der Lehrer selbst abfällt und eine andere Lehre lehrt, um ein Gebot aufzuheben, dann hört nicht auf ihn. Wenn er aber lehrt, um die Gerechtigkeit und die Erkenntnis des Herrn zu mehren, dann nehmt ihn auf wie den Herrn selbst …

XII. Jeden, der „im Namen des Herrn" kommt, sollt ihr aufnehmen. Dann sollt ihr ihn prüfen und euch Kenntnisse über ihn verschaffen und ihr habt dann Einsicht über gute und schlechte Dinge. Ist der Angekommene auf der Durchreise, helft ihm, so gut ihr könnt. Er soll aber bei euch zwei oder drei Tage bleiben, falls es notwendig ist.

Wenn er sich bei euch niederlassen will, vielleicht als Handwerker, dann soll er arbeiten und sich so ernähren.
Wenn er aber kein Handwerk erlernt hat, dann sollt ihr nach eurem Urteil dafür Sorge tragen, daß ein Christ nicht müßig bei euch lebt. Wenn er nun nicht nach dieser Vorschrift leben will, dann ist er jemand, der sich mit dem Namen Christi einen Vorteil zu verschaffen sucht. Hütet euch vor solchen Leuten ...

XIV. Am Tag des Herrn sollt ihr zusammenkommen, Brot brechen und danken, nachdem ihr zuvor eure Sünden bekannt habt, damit euer Opfer rein sei. Und jeder, der Streit mit seinem Nachbarn hat, soll nicht mit euch zusammenkommen, bis daß er sich versöhnt hat, damit euer Opfer nicht befleckt werde.
Denn das ist das wahre Opfer, von dem der Herr sagt: „An jedem Ort und zu jeder Zeit wird man mir ein reines Opfer darbringen." „Denn ich bin ein großer König", spricht der Herr, „und mein Name ist wunderbar unter den Heiden" (Mal 1, 11.14).

XV. Wählt euch Bischöfe und Diakone. Sie sollen des Herrn würdig sein, gütige Männer, frei von Geldgier, wahrhaftig und erprobt. Denn sie sollen euch den Dienst von Lehrern und Propheten erweisen.
Schätzt sie also nicht gering. Denn neben den Lehrern und Propheten sind sie die Angesehensten. Weist einander zurecht, nicht im Zorn, sondern im Frieden. So steht es auch im Evangelium. Mit einem, der sich mit seinem Nächsten überworfen hat, soll niemand reden, ihm auch nicht zuhören, bis daß er Buße getan hat.
Eure Gebete, das Almosengeben, all euer Tun, verrichtet so, wie ihr es im Evangelium unseres Herrn findet.

XVI. Wacht über euer Leben! „Eure Lampen sollen nicht ausgehen, und eure Lenden nicht ungegürtet sein. Seid vielmehr bereit. Ihr wißt nämlich nicht die Stunde, in der der Herr kommt" (vgl. Mt 24, 42.44; Mt 25, 13). Ihr sollt euch oft versammeln und nach dem streben, was euren Seelen nützt. Denn die ganze Zeit eures Glaubens wird euch nichts nützen, wenn ihr in der letzten Zeit nicht vollkommen dasteht.
Denn in den letzten Tagen werden die Lügenpropheten und die Verderber zahlreich werden. Die Schafe werden sich in Wölfe verwandeln, und die Liebe wird in Haß verkehrt werden.

Wenn die Ungerechtigkeit dann überhand nimmt, werden die Menschen einander hassen, verfolgen und verraten. Dann wird der Verführer der Welt erscheinen wie Gottes Sohn, Zeichen und Wunder wirken, und die Erde wird seinen Händen übergeben. Er wird Freveltaten begehen, wie sie seit Ewigkeiten noch nicht geschehen sind.
Dann wird das Menschengeschlecht in das Feuer der Bewährung geworfen, viele werden zu Fall kommen und zugrunde gehen. Die aber im Glauben aushalten, werden aus der Hand des Verfluchten gerettet werden.
Dann werden die Zeichen der Wahrheit erscheinen. Als erstes Zeichen wird der Himmel auseinandergerissen werden, ihm folgt das Zeichen der erklingenden Trompete, und als drittes Zeichen die Auferstehung der Toten. Freilich nicht aller, sondern wie gesagt wurde: „Der Herr wird kommen, und alle Heiligen mit ihm" (Sach 14, 5).
Dann wird die Welt den Herrn kommen sehen auf den Wolken des Himmels.

Ignatius von Antiochien

Ignatius war Bischof von Antiochien, dessen erster Bischof der Überlieferung nach der Apostel Petrus gewesen sein soll. Sein Beiname „Theophoros“ = Gottesträger ist ihm entweder zugelegt oder auch von ihm selbst angenommen worden. Wie lange er Bischof der angesehenen Gemeinde von Antiochien war, ist nicht auszumachen. Sicher ist, daß Gefangennahme und Tod in die Regierungszeit des Kaisers Trajan (98–117) fallen. Vermutlich um das Jahr 110 erlitt er in Rom den Märtyrertod. Auf der Gefangenschaftsreise von Syrien nach Rom entstanden sieben Briefe. Sie erlauben es uns, ungefähr die Reise von seinem Bischofssitz Antiochien in die Stadt seines Martyriums Rom zu rekonstruieren. So scheint er von Antiochien (bzw. der Hafenstadt Seleucia) per Schiff nach Kilikien oder Pamphylien gebracht worden zu sein. Von dort ging es auf dem Landweg weiter durch Kleinasien. Einen Zwischenaufenthalt gab es in Philadelphia. In Smyrna empfing er Abordnungen der Gemeinden von Ephesus, Magnesia und Tralles. Ihnen gab er je einen Brief an ihre Gemeinden mit. Von Smyrna aus richtete er auch einen Brief an die Gemeinde von Rom, mit der Bitte, daß diese keine Vorbereitungen treffe, daß er vom Martyrium verschont bleiben könnte. Von Smyrna bis Troas hatte ihn der Diakon Burrhus aus Ephesus begleitet. Hier in Troas entstanden die letzten drei Briefe an die Gemeinden von Philadelphia, Smyrna und an den Bischof von Smyrna: Polykarp. Übergesetzt nach Neapolis, ging es dann auf dem Landweg über Philippi quer durch Mazedonien. An der Westküste Griechenlands bestieg man vermutlich wieder ein Schiff, um nach Italien überzusetzen. Rom als Ort seines Martyriums ist bereits von seinem Zeitgenossen Polykarp von Smyrna bezeugt.

Seine Briefe gehören zum Wertvollsten, was die junge Kirche uns hinterlassen hat. Er wird als Apostolischer Vater bezeichnet, weil seine Lehre – eine Generation nach den Aposteln – ganz auf den Schultern der Apostel ruht und ihr Beispiel ihm als Autorität vor Augen steht. Aus seinen Briefen läßt sich das Bild einer frühchristlichen Gemeinde gewinnen, die sich um den Bischof als Mittelpunkt des Gemeindelebens schart. Der Bischof vertritt gleichsam Gott-Vater selbst; ihm ist Gehorsam zu leisten, weil er Abbild des Vaters ist. Der Bischof Ignatius ist selbst von dieser Aufgabe durchdrungen. Er tritt uns als tiefreligiöse Persönlichkeit, voll Christusliebe und Sehnsucht nach dem Martyrium entgegen.

Brief an die Epheser

Ignatius, der auch Theophorus genannt wird, schreibt an die preiswürdige Kirche von Ephesus. Sie ist in wahrem Leiden auserwählt durch den Willen des Vaters und unseres Herrn Jesus Christus, an Größe gesegnet durch die Fülle Gottes des Vaters und vorherbestimmt vor aller Zeit zu stetem Bleiben in unveränderlicher Herrlichkeit. Ihr entbiete ich alles Gute in Jesus Christus und in reiner Freude.

Das Glaubenszeugnis des Bischofs

Zeugnis ist standhaftes Einstehen für seine Glaubensüberzeugung in der Öffentlichkeit zur Stärkung für andere. Dabei gehen eigene Stärke und Schwäche mit der Gnade eine undurchschaubare Verbindung ein. Niemand kann ermessen, was eigener Anteil und was Stärkung von oben ist, und: ob nicht auch Geständnis der Schwäche ein helfendes Zeugnis ist. „Gottes Kraft kommt in der menschlichen Schwachheit zur Vollendung" (2 Kor 12, 9). Der Wunsch, Zeugnis zu geben, entsteht aus dem Vertrauen auf die Kraft Gottes. Darum ist das, was wie stolzes Sich-Rühmen der eigenen Stärke anmutet, nur äußerer Anschein. Wer das Verlangen zum Martyrium so bewußt ausspricht, wie es Ignatius tut, ist getragen von der Zuversicht, daß nicht mehr das Ich des Menschen, sondern Gott selbst aus dem Menschen spricht. „Nicht mehr ich lebe, sondern Christus lebt in mir" (Gal 2, 20). Erst jetzt beginnt Ignatius wirklich, Jünger Christi zu werden.

I. (Beim Besuch deiner Abgesandten) habe ich in Gott deinen vielgeliebten Namen willkommen geheißen. Ihr habt ihn erworben durch Gerechtsein in Glaube und Liebe in Jesus Christus, unserem Heiland. Als Nachahmer Gottes habt ihr in seinem Blute das Leben neu empfangen und konntet deshalb das eurer Art entsprechende Lebenswerk vollkommen tun. Denn als ihr hörtet, ich käme wegen unseres gemeinsamen Christennamens und unserer gemeinsamen Hoffnung in Fesseln aus Syrien und in der Hoffnung, in Rom dank eures Gebetes den Kampf mit den wilden Tieren aufnehmen zu dürfen, um dadurch ein Jünger zu werden, da seid ihr geeilt, mich zu sehen. In der Person des in der Liebe unvergleichlichen Onesimus, eures Bischofs dem Fleische nach, habe ich eure große Schar im Namen Gottes empfangen. Mein Wunsch ist, daß ihr ihn im Geiste Christi liebt und ihm ähnlich werdet. Denn gepriesen sei der, der euch begnadet hat, einen solchen Bischof zu haben. Denn ihr seid es wirklich wert.

II. Was meinen Mitknecht Burrhus angeht, der nach dem Willen Gottes euer reich gesegneter Diakon ist, so wünschte ich, daß er zu eurer und des Bischofs Ehre bei euch bleibt.
Doch auch Krokus, der Gottes und eurer würdig ist und den ich als Zeichen eurer Liebe empfangen habe, hat mich in jeder Hinsicht erquickt. So möge auch ihm, zugleich mit Onesimus, Burrhus, Euplus und Fronto, in denen ich euch alle der Liebe nach gesehen habe, der Vater Jesu Christi Stärkung gewähren. Ich möchte mich immer über euch freuen, wenn ich dessen nur würdig bin. Deshalb ziemt es sich, Jesus Christus auf jede Weise zu verherrlichen. Er hat euch verherrlicht, damit ihr, in einmütiger Unterordnung fest geeint und gehorsam gegenüber Bischof und Presbyterium, in allem geheiligt seid.

III. Ich befehle euch nicht, als wäre ich jemand. Auch wenn ich Fesseln im Namen Jesu Christi trage, so bin ich dennoch nicht in ihm vollendet. Denn ich fange erst jetzt an, ein Jünger zu werden. So spreche ich auch zu euch wie zu meinen Mitschülern. Und eigentlich bin ich es, der von euch mit Glaube, Zuspruch, Geduld und Standhaftigkeit gesalbt werden müßte. Da mich aber die Liebe euretwegen nicht schweigen läßt, habe ich mir vorgenommen, euch das Wort zu sagen, damit ihr übereinstimmend mit der Weisung Gottes lebt. Denn auch Jesus Christus, unser unvergängliches Leben, ist das Wort des Vaters wie auch die Bischöfe, die bis an die Enden der Erde eingesetzt sind, im Sinne Jesu Christi sind.

„Seid eines Sinnes mit dem Bischof“

Einheit ist mehr als das Fehlen von Streit. Einheit gründet auf Übereinstimmung, Übereinstimmung im Glauben und Übereinstimmung mit anderen Glaubenden. Einheit ist darum dynamisch; es ist Aufgabe jedes einzelnen Christen, sich mit den anderen Mitchristen zur Übereinstimmung zu bringen. Prüfstein und äußeres Zeichen dafür ist die Einheit mit der sichtbaren Kirche, repräsentiert in der Person des Bischofs. Dieser ist mehr als Verwaltungsbeamter, er ist Abbild Gottes und vertritt die Stelle Christi. Darum ist auch das „Schweigen" des Bischofs, von dem Ignatius spricht, Zeichen demütiger Zurückhaltung, die dem Wirken Christi in sich Raum gibt. Aufgabe des Bischofs aber ist es auch, der Irrlehre entgegenzutreten, die das Werk Christi zu gefährden droht.

IV. Daher ziemt es sich für euch, daß Ihr eines Sinnes mit dem Bischof seid. Aber das seid ihr ja auch schon. Denn euer Presbyterium trägt seinen Namen zu Recht, weil es Gottes würdig und mit dem Bischof verbunden ist, so wie die Saiten mit einer Zither. Darum klingt in eurer Eintracht und in der zusammenklingenden Liebe das Lied Jesu Christi. Aber auch als einzelne sollt ihr Gottes Melodie in Einigkeit aufnehmen, damit ihr zu einem Chore werdet und so durch Jesus Christus wie mit einer einzigen Stimme Gott dem Vater singt. Dann wird er euch hören und euch in euren guten Werken als Glieder des Leibes seines Sohnes erkennen. Es ist also nützlich, wenn ihr in untadeliger Einigkeit lebt, damit ihr stets Anteil an Gott habt.

V. Wenn ich nun in derart kurzer Zeit zu eurem Bischof eine solch tiefe Beziehung, nicht menschlicher, sondern geistlicher Art gewann, um wieviel mehr kann ich euch da glücklich preisen, die ihr mit ihm so eng verbunden seid. So verbunden wie die Kirche mit Jesus Christus und wie Jesus Christus mit dem Vater, damit alles in Einigkeit zusammenklingt. Niemand lasse sich in die Irre führen! Wenn jemand nicht innerhalb des Altarraumes ist, dann geht er des Brotes Gottes verlustig. Wenn nämlich schon das Gebet des einen oder anderen Menschen solche Kraft besitzt, wieviel mehr dann das des Bischofs und der ganzen Gemeinde.

Wer nicht zur gottesdienstlichen Versammlung kommt, der ist bereits vom Hochmut befallen, er hat sich selbst gerichtet. Denn es steht geschrieben: „Den Hochmütigen widersteht Gott" (Spr 3, 34; Jak 4, 6). Wir müssen uns deshalb bemühen, dem Bischof nicht zu widerstehen, damit wir auch Gott unterstellt bleiben.

VI. Und je mehr einer einen Bischof schweigen sieht, um so größere Ehrfurcht soll er vor ihm haben. Denn jeden, den der Hausherr zur Verwaltung seines Hauses schickt, müssen wir so aufnehmen wie den Sendenden selbst. Den Bischof müssen wir ohne Zweifel wie den Herrn persönlich ansehen. Nun ist Onesimus selbst voll des Lobes wegen eures rechten Lebenswandels in Gott. Denn ihr lebt alle nach der Wahrheit, und es gibt bei euch keine abtrünnige Gruppe. Denn ihr hört auf keinen anderen mehr als auf Jesus Christus, der die Wahrheit sagt.

VII. Aber gewisse Leute pflegen hinterlistig den Namen Christi zu führen und tun dabei doch Dinge, die Gottes unwürdig sind. Denen müßt ihr wie wilden Tieren aus dem Weg gehen. Sie sind wie tollwütige Hunde, die heimtückisch beißen. Vor ihnen hütet euch, da sie nur schwer heilbar sind.
Einer ist Arzt,
aus Fleisch zugleich wie aus Geist,
gezeugt und ungezeugt,
im Fleische erschienener Gott,
im Tode wahrhaftiges Leben,
aus Maria wie aus Gott,
zuerst leidensfähig, dann leidensunfähig.
Jesus Christus, unser Herr.

VIII. Möge euch also niemand täuschen. Aber ihr laßt euch ja auch nicht täuschen, da ihr ganz Gott gehört. Denn wenn bei euch kein Streit entsteht, der euch verwirren könnte, so lebt ihr gottgemäß. Ein Sühneopfer bin ich, und ich will mich für euch Epheser, für die allzeit berühmte Gemeinde hingeben. Die fleischlich Lebenden können nichts Geistliches tun, wie auch der Glaube keine Werke des Unglaubens und der Unglaube nicht Werke des Glaubens schafft. Und da ihr alles in Jesus Christus tut, so ist auch das, was ihr dem Fleische nach tut, geistlich.

IX. Ich habe Leute kennengelernt, die mit falscher Lehre auf der Durchreise von euch kamen. Ihr habt sie diese Saat nicht bei euch ausstreuen lassen, habt eure Ohren zugestopft, um ihre Saat nicht aufzunehmen. Denn ihr seid Bausteine am Tempel des Vaters, zurechtgemacht für das Bauwerk des Vaters. Dabei werdet ihr hinaufgezogen zur Höhe durch das Hebewerk Jesu Christi: durch sein Kreuz. Als Seil dient euch der heilige Geist, euer Glaube ist euch Geleit nach oben, die Liebe der Weg, der zu Gott hinaufführt. Ihr seid also alle Weggefährten, Gottesträger und Tempelträger, Christusträger, Träger von Heiligem. Ihr seid in allem geschmückt mit den Weisungen Jesu Christi. Ich frohlocke euretwegen, da ich gewürdigt wurde, im Brief mit euch zu reden und euch zu beglückwünschen, weil ihr einem anderen Leben, nämlich dem geistlichen Leben entsprechend nichts liebt als Gott allein.

X. Doch betet auch für die anderen Menschen ohne Unterlaß. Denn auch für sie gibt es Hoffnung auf Umkehr, daß sie zu Gott gelangen. Schenkt ihnen darum, daß sie zumindest aus eurem Lebenswandel belehrt werden. Ihren zornigen Anwandlungen begegnet mit Sanftmut, seid demütig angesichts ihrer Überheblichkeit, ihren Lästereien setzt Gebete entgegen. Ihrem Wahnglauben widersteht fest im Glauben und verzichtet darauf, es ihrer Unbeherrschtheit gleichzutun. Zeigt euch vielmehr in sanfter Beherrschung. Als ihre Brüder wollen wir uns erweisen durch milde Freundlichkeit. Laßt uns Nachahmer des Herrn sein – denn wer hätte größeres Unrecht erlitten, wer wäre mehr beraubt, wer mehr verachtet worden! –, damit keiner von euch als Geschöpf des Teufels erscheint. Bleibt in Keuschheit und Mäßigung dem Fleische und Geiste nach in Jesus Christus.

XI. Jetzt ist die Endzeit angebrochen. Folglich müssen wir uns schämen und vor der Langmut Gottes bangen, daß sie uns nicht zum Gericht wird. Entweder müssen wir den kommenden Zorn fürchten oder die gegenwärtige Gnade lieben. Eines von beiden gilt, damit wir in Jesus Christus erfunden werden zum wahren Leben. Außerhalb dieses Einen soll euch nichts bewegen. In ihm trage ich Fesseln – es sind gleichsam geistliche Perlen –, in denen mir die Auferstehung durch euer Gebet geschenkt werden möge. Ich möchte eures Gebetes stets teilhaftig sein, damit ich zugleich mit der Christengemeinde von Ephesus das Erbe empfange. Sie stimmten ja auch immer überein mit den Aposteln in der Kraft Jesu Christi.

XII. Ich weiß, wer ich bin und wem ich schreibe. Ich bin ein Verurteilter, ihr habt Erbarmen gefunden. Ich bin in Gefahr, ihr seid gefestigt. Ihr seid ein ruhender Punkt für diejenigen, die ihren Weg zu Gott emporgehen werden, ihr seid eingeweiht in die Mysterien zugleich mit Paulus, dem geheiligten Manne, der zum Märtyrer ward und in höchster Seligkeit ist, der in einem ganzen Brief euer gedenkt. In seinen Spuren möchte ich erfunden werden, wenn ich zu Gott gelange.

XIII. Tragt also Sorge, recht oft zur Feier der Eucharistie Gottes zusammenzukommen und versammelt euch zu seinem Lobe. Denn wenn ihr euch häufig versammelt, wird die Macht des Satans vernichtet, und sein verderblicher Einfluß bricht sich an eurer Glaubenseintracht. Nichts ist besser als Friede, an dem jeder Angriff böser Geister und irdischer Mächte scheitert.

XIV. Von all dem bleibt euch nichts verborgen, wenn ihr in vollkommener Weise Glauben und Liebe, die Anfang und Ende des Lebens sind, auf Jesus Christus hin ausrichtet. Anfang ist der Glaube, Ende die Liebe, beide vereint, das ist Gott. Alles, was sonst noch zur Frömmigkeit und Tugend gehört, folgt daraus. Niemand, der furchtlos seinen Glauben bekennt, sündigt. Wer in der Liebe lebt, haßt nicht. Den Baum erkennt man an seiner Frucht. So werden auch die, die sich zu Christus bekennen, an ihren Werken klar erkannt. Denn hierin kommt es nicht auf das gesprochene Bekenntnis an, sondern darauf, ob einer in der wirkenden Kraft seines Glaubens bis ans Ende erfunden wird.

XV. Es ist besser, zu schweigen und zu sein als zu reden und zu scheinen. Lehren ist gut, wenn man das Gesagte auch tut. Einer ist wahrhaftig Lehrer. Er sprach, und es geschah, und was er schweigend getan hat, ist des Vaters würdig. Wer Jesu Wort wahrhaftig besitzt, kann auch seine Stille vernehmen, damit er vollkommen ist. So wird er durch sein Wort wirken und durch sein Schweigen erkannt werden. Nichts bleibt dem Herrn verborgen. Auch das, was uns verborgen ist, ist ihm bekannt. Laßt uns also alles so tun, als wenn er selbst in uns wohnt, damit wir sein Tempel sind und er unser Gott in uns. So ist es ja auch letztlich und wird uns offenbar in all dem, worin wir ihm die schuldige Liebe beweisen.

XVI. Täuschet euch nicht, meine Brüder. Die, welche die Familien verderben, werden das Reich Gottes nicht erben. Wenn nun schon die, welche aus fleischlicher Gesinnung solches tun, dem Tode verfallen, um wieviel mehr wird der Tod dann eintreten, wenn der Glaube Gottes, für den Jesus Christus gekreuzigt wurde, durch falsche Lehre verdorben wird. Wer so handelt, ist ein Schmutzfink, er wird in das unauslöschliche Feuer wandern. Ebenso auch, wer auf ihn hört.

XVII. Der Herr hat deshalb sein Haupt salben lassen, damit die Kirche das Duftöl der Unvergänglichkeit empfängt. Salbt euch darum nicht mit dem üblen Geruch der Lehre des Fürsten dieser Welt. Sonst führt er euch in Gefangenschaft fort, weg von dem Leben, das vor euch liegt. Warum werden wir eigentlich nicht alle einsichtig, da wir doch die Erkenntnis Gottes, nämlich Jesus Christus, empfangen haben? Warum gehen wir töricht zugrunde und verkennen die Gnadengabe, die der Herr wirklich gesandt hat?

Die drei Geheimnisse der Stille

Was heute Anstoß erregt, ist die Vorstellung eines Gottes, der Mensch wird und am Kreuz stirbt. Dieses „Ärgernis" war schon zur Zeit des Ignatius keineswegs geringer. Was den Augen dieser Welt als undenkbar und Gottes unwürdig erscheint, ist den Augen des Glaubens Geheimnis der „Stille Gottes". Etwas umstürzend Neues ist in diese Welt eingetreten. „Laut rufend", setzt es alles „in Bewegung", bis hin zur endgültigen Vernichtung von Sünde und Tod.

XVIII. Mein Geist ist ein geringwertiges Opfer für das Kreuz, das den Ungläubigen Ärgernis, uns aber Rettung und ewiges Leben bedeutet. Wo ist ein Weiser? Wo ein Forscher? Wo der Ruhm der sogenannten Verständigen (1 Kor 1, 20; Röm 3, 27)? Denn unser Gott, Jesus Christus, wurde nach dem Heilsplan Gottes von Maria im Leibe getragen. Zwar ist er geboren aus Davids Samen, doch gleichzeitig aus heiligem Geist. Er wurde geboren und getauft, um das Wasser zu reinigen.

XIX. Diese drei laut rufenden Geheimnisse, die in Gottes Stille vollbracht wurden, blieben dem Fürsten dieser Welt verborgen: die Jungfrauschaft Mariens, ihre Niederkunft und ebenso der Tod des Herrn. Wie wurde es den Mächten dieser Weltzeit offenbar? Ein Stern erstrahlte am Himmel, heller als alle Sterne, und sein Licht war unaussprechlich stark. Seine Neuheit erregte Befremden. Alle übrigen Sterne umgaben im Reigen zusammen mit Sonne und Mond den Stern. Er übertraf mit seinem Licht alle anderen. Große Verlegenheit herrschte, woher die neue unvergleichliche Erscheinung.

Als Gott in Menschengestalt erschien, wurde alle Zauberei vertilgt, und jede Fessel der Bosheit verschwand, die Unwissenheit wurde beseitigt, die alte Herrschaft endgültig aufgehoben zu neuem, ewigen Leben. Seinen Anfang nahm, was bei Gott schon vollendet war. Von da an war alles in Bewegung, da der Tod vernichtet wird.

XX. Wenn mich Jesus Christus durch euer Gebet für würdig hält und es Gottes Wille ist, dann werde ich in einem zweiten Schreiben fortsetzen, was zu schreiben ich begonnen habe. Ich möchte euch den Heilsplan darlegen, der sich auf den neuen Menschen Jesus Christus bezieht. Er ist wirksam im Glauben an ihn und in der Liebe zu ihm in seinem Leiden und in seiner Auferstehung. Dies werde ich zumal dann tun, wenn der Herr mir offenbart, daß ihr alle, jeder einzelne und ihr alle gemeinsam in der Gnade und in einem Glauben an Jesus Christus zusammenkommt. Im Glauben an Jesus Christus, der dem Fleische nach aus dem Geschlecht Davids stammt, dem Menschensohn und Gottessohn, bezeugt ihr dem Bischof und dem Presbyterium ungeteilten Gehorsam und brecht ein Brot, die Arznei zur Unsterblichkeit, Gegengift wider den Tod, durch das man lebt in Jesus Christus auf ewig.

XXI. Ein Lösegeld bin ich für euch und für die, die ihr zur Ehre Gottes nach Smyrna gesandt habt. Von hier aus schreibe ich euch voll Dankbarkeit gegenüber dem Herrn und in der Liebe zu Polykarp wie auch zu euch. Gedenkt meiner, wie auch Jesus Christus eurer gedenkt. Betet für die Kirche von Syrien. Man führt mich als den Geringsten der dortigen Gläubigen in Fesseln nach Rom, weil ich gewürdigt wurde zur Ehre Gottes erfunden zu werden. Lebt wohl in Gott Vater und in Jesus Christus, unserer gemeinsamen Hoffnung.

Martyrium des hl. Polykarp

Die Märtyrerakten des zweiten und dritten Jahrhunderts, aus denen das überragende Dokument – das Polykarp-Martyrium – ausgewählt wurde, gehören zu den wichtigsten Quellen der frühen Kirche. Sie informieren uns oft nicht nur zuverlässig über die äußere Geschichte der Kirche, über ihre Verfolgung und über die Stellung der Christen in der heidnischen Gesellschaft: Sie sind darüber hinaus einzigartige Zeugnisse vom Glaubens- und Gebetsleben der jungen christlichen Gemeinden. Da Märtyrerakten in der Verfolgung stehende Gemeinden stärken oder noch in Frieden lebende Christen auf das mögliche Martyrium vorbereiten wollen, sind sie zumeist als Briefe abgefaßt und verschickt worden. Zwei literarische Formen lassen sich unterscheiden: einmal der Bericht über das Martyrium, zum andern das Verhandlungsprotokoll. Letzteres ist nicht das amtliche Gerichtsprotokoll, sondern übernimmt nur dessen literarische Form, um die beiderseitigen Positionen – Ankläger und christlicher Zeuge – festzuhalten. Die wichtigsten Stadien des Prozesses werden dagegen im Bericht wiedergegeben, wobei Bericht und Deutung ineinander übergehen.
Die älteste uns erhaltene Märtyrerakte ist das hier nur geringfügig gekürzt wiedergegebene Martyrium des hl. Polykarp. Sie ist in Form eines Schreibens der Gemeinde von Smyrna an die Gemeinde von Philomelion in Phrygien verfaßt und bald nach dem Tode Polykarps (156) entstanden.
Aus den Bischöfen des zweiten Jahrhunderts ragt die Gestalt Polykarps weit heraus. Der „selige, apostelgleiche Presbyter" – so nennt ihn sein Schüler Irenäus von Lyon – hat den Apostel Johannes noch selbst gekannt, ja, er soll von diesem zum Bischof von Smyrna bestellt worden sein, wie Tertullian berichtet. Irenäus berichtet auch davon, wie stolz Polykarp darauf war, daß er sich unterhalten durfte „mit denen, die das Wort des Lebens noch mit eigenen Augen gesehen hatten". Von seinen pastoralen Briefen ist nur der an die Philipper erhalten. Ihm selbst galt ein Brief des Bischofs Ignatius von Antiochien.
Das „Martyrium Polykarps" ist eine Mischform von Bericht und Verhandlungsprotokoll. Sein Verfasser Evaristos ist zutiefst davon überzeugt, daß das Martyrium eines solchen herausragenden Mannes nur mit dem Martyrium Christi verglichen werden kann. Darum kehren charakteristische Züge der Leidensgeschichte Christi im Martyriumsbericht des hl. Polykarp immer wieder. Aber nicht allein die literarische Form deutet diese Bezüge an: Es wird auch offen ausgesprochen, daß das Sterben des Christen, zumal der Zeugentod, Christus in seinem Sterben und seiner Auferstehung gleichförmig macht.

Größe und Mut angesichts des drohenden Todes nötigen Bewunderung ab. Mit Würde in den Tod gehen, zwingt zur Achtung. Doch das ist es nicht allein, was an diesem Bericht bewegt. Dafür gibt es genug andere eindrucksvolle Berichte vom aufrechten Sterben. Aber bei Polykarp ist mehr.
Ein wenig Weihrauch vor das Bild des Kaisers hinstreuen, und man wäre frei. Eine Huldigungsformel murmeln – im Inneren sich auf den äußeren Zwang und die Nichtigkeit des Wortes berufen – und der Tod ginge an einem vorüber. Verlockend, nicht einmal unverständlich. Sich im Nebenher aus der Verantwortung schleichen?
„Seit 86 Jahren diene ich ihm ... Wie könnte ich da meinem König und Erlöser fluchen?“ Aus diesem Satz spricht nicht einfach die Einsicht, daß man menschlichem Ermessen nach doch nur noch ein paar Jährchen – bestenfalls – zu leben hätte, sondern die Dankbarkeit dem gegenüber, der das Leben ermöglichte, Großzügigkeit, die sich nicht übertreffen lassen will ...

Die Kirche Gottes von Smyrna, die in der Fremde weilt, an die in der Fremde weilende Kirche Gottes von Philomelion und an alle Gemeinden der heiligen und katholischen Kirche auf der ganzen Welt. In überreichem Maße möge euch geschenkt werden Erbarmen, Friede und Liebe von Gott, dem Vater, und unserem Herrn Jesus Christus.

I. Diesen Brief, liebe Brüder, haben wir euch geschrieben, um von denen zu berichten, die Zeugnis abgelegt haben. Vor allem aber, um vom seligen Polykarp zu verkünden, der mit seinem Blutzeugnis der Verfolgung gleichsam das Siegel aufgedrückt und ihr das Ende bereitet hat. Denn fast alle Ereignisse sind geschehen, weil der Herr uns in ihnen nochmals den Verlauf seines eigenen, im Evangelium erzählten Martyriums vor Augen führen wollte. Polykarp wartete nämlich ruhig ab, bis man ihn festnahm, so wie es auch der Herr tat, damit uns seine Nachfolge leichter fällt. Denn wir sollen ja nicht nur an uns selbst denken, sondern auch daran, was dem Nächsten nützt: Es ist Zeichen echter und starker Liebe, wenn man nicht allein seine eigene Seele, sondern auch die aller Brüder retten will.

II. Von Gott gesegnet und echt ist ein Martyrium nur dann, wenn es nach Gottes Willen geschieht. Darum müssen wir uns selbst vorsichtig zurückhalten und überzeugt sein, daß alle Kraft zum Bekenntnis einzig von Gott her kommt. Wenn aber schließlich das Bekenntnis gefordert ist, wer wird dann nicht voll Staunen die Tapferkeit der Bekenner, ihre Geduld, ihre Liebe zum Herrn bewundern? Man peitschte sie dermaßen, daß man die innen liegenden Venen und Arterien und den inneren Körperbau erkennen konnte. Aber sie hielten stand, so daß selbst den Zuschauern Tränen des Mitleids kamen. Die Blutzeugen brachten einen solchen Mut auf, daß weder ein Schmerzenswort noch ein Aufstöhnen über ihre Lippen kam. Uns allen war dies ein Beweis dafür, daß in der Stunde der Folterung die Blutzeugen Christi nicht mehr den Bedingungen ihres Fleisches unterworfen sind. Ja, mehr noch: In dieser Stunde steht der Herr neben ihnen und hält heimliche Zwiesprache mit ihnen. Sie waren ganz hineingenommen in die Gnade Christi und konnten darum alle irdischen Qualen verachten. Mit dem Leiden einer einzigen Stunde erkauften sie sich das ewige Leben. Das Feuer der unmenschlichen Henker war für sie nur linde Kühle. Denn sie hatten nur ein Ziel vor sich: dem ewigen und unauslöschlichen Feuer zu entrinnen. Mit den Augen des Herzens schauen sie die himmlischen Güter, die denen bereitet sind, die tapfer ausharren. Es sind die Güter, „die kein Ohr gehört, kein Auge gesehen und deren Kunde in keines Menschen Herz gedrungen ist" (1 Kor 2, 9). Ihnen aber, die schon nicht mehr Menschen, sondern Engel sind, hat der Herr sie von ferne gezeigt ...

V. Als der bewundernswürdige Polykarp hörte, daß die Menge nach ihm verlangte, blieb er vollkommen ruhig und wollte sogar in der Stadt bleiben. Die meisten aber rieten ihm, sich zu verstekken. So verbarg er sich denn auf einem Landgut nahe bei der Stadt. Dort hielt er sich mit wenigen Gefährten auf und gab sich Tag und Nacht ausschließlich dem Gebet hin, für alle Menschen und für die Kirchen im ganzen Reich. So war er es gewohnt. Drei Tage vor seiner Verhaftung hatte er während des Gebets eine Vision. Er sah, wie sein Kopfkissen in Flammen stand. Da wandte er sich an seine Begleiter und sagte: Ich muß lebendig verbrannt werden.

VI. Da die Häscher inzwischen ihre Nachforschungen fortsetzten, flüchtete Polykarp in ein anderes Landhaus. Die Polizei war ihm aber schon auf der Spur. Als sie ihn nämlich im ersten Landhaus nicht fand, verhaftete sie zwei Sklaven. Einer von ihnen gestand unter dem Druck der Folter. Nun war es nicht weiter möglich, Polykarp zu verstecken, denn seine Verräter gehörten zum Hausgesinde. Zudem wollte der Polizeipräsident mit dem bezeichnenden Namen Herodes Polykarp möglichst schnell ins Amphitheater schaffen lassen. So sollte dieser seiner eigentlichen Bestimmung teilhaftig werden, der Schicksalsgemeinschaft mit Christus. Aber auch seine Verräter entgingen nicht ihrer Strafe, der Strafe des Judas.

VII. An einem Freitag, zur Stunde des Mittagsmahles, brachen sie auf. Der junge Sklave mit der Polizei und eine berittene Abteilung mit der üblichen Bewaffnung zogen gegen ihn wie gegen einen Räuber aus. Am späten Abend kamen sie vor dem Landhaus an. Sie fanden Polykarp, der in einem Zimmer des oberen Stockwerks bereits zur Ruhe gegangen war. Er hätte zwar von dort aus noch irgendwohin fliehen können, doch er wollte nicht. Er sagte: Gottes Wille geschehe. Als er hörte, daß sie da waren, stieg er hinunter und unterhielt sich mit ihnen. Als die Häscher ihn erblickten, waren sie erstaunt über sein hohes Alter und seine ruhige Haltung. Sie meinten, daß soviel Aufwand zur Verhaftung eines alten Mannes doch wohl nicht nötig gewesen wäre. Polykarp aber befahl, ihnen sofort Essen und Trinken vorzusetzen, soviel sie wollten. Dann bat er sie, ihm noch eine Stunde zu ungestörtem Gebet zu gewähren. Die Häscher stimmten zu, und Polykarp erhob sich, um zu beten. Er war derart erfüllt von der Gnade Gottes, daß er fast zwei Stunden lang vom Gebet nicht ablassen konnte. Die Häscher, die zuhörten, waren peinlich berührt, viele bereuten es geradezu, gegen einen solchen gotterfüllten Greis zu den Waffen gegriffen zu haben.

VIII. Als er zum Gebetsschluß kam, gedachte er aller Menschen, denen er jemals begegnet war, Großer und Kleiner, Vornehmer und Geringer; er gedachte der ganzen katholischen Kirche auf dem Erdenrund. Beim Aufbruch setzte man ihn auf einen Esel, und so ritt man zur Stadt. Das alles geschah am Sabbat. Der Polizeipräsident Herodes und dessen Vater Niketes fuhren ihm ein Stück entgegen, ließen ihn dann in ihre Kutsche einsteigen und sagten zu ihm: „Was ist eigentlich dabei Schlimmes, zu sagen: Der Kaiser ist Kyrios, Herr? Oder ein Opfer samt den dazugehörenden Zeremonien darzubringen und so sein Leben zu retten?" Zuerst gab Polykarp einfach keine Antwort. Aber da sie ihm keine Ruhe ließen, sagte er: „Ich werde niemals das tun, was ihr mir vorschlagt." Als sie nun sahen, daß sie mit ihren Überredungskünsten kein Glück hatten, bedrohten sie ihn und stießen ihn mit solcher Eile aus der Kutsche, daß er sich das Schienbein verletzte. Polykarp kümmerte sich nicht darum und ging, als ob nichts geschehen wäre, willig weiter. Als er in das Stadion hineingeführt wurde, erhob sich solches Gebrüll, daß man sein eigenes Wort nicht mehr verstand.

IX. Polykarp aber ging ruhig bis in die Mitte des Stadions. Da erscholl eine Stimme vom Himmel: „Sei stark, Polykarp, sei ein Mann." Niemand sah den Rufenden, aber alle anwesenden Christen hörten die Stimme. Nun führte man Polykarp vor die Gerichtsschranken. Erneut erhob sich ein donnerndes Gebrüll, weil Polykarp verhaftet worden war. Als er vor dem Richterstuhl stand, fragte ihn der Prokonsul, ob er Polykarp sei. Dieser bejahte. Daraufhin versuchte der Prokonsul, ihn zur Glaubensverleugnung zu überreden. Er sagte zu ihm: „Denk doch an dein hohes Alter!" In diesem Stil sprach er weiter, so wie sie es immer machen. Etwa: „Schwöre beim Genius des Kaisers!", oder: „Bekehre dich!", oder: „Sprich: nieder mit den Atheisten!" Als Polykarp diese Aufforderung hörte, wandte er sich in ruhiger Würde der Masse auf den Sitzplätzen des Stadions zu und blickte diese gottlosen Heiden fest an. Er hob die Hand, seufzte auf, und seine Augen gingen zum Himmel empor. Dann rief er: „Ja, nieder mit den Atheisten." Der Prokonsul aber mahnte ihn immer dringlicher und sagte: „Schwöre ab, und ich lasse dich frei. Fluche deinem Christus." Polykarp gab zur Antwort: „Seit 86 Jahren diene ich ihm, und er hat mir nie ein Unrecht getan. Wie könnte ich da meinem König und Erlöser fluchen?"

X. Aber der Prokonsul bedrängte ihn aufs neue und sagte: „Schwöre beim Genius des Kaisers!" Er antwortete: „Wenn du dir einbildest, ich würde beim Genius des Kaisers, wie du es ausdrückst, schwören, dann verstellst du dich, als sei es dir unbekannt, wer ich bin. Höre also, was ich mit allem Freimut sage: ‚Ich bin ein Christ. Wenn dich aber die Lehre des Christentums interessiert, dann bestimme einen Tag, und du wirst sie hören.'" Da sagte der Prokonsul: „Bring das lieber dem Pöbel da bei." Polykarp aber gab zur Antwort: „Dich, Prokonsul, habe ich einer Erklärung gewürdigt. Denn wir sind darüber belehrt worden, den von Gott eingesetzten Obrigkeiten und Gewaltträgern so weit in aller Ehrfurcht zu gehorchen, als es ohne Schaden der Seele möglich ist. Den Pöbel da halte ich jedoch nicht für würdig, meine Glaubensverteidigung anzuhören."

XI. Da sagte der Prokonsul: „Ich habe schließlich auch wilde Bestien, denen ich dich zum Fraß vorwerfen lassen kann, wenn du nicht anderen Sinnes wirst." Polykarp antwortete: „Ruf sie ruhig. Für unsereins kommt überhaupt nicht in Frage, sich vom Guten zum Schlechten hinzuwenden. Dagegen ist es edel, sich abzuwenden von der Gemeinheit hin zur Gerechtigkeit." Der Prokonsul aber fuhr fort: „Wenn die wilden Tiere also keinen Eindruck auf dich machen, so daß du deine Meinung änderst, dann soll das Feuer dich verbrennen." Und Polykarp sagte: „Du willst mich ängstigen mit einem Feuer, das nur eine Stunde brennt und dann erlischt. Du kennst eben nicht jenes andere Feuer, das Feuer des künftigen Gerichts, das Feuer ewiger Pein für die Gottesleugner. Aber was zögerst du so lange? Hol herbei, was du willst."

XII. Dies und Ähnliches sagte Polykarp. Dabei war er von Freimut und Freude wie überströmt, und sein Gesicht erstrahlte von der Gnade. So stark war dieser Eindruck, daß man deutlich merkte, wie wenig ihn der ganze Prozeß beeindrucken konnte. Im Gegensatz dazu verlor nun der Prokonsul die Fassung. Er ließ seinen Herold in der Mitte des Stadions dreimal verkünden: „Polykarp hat sich als Christ bekannt." Kaum war der Herold verstummt, da brüllte die Masse der Heiden und der in Smyrna lebenden Juden mit unbändiger Wut und lauter Stimme: „Das ist der Lehrer von ganz Asien! Das ist der Vater der Christen! Dieser zerstört unsere Götter. Er lehrt sie, ihnen nicht mehr zu opfern und sie nicht zu verehren." Diese Ausrufe erfolgten unter heftigem Gebrüll, und sie forderten vom Oberpriester Asiens Philippos, auf Polykarp die Löwen loszulassen. Dieser aber erklärte, das sei ihm nicht mehr gestattet, da die Tierhetzen beendet seien. Da schien es, als hätten sie sich verabredet, wie mit einer Stimme zu schreiben, daß Polykarp lebendig verbrannt werden müsse. So mußte sich seine Vision von dem brennenden Kopfkissen erfüllen. Er hatte es ja brennen sehen, als er im Gebet vertieft gewesen war und hatte den ihm treu Gebliebenen prophetisch gesagt: „Ich muß lebendig verbrannt werden."

XIII. Das nun Folgende spielte sich mit großer Eile und schneller, als sich erzählen läßt, ab. Sofort trug der Pöbel aus Werkstätten und Badestuben Holz und Reisig zusammen. Die Juden zeigten dabei – wie gewöhnlich – besonderen Eifer. Als der Scheiterhaufen errichtet war, legte Polykarp seine Kleider ab, löste den Gürtel und wollte die Schuhe ausziehen. Früher hatte er das nicht selber tun müssen. Denn stets bemühte sich einer der Gläubigen, ihm diesen Dienst zu leisten in der Hoffnung, dabei vielleicht seinen Leib zu berühren. Denn lange vor dem Martyrium wurde er wegen seines heiligmäßigen Lebens von allen in höchstem Maße verehrt. Sofort schichteten nun die Henker das herbeigeschaffte Brennholz um ihn auf. Als sie ihn auch noch an einen Pfahl annageln wollten, bat Polykarp: „Laßt mich einfach so, wie ich bin. Der mir die Kraft gab, das Feuer zu erleiden, wird mir auch die Kraft schenken, geduldig auf dem Scheiterhaufen auszuharren."

XIV. Man nagelte ihn also nicht an, sondern band nur seine Arme fest. Er stand nun, die Hände auf dem Rücken gefesselt, wie ein erlesener Widder, ausgesucht aus der großen Herde der Opfertiere, bereitet zum makellosen Brandopfer für Gott. Er hob seine Augen zum Himmel und betete:

Herr, Gott, Allherrscher,
Vater Deines geliebten und hochgelobten Knechtes Jesus Christus,
durch den wir von Dir wissen,
Gott der Engel und Mächte und der gesamten Schöpfung
des ganzen Geschlechtes der Gerechten, die von Dir leben,
ich preise Dich,
daß Du mich dieses Tages und dieser Stunde gewürdigt hast,
Anteil zu haben in der Zahl der Märtyrer am Kelche Deines Christus,
zur Auferstehung des ewigen Lebens mit Seele und Leib
in der Unvergänglichkeit heiligen Geistes.
Ich möchte heute aufgenommen werden als gültiges und wohlgefälliges Opfer,
wie Du es zuvor bereitet und offenbart und nun erfüllt hast,

getreuer und wahrhaftiger Gott.
Darum lobe ich Dich für alles,
Dich preise ich,
Dich rühme ich
durch den ewigen und himmlischen Hohenpriester Jesus Christus,
Deinen geliebten Knecht,
durch den Dir mit Ihm und dem Heiligen Geist
Ehre ist jetzt und für alle kommenden Zeiten.
Amen.

XV. Als er sein „Amen" zum Himmel emporgeschickt und das Gebet beendet hatte, entzündeten die Heizer das Feuer. Eine Stichflamme schoß leuchtend hoch. Da sahen wir ein Wunder. Aber nur wir, denen es gegeben war, sahen es, und denen es vorbehalten war, den anderen von diesen Geschehnissen zu berichten. Das Feuer bildete die Form eines Zimmers, es legte sich wie ein Schiffssegel, in das hinein der Wind fährt, um den Leib des Märtyrers. Er aber stand in der Mitte, nicht wie bratendes Fleisch, sondern wie ein Brot im Backofen oder wie Gold und Silber, das im Schmelzofen gereinigt wird. Und wir empfanden deutlich einen starken Duft, so wie von aufsteigendem Weihrauch oder von einem anderen kostbaren Gewürz.

XVI. Schließlich merkten auch die Heiden, daß Polykarps Leib von den Flammen nicht verzehrt werden konnte. Darum befahl man, der Henker solle vor ihn treten und ihm die Brust durchstoßen. Der Befehl wurde sofort ausgeführt. Dabei schoß ein solcher Blutstrom aus der Wunde, daß der Scheiterhaufen erlosch. Die ganze Volksmenge staunte und fragte sich, woher ein so gewaltiger Unterschied zwischen den Ungläubigen und den Erwählten komme. So ist auch der bewundernswerte Polykarp einer der Auserwählten geworden. In ihm hatten wir einen Lehrer, der noch in unseren Zeiten wie ein Apostel und Prophet war. Er war unser Bischof, Bischof der katholischen Kirche von Smyrna. Jedes Wort, das aus seinem Munde hervorging, hat sich erfüllt und wird sich noch weiterhin erfüllen.

XVII. Nun sah der Teufel, der Neider, der böse Verleumder, der von Anfang an in Feindschaft lebt mit den Gerechten, wie herrlich das Martyrium dessen war, der von Jugend an heiligmäßig gelebt

hat. Er sah, wie Polykarp mit einem unzerstörbaren Siegeskranz gekrönt wurde, wie er in seinen Händen den Ehrenpreis trug, den ihm niemand mehr entreißen kann. Deshalb bemühte er sich zu verhindern, daß wir in den Besitz seines Leichnams gelangten. Denn groß war unsere Sehnsucht danach, und wir hätten ihn gerne in unserer Mitte begraben.
Er flüsterte darum dem Niketes, dem Vater des Herodes und Bruder unserer Schwester Alke ein, er möge den Prokonsul dazu bewegen, uns nur nicht den Leichnam herauszugeben. Sie könnten sonst, sagte er, sich vom Gekreuzigten abwenden und diesen da anbeten. Dieser Unsinn war ihnen von den Juden vorgegaukelt worden, und diese bestärkten sie immer wieder in dieser Meinung. Die Juden selbst paßten auch auf, daß niemand von uns versuchte, den Leichnam vom Scheiterhaufen wegzunehmen. Sie können es nämlich einfach nicht begreifen, daß wir es niemals über uns brächten, Christus zu verlassen. Denn nur er ist gestorben für das Heil der ganzen erlösten Welt, er, der Sündenlose, für uns Sünder. Sie begreifen nicht, daß wir niemals einen anderen Menschen anbeten könnten. Ihn beten wir an, weil er der Sohn Gottes ist. Den Märtyrern aber schenken wir zu Recht unsere Liebe, weil sie Schüler und Nachfolger des Herrn sind. Sie sind ihrem König und Lehrer treu geblieben. Gott möge uns gewähren, daß auch wir Weggenossen und Mitschüler der Märtyrer werden.

XVIII. Angesichts des harten Widerstands der Juden gab der Anführer der Soldaten nach und verbrannte nach heidnischer Sitte den Leichnam mitten auf dem Scheiterhaufen. So konnten wir später wenigstens die Gebeine einsammeln. Sie sind uns mehr wert als Edelsteine und köstlicher als reines Gold. An einem würdigen Ort haben wir sie beigesetzt. Dort wollen wir – so Gott will und es uns möglich ist – uns in Freude und Jubel versammeln, um den Jahrestag seines Martyriums zu feiern. Dies ist ja sein Geburtstag für den Himmel. Wir feiern ihn zum Gedächtnis aller, die vor uns den Kampf gekämpft haben, zugleich aber auch als Einübung und Vorbereitung für alle, die ihn in Zukunft noch kämpfen müssen.

XIX. Dies ist unser Bericht über den seligen Polykarp. Zusammen mit den Märtyrern aus Philadelphia war er der zwölfte Blutzeuge in Smyrna. Aber mehr als alle anderen wird uns Polykarp unvergeßlich sein. Selbst bei den Heiden ist überall von ihm die Rede.

Er war nicht nur ein einzigartiger Lehrer, er war weit mehr: ein überragender Blutzeuge. Sein Martyrium war dem im Evangelium erzählten Martyrium Christi gleich. Darum haben wir alle nur noch eine Sehnsucht, ihm nachzufolgen. Sein geduldig ertragenes Leiden hat den gottlosen Herrscher dieser Welt niedergerungen und so hat er für sich die Krone der Unsterblichkeit erlangt. Mit den Aposteln und allen Gerechten singt er nun ein Loblied auf Gott, den Vater und Herrscher aller Welt. Jetzt jubelt er unserem Herrn Jesus Christus zu, dem Erlöser unserer Seele, dem Lenker unseres Leibes, dem Hirten der katholischen Kirche auf dem ganzen Erdkreis.

XX. Ihr hattet uns gebeten, die Ereignisse euch recht ausführlich zu erzählen. Leider konnten wir in diesem Brief nur die wichtigsten Angaben berichten. Wir übersenden euch diesen Brief durch unseren Bruder Markion. Wenn ihr den Brief gelesen habt, dann schickt ihn bitte den Brüdern im Umkreis, damit auch sie den Herrn preisen können, der einige seiner Knechte zu solcher Ehre erwählt hat.
Ihm aber, der uns alle in seiner überreichlichen Gnade und Güte heimholen kann in sein ewiges Reich, ihm sei durch seinen Knecht, den eingeborenen Jesus Christus, Ruhm, Ehre, Macht und Herrlichkeit alle Weltzeiten hindurch. Grüßt alle Heiligen! Alle Brüder, die bei uns sind, grüßen euch. Gruß auch von mir, Evaristos, und meiner ganzen Familie.

Diognet-Brief

Das folgende Werk, eine der schönsten und eindringlichsten Schriften des christlichen Altertums, stammt vermutlich aus der zweiten Hälfte des 2. Jh. Während dieser Zeit wurde das Christentum von den damaligen staatlichen und etabliert religiösen Mächten öffentlich unterdrückt und von der heidnischen Philosophie angegriffen. Deshalb entstanden eine Reihe von apologetischen Schriften, die das Ziel hatten, den christlichen Glauben gegen Kritik, Infragestellung und Mißverständnisse als die allein heilbringende Religion auszuweisen. In der Reihe dieser Werke steht auch der Diognet-Brief, ein Schreiben, das von einem uns unbekannten Autor an einen offenbar gebildeten Heiden namens Diognet, der den Gottesglauben der Christen kennenlernen will, gerichtet ist. Die verschiedenen Antworten auf die am Briefanfang angeführten Fragen des Diognet bilden die Gliederung des (hier um die ersten Kapitel gekürzten) Briefes. Das Besondere und deshalb auch so Faszinierende dieser Schrift liegt darin, daß kaum eine andere frühchristliche Apologie so sehr vom konkreten Leben der Christen und von der Erfahrung des christlichen Glaubens her argumentiert wie diese Schrift.

Fragen an die Christen

Hochedler Diognet, ich sehe, wie sehr es dich drängt, den Gottesglauben der Christen kennenzulernen, und wie deine Fragen über sie sehr genau und mit großer Sorgfalt gestellt sind: Welchem Gott glauben sie, und wie erweisen sie ihm Ehre? Warum verschmähen sie allesamt die Welt und achten auch den Tod nicht? Wie kommt es, daß sie einander so innig lieben, und wie, daß dieses neue Geschlecht, diese Lebensweise erst jetzt aufgetreten ist und nicht früher?

Ich lobe deinen Eifer und bete zu Gott, der uns Reden und Hören schenkt, daß er mir gebe zu sagen, was dem Hörer zur Förderung dient, dir aber, derart zu hören, daß du dem Sprecher keinen Kummer bereitest.

„Was die Seele im Leib ist, das sind die Christen in der Welt"

Im Johannes-Evangelium wird die eigentümliche Existenz der Christen mit den Worten beschrieben, daß sie nicht „von" der Welt, wohl aber „in" der Welt sind, ja in die Welt gesandt sind (vgl. Joh 17,6ff). Der erste Teil des hier wiedergegebenen Textes ist eine Art von glutvoll-engagiertem Kommentar zu diesem Wort. Die Christen sind in der Welt als deren „Seele", innere Kraft und Einheit gebende Mitte, und doch leben sie „ganz anders" als die übrigen. Diese paradoxe Einheit von „Mitten-in-der-Welt-Sein" und „Anders-Sein" ist von jeder Zeit, auch von der unsrigen, neu zu suchen und zu leben.

Die Christen unterscheiden sich weder durch Heimat noch durch Sprache noch durch Brauchtum von den übrigen Menschen; sie bewohnen nirgends eigene Städte, bedienen sich keiner außergewöhnlichen Sprache und führen kein absonderliches Leben. Ihre Lehre wurde nicht durch einen Einfall oder die Einbildungskraft geschäftiger Menschen ausgeheckt. Sie wohnen in den Städten der Griechen und denen der Barbaren, wie das Schicksal es jedem zuteilt; sie fügen sich den Sitten des Landes in Kleidung, Speise und übriger Lebensart, indem sie aber zugleich einen wundersamen und anerkannterweise paradoxen Wandel in ihrer Lebensart an den Tag legen. Sie wohnen im eigenen Vaterland, jedoch nur wie Beisassen, sie haben an allem Anteil wie Bürger und erdulden doch alles wie Fremdlinge. Jegliche Fremde ist ihnen Heimat, und jegliche Heimat Fremde. Sie nehmen zur Ehe wie alle, zeugen Kinder, setzen aber das Geborene nicht aus. Sie halten gemeinsam Tisch, das Bett jedoch teilen sie nicht. Sie weilen im Fleische, aber gemäß dem Fleisch leben sie nicht. Sie verbringen ihr Dasein auf Erden, sind aber eingebürgert im Himmel. Sie gehorchen den bestehenden Gesetzen und überbieten durch ihre Lebensart die Gesetze. Sie lieben alle und werden von allen verfolgt; man kennt sie nicht und verurteilt sie doch; sie werden dem Tod überliefert und dadurch zum Leben gebracht; sie sind arm und bereichern viele. An allem leiden sie Mangel und haben an allem Überfluß. Sie werden geschmäht und finden in der Schmach ihren Ruhm. Sie werden gelästert und erweisen sich doch als gerecht. Sie werden beschimpft und sprechen Segen. Sie sind verspottet und erweisen Ehrfurcht. Sie tun das Gute und werden dafür wie Übeltäter bestraft. In der Strafe aber freuen sie sich wie zum Leben Erweckte. Sie werden von den Juden als artfremd bekämpft und von den Griechen verfolgt; aber den Grund ihrer Feindschaft können die Hasser nicht nennen.

Um es kurz zu sagen: Was die Seele im Leib ist, das sind die Christen in der Welt. Denn die Seele ist in allen Gliedern des Leibes ausgesät, und die Christen sind es in allen Städten der Welt. Die Seele wohnt zwar im Leib, doch stammt sie nicht von ihm, auch die Christen bewohnen die Welt, sind aber nicht von der Welt. Unsichtbar wird die Seele verwahrt im sichtbaren Leib, und obschon die Christen in der Welt zu sehen sind, bleibt doch unsichtbar ihre Liebe zu Gott. Das Fleisch haßt die Seele und bekämpft sie, ohne daß ihm Unrecht geschah, weil sie es hindert, der Lust zu frönen; ebenso haßt auch die Welt die Christen, die ihr kein Unrecht taten, weil sie den Lüsten Widerstand bieten. Die Seele liebt das hassende Fleisch und die Glieder; und auch die Christen lieben ihre Hasser. Die Seele wird im Leib eingeschlossen, doch ist sie es, die den Leib zusammenhält; auch die Christen sind auf Erden wie in einem Gefängnis gehalten, aber sie sind es, die die Welt zusammenhalten. Unsterblich haust die Seele im sterblichen Zelt, und auch die Christen wohnen in dem, was vergeht, auf das Unvergängliche im Himmel harrend. Schlecht versorgt mit Speise und Trank, gewinnt die Seele an Vortrefflichkeit, und auch die Christen gewinnen von Tag zu Tag, indem sie gezüchtigt werden. In eine so hohe Stellung hat Gott sie versetzt; sie haben kein Recht, diese zu verlassen.

„Gott offenbart sich als Liebe“

Der christliche Glaube beruht auf der Offenbarung des Sohnes Gottes. Ihn sandte Gott „als den von innen Führenden, nicht von außen Zwingenden, denn bei Gott gibt es keinen Zwang. Er sandte ihn als ein Rufender, nicht als ein Drohender; er sandte ihn als ein Liebender, nicht als ein Richter“. In ihm als dem einen Gerechten, kann sich „die Ungerechtigkeit der Vielen verbergen“ und bergen. An diesem Gottesbild hat unser Glaube sein Maß und seine Gestalt zu nehmen.

Nicht als ein irdischer Fund ist dies ihnen anvertraut, nicht ein sterbliches Gemächte ist's, was sie so sorglich hüten wollen, und auch nicht mit Verwaltung menschlicher Geheimnisse wurden sie betraut. Vielmehr hat wahrhaft er selbst, der Allherrscher und Allschöpfer, der unsichtbare Gott von den Himmeln herab die Wahrheit und das heilige und unauslotbare Wort den Menschen

eingegründet und es in ihren Herzen verwurzelt. Und das nicht, wie man meinen wollte, indem er den Menschen einen Diener sandte, einen Engel oder Fürsten, sei es einen Vorsteher weltlicher Dinge, oder einen von denen, die mit der Verwaltung im Himmel betraut sind, sondern ihn selbst, den Ersteller und Bildner des Alls, durch den er die Himmel erschaffen hat, durch den er das Meer in seine Grenzen wies, dessen Geheimnisse alle Elemente getreulich behüten, von dem die Sonne die Regel empfing, um den Lauf des Tages zu wahren, nach dessen Befehl der Mond in der Nacht erstrahlt, dem die Sterne gehorchen, die die Bahn des Mondes begleiten, durch den alles geordnet, begrenzt und unterworfen ist: die Himmel und was in den Himmeln ist, die Erde und was auf der Erde ist, das Meer und was im Meer ist; Feuer, Luft, Abgrund; was in den Höhen, was in den Tiefen, und was immer dazwischen sich befindet.
Diesen sandte er ihnen. Nicht aber so, wie ein Mensch es ausdenken könnte: um Gewalt zu üben, Schrecken und Furcht zu erzeugen. Nein, keineswegs. Sondern in Milde und Sanftmut sandte er ihn, dem Könige gleich, der den Königssohn sendet. Als einen Gott sandte er ihn, als zu Menschen sandte er ihn, als den wahrenden Retter sandte er ihn; als den von innen Führenden, nicht von außen zwingenden, denn bei Gott gibt es keinen Zwang. Er sandte ihn als ein Rufender, nicht als ein Drohender; er sandte ihn als ein Liebender, nicht als ein Richter. Aber einst wird er ihn als Richtenden senden, und wer hält dann seinem Erscheinen stand? … *[Lücke im Text]*
Siehst du nicht, wie sie vor die wilden Tiere geworfen werden, auf daß sie den Herrn verleugnen, und wie sie doch standhaft bleiben? Und siehst du nicht, wie sie zahlreicher werden, je mehr von ihnen hingerichtet werden? Das aber ist augenscheinlich nicht das Werk eines Menschen, sondern die Kraft eines Gottes, seiner Gegenwart Zeugnis.
Denn wer von den Menschen hätte je überhaupt gewußt, was Gott ist, bevor er selber kam? Oder soll man denn die leeren und läppischen Lehren jener „vertrauenswürdigen“ Denker übernehmen, von denen die einen sagen, das Feuer sei Gott (das, wohinein sie einst kommen sollen, das nennen sie Gott!), die andern das Wasser, und wiederum andere sonst eines von den Elementen, die Gott erschuf. Fürwahr, wenn eine dieser Lehren annehmbar wäre,

könnte ebensogut jegliches sonstige Geschöpf als Gott ausgerufen werden! Das aber ist alles Phantasterei und Trug dieser Gaukler. Es hat der Menschen keiner Gott je gesehen, noch ihn erkannt, vielmehr hat er sich selber offenbart. Er offenbarte sich aber durch den Glauben, dem allein die Anschauung Gottes gewährt ist. Denn der Gebieter und Schöpfer des Alls, der Gott, der alles gemacht und in Ordnung eingerichtet hat, war nicht nur menschenliebend, sondern auch großmütig und geduldig. So war er zwar immer, so ist er und wird er sein: milde und gütig, zornlos und wahr und als einziger gut. Doch den großen und unaussprechlichen Plan, den er erwog, den teilte er einzig dem Kinde mit. Solange er nun seinen weisen Ratschluß als Geheimnis barg, schien es, als ob er sich um uns nicht sorge und nicht kümmere. Als er ihn aber enthüllte und durch seinen geliebten Sohn offenbarte, was von Anfang an vorbereitet worden war, schenkte er uns alles zugleich: sowohl Anteil zu haben an seinem Wohltun, als wie es zu schauen und zu verstehen. Wer von uns hätte das je erwartet? Da er also alles bei sich mit seinem Kinde für die Weltzeiten geordnet hatte, ließ er uns doch bis in die letzte Zeit von ungeordneten Trieben bestimmt werden, nach unserem Gutdünken fortgerissen von Lüsten und Begierden. Er erfreute sich durchaus nicht an unseren Sünden, aber er duldete sie. Er hatte kein Wohlgefallen am Damals des Unrechts, sondern war daran, das Jetzt der Gerechtigkeit zu schaffen, damit wir aus unseren eigenen Werken in der damaligen Zeit überführt, daß wir des Lebens unwürdig sind, jetzt durch die göttliche Güte gewürdigt würden, und – da wir uns aus uns selber als unfähig erwiesen hatten, in das Reich Gottes einzugehen – durch Gottes Kraft nunmehr dazu befähigt würden. Als das Maß unserer Ungerechtigkeit voll war und es endgültig in Erscheinung trat, daß wir als deren Lohn nur Strafe und Tod erwarten dürften, da kam der rechte Augenblick, den Gott im voraus bestimmte, um endgültig seine Güte und Macht zu erweisen. O der überschwenglichen Menschenliebe und Hingabe Gottes! Er hat uns nicht gehaßt, uns nicht verstoßen, er hat uns das Böse nicht nachgetragen, sondern hat voll Langmut ausgeharrt, selber erbarmungsvoll unsere Sünden auf sich genommen und seinen eigenen Sohn als Lösepreis für uns gegeben. Den Heiligen für die Gesetzlosen, den Schuldlosen für die Schuldigen, den Gerechten für die Ungerechten, den Unverderblichen für die

Verderblichen, den Unsterblichen für die Sterblichen. Was sonst hätte unsere Sünden decken können, als seine Gerechtigkeit? In wem könnten wir sonst gerechtfertigt werden – wir Gesetzesverächter und Gotteslose – als im Einen Gottessohn? O süßer Tausch, o unerforschliches Schöpferwerk! O ungeahnte Wohltat: daß die Ungerechtigkeit der vielen in dem einen Gerechten sich verberge und die Gerechtigkeit des Einen die vielen Gesetzlosen rechtfertige! Zuerst hat er in der vorigen Zeit bewiesen, daß unsere Natur ohnmächtig ist, das Leben zu erlangen, jetzt aber hat er den Erlöser gezeigt, der die Macht hat zu retten, auch was nicht zu retten war. Durch beides wollte er uns dazu bringen, seiner Güte zu trauen und ihn als Nährer, Vater, Lehrer, Berater, Arzt, Weisheit, Licht, Ehre, Ruhm, Kraft, Leben zu betrachten, und uns um Nahrung und Kleidung keine Sorgen zu machen.

„Liebend Gottes Güte nachahmen“

Wer wahre Erkenntnis ohne Liebe, rechtes Wissen ohne Leben hat, „wird von der Schlange getäuscht“. Nur in der Nachahmung der Liebe Gottes kommt der Mensch zum wahren Leben, macht er Gotteserfahrung, wird alles neu und klar und plausibel, „bricht die Zeit der Fülle an“.

Wenn nun auch du nach diesem Glauben verlangst und ihn umfängst, so erkenne erstlich den Vater. Denn Gott hat die Menschen geliebt, da er ihretwegen das All erschuf, ihnen alles auf Erden unterwarf und ihnen Sprache, ihnen Einsicht gab, ihnen allein gestattete, zum Himmel aufzublicken, sie allein nach seinem eigenen Bilde erschuf, ihnen seinen eingeborenen Sohn zusandte, ihnen das Himmelreich verhieß, das er denen auch verleihen wird, die ihn lieben.
Und hast du ihn einmal erkannt, was glaubst du, von welcher Freude du ganz erfüllt sein wirst! Und wie du den lieben wirst, der dich so vorausgeliebt hat! Liebend aber wirst du seine Güte nachahmen. Ja, wundere dich nicht, daß der Mensch Gottes Nachahmer werden kann. Er kann es, weil Gott es will. Nicht in der Unterdrückung des Nächsten, in der Übermächtigung des Schwächeren, nicht in Reichtum und nicht in Gewalt über die Geringen ist der Mensch glückselig, und nicht in solchem kann er Gottes

Nachahmer sein. Denn das liegt außerhalb der Herrlichkeit Gottes. Aber wer immer die Last des Nächsten auf sich nimmt und dort, wo er tüchtiger ist, dem Bedürftigen helfen will, wer das, was er selber von Gott erhielt, den Armen reicht und so zum Gott derer wird, die es empfangen, der ist Nachahmer Gottes. Dann wirst du, obwohl noch auf Erden weilend, schauen, daß Gott in den Himmeln waltet.
Dazu sandte der Vater das Wort, daß es der Welt sich offenbare, von seinem Volke verstoßen, von den Aposteln verkündet, von den Heiden geglaubt. Es ist das Wort, das von Anfang an war, das als ein neues erschien und das als das alte erfunden war und immer wieder als neues in den Herzen der Heiligen geboren wird. Dieser Ewige ist heute als der Sohn anerkannt, durch ihn wird die Kirche bereichert und die Gnade in den Heiligen entfaltet und vermehrt. Diese Kirche gewährt Einsicht, eröffnet Mysterien, kündet die Zeiten, freut sich über die Glaubenden, schenkt sich den Suchenden, denen nämlich, die weder die Gelöbnisse des Glaubens brechen noch die von den Vätern gesetzten Schranken überschreiten. Und seht: Nun wird die Ehrfurcht vor dem Gesetze besungen, die Gabe der Propheten verstanden, der Glaube der Evangelien gefestigt, die Überlieferung der Apostel bewahrt; und so frohlockt die Gnade der Kirche! Betrübe nicht diese Gnade; dann wirst du erkennen, was der Logos kundtut, durch wen und wann er will. Denn alles, was wir nach Willen des Wortes euch zu künden bewegt werden, das teilen wir, mühsam genug, euch mit, aus Liebe zu dem uns Geoffenbarten.
Wenn ihr es aufnehmt und mit Eifer hört, werdet ihr wissen, was Gott den wahrhaft Liebenden schenkt. Sie werden ein Paradies der Wonne, ein fruchtbarer Baum, kräftig blühend, geziert mit vielfacher Frucht. Hier, an diesem Ort, ist der Baum der Erkenntnis gepflanzt und der Baum des Lebens, denn nicht die Erkenntnis brachte den Tod, sondern der Ungehorsam. Es steht nicht ohne Bedeutung geschrieben, daß Gott zu Beginn den Baum des Lebens wie den Baum der Erkenntnis in die Mitte des Paradieses pflanzte, um durch die Erkenntnis auf das Leben hinzuweisen. Die Ureltern aber, die die Erkenntnis nicht in reiner Weise benützten, wurden durch die List der Schlange entblößt. Denn es gibt nicht Leben ohne Erkenntnis, noch auch sichere Erkenntnis ohne das wahre Leben; und darum sind beide nebeneinander gepflanzt. Der Apo-

stel, der diese gegenseitige Wirkung sieht, tadelt darum jene unwahre Erkenntnis ohne Anwendung auf das Leben. „Die Erkenntnis“, sagt er, „bläht auf, die Liebe aber erbaut“ (1 Kor 8, 16). Wer nämlich meint, etwas zu wissen ohne die wahre Erkenntnis, für die das Leben Zeugnis ablegt, der weiß eben nichts und wird von der Schlange getäuscht, weil er das Leben nicht liebte. Wer aber mit Furcht erkennt und das Leben sucht, der pflanzt in Hoffnung und darf auch Früchte erwarten. Dir sei das Herz Erkenntnis, Leben aber das wahre Wort, dem du Raum gibst in dir. Sein Holz sollst du tragen und seine Früchte ergreifen. Dann wirst du auch ernten, was du von Gott ersehnst und was die Schlange samt ihrer List nicht zu berühren vermag. Dann wird Eva nicht mehr verführt, sondern gelangt als Jungfrau zum Glauben. Das Heil offenbart sich; die Apostel begreifen; das Pascha des Herrn ist bereit; die Fülle der Zeiten bricht an; die Weltordnung stellt sich her; der Logos frohlockt in der Belehrung der Heiligen. Durch ihn wird der Vater gepriesen, dem der Ruhm sei in alle Gezeiten. Amen!

Irenäus von Lyon

Am Anfang der westlichen Theologie steht ein Grieche, Schüler des Bischofs Polykarp: Irenäus. Aus dem Osten nach Lyon verschlagen, wurde er um 170 Bischof dieser Gemeinde. Dort erlitt er 204 auch den Märtyrertod.

Als seine Hauptaufgabe betrachtete er es, die Einheit der Kirche zu wahren. In seinem uns nur unvollkommen überlieferten Hauptwerk „Gegen die Häretiker" betonte er die Übereinstimmung der einzelnen Kirchen im wahren Glauben als sichtbares Zeichen der Einheit.

Noch bedeutsamer ist sein Bemühen um Abwehr der gnostischen Irrlehre. Diese betonte, daß Gott nicht Mensch werden könne, da der Gedanke eines menschgewordenen Gottes dem Wesen Gottes widerspreche, ja, eine unerträgliche Vorstellung sei. Irenäus hat mit Scharfblick erkannt, daß mit der Bejahung oder Verneinung der Menschwerdung Gottes der christliche Glaube steht oder fällt. Mit Nachdruck betont er gegen jede gnostische Verflüchtigung die echte, unverkürzte Menschheit Christi als Garant des Heils.

In einer optimistischen Einschätzung von Leib, Welt und Geschichte sieht Irenäus die Wahrheit christlichen Glaubens eindrucksvoll unterstrichen. Gegenüber dem gnostischen Pessimismus eröffnet er dem Menschen Hoffnung und Zuversicht auf endgültige Vollendung.

Gegen die Häretiker

Das gnostische Ideal ist der geistige Mensch, frei von Leib, Welt und Geschichte. Hierin liegt zugleich die Urversuchung des Menschen, weil dieser sich gern der bedrückenden Last des Äußeren entziehen möchte. Die Gnosis war die gefährlichste Gegnerin des jungen Christentums, da sie sich mit der Fleischwerdung des Sohnes Gottes nicht abfinden konnte: Der Gedanke eines fleischgewordenen Gottes erschien ihr als unerträgliche Beschmutzung Gottes – und des Menschen.

Die christliche Botschaft kennt diese Abwertung der äußeren Schöpfung nicht. Sich mit seinem Leib, mit seiner Last und seinen Unvollkommenheiten abzufinden, ihn als Teil seiner selbst anzuerkennen, steht am Anfang der Annahme seiner selbst. Wer sich mit sich selbst am tiefsten identifiziert, kann am leichtesten leben – und sterben. Diese Annahme unserer selbst kann aber nur gelingen, weil wir

glauben: Das Fleisch Christi ist die Identifikation Gottes mit uns leibhaftigen Menschen. Er nimmt unseren Leib an in der Menschwerdung seines Sohnes. Alle Stufen menschlichen Lebens – von der Kindheit bis zum Tod – ist Christus mit uns gegangen. Und er spricht zum Menschen im sinnenhaften Wort und Beispiel. In den ersten christlichen Jahrhunderten hat man sogar geglaubt, Christus sei von häßlicher Gestalt gewesen, so als wollte man unterstreichen, daß die Annahme des Menschen in Jesus Christus jedem ohne Ausnahme gilt. Über die Annahme des einzelnen hinaus ist auch die Last der verwirrenden und dunklen Menschheitsgeschichte, welche nur die ins Kosmische gewendete Dimension des Leibes ist, endgültig von Christus angenommen. Sich selbst, seinen Leib und seine Geschichte akzeptieren und in Geduld ertragen, ist darum nicht nur ein Sich-Fügen in unabänderliche Notwendigkeit, sondern Übernahme der Geschichte in Jesus Christus.
Überwindung der leidvollen Welt heißt für Irenäus nicht gnostisches Aussteigen aus Leib und Geschichte, sondern allmähliches Heranreifen des Geschöpfs zur Ähnlichkeit mit Gott, Auferstehung und Erhebung des Fleisches in die Herrlichkeit Gottes.

Die Fleischwerdung des Sohnes – Freundschaft zwischen Gott und Mensch

III, 18: Wir haben klar erwiesen: Das Wort Gottes war im Anfang bei Gott. Alles ist durch das Wort geworden, jederzeit war es bei den Menschen. Nun aber hat es sich in diesen letzten Zeiten nach dem Willen des Vaters und zu dem von ihm bestimmten Zeitpunkt mit einem Geschöpf vereinigt. Es ist ein leidensfähiger Mensch geworden. Damit hat auch die Meinung derer keine Grundlage, die behaupten, daß Christus früher einmal nicht gewesen sei, weil er in der Zeit geboren wurde. Denn wir haben ja gezeigt, daß er damals nicht einfach anfing, Sohn Gottes zu sein, er, der immer schon beim Vater war. In seiner Menschwerdung hat er die lange Entwicklung der Menschheit in seiner Person zusammengefaßt. In dieser Zusammenfassung gab er uns das Heil: Wir sollten unser wahres Sein nach dem Bild und Gleichnis Gottes in Christus Jesus wiedererlangen. Denn der einmal besiegte und durch seinen Ungehorsam gefallene Mensch konnte sich selbst nicht wiederherstellen und den Siegespreis erringen. Ebenso unmöglich konnte er als sündiger Mensch das Heil erlangen. Beides bewirkte deshalb der Sohn: Er, das Wort Gottes, stieg vom Vater herab, nahm Fleisch an und ging bis in den Tod. So schaffte er unsere Erlösung. Darauf bezieht sich der Apostel Paulus, wenn er sagt: „Sprich nicht in deinem Herzen: Wer steigt hinauf in den Himmel, nämlich um Christus herabzuholen? Oder wer wird in den Abgrund hinabsteigen, nämlich um Christus von den Toten heraufzuholen?" (Röm 10, 6f). Und kurz danach heißt es: „Denn wenn du mit dem Munde bekennst: ‚Herr ist Jesus' und mit dem Herzen glaubst, daß Gott ihn von den Toten erweckt hat, dann bist du selig" (Röm 10, 9). Dann gibt er auch noch den Grund dafür an: „Dazu hat Christus gelebt, ist gestorben und auferstanden, damit er über Lebende und Tote herrsche" (Röm 14, 9). Den Korinthern schreibt er: „Wir verkündigen Christus Jesus, den Gekreuzigten" (1 Kor 1, 23) ... Ganz offensichtlich kennt Paulus keinen anderen Christus als den, der gelitten hat, begraben wurde und auferstanden ist. Er ist geboren worden, und Paulus hat ihn einen Menschen genannt. Denn als Begründung für den Satz: „Es wird verkündet, daß Christus von den Toten erstanden ist" (1 Kor 15, 12), führt er seine Menschwerdung an: „Durch einen Menschen kam der Tod, durch einen Menschen die Auferstehung von den Toten" (1 Kor 15, 21). Und immer wenn vom Leiden des Herrn oder von seiner menschlichen Natur und von seinem Tod gesprochen wird, verwendet er den Namen „Christus". Auch der Herr selbst zeigte, wer gelitten hat. Denn als er seine Jünger fragte: „Für wen halten die Leute mich, den Menschensohn?" (Mt 16, 13), antwortete Petrus: „Du bist Christus, der Sohn des lebendigen Gottes." Und er lobte Petrus, weil ihm nicht Fleisch und Blut das geoffenbart hätten, sondern der Vater, der im Himmel ist. Damit wies er auf, daß der Menschensohn kein anderer ist als der Sohn des lebendigen Gottes, als Christus ... Dasselbe müssen wir denen entgegnen, die meinen, er habe nur scheinbar gelitten. Denn wenn er nicht wirklich gelitten hat, dann hat er auch – ohne Leiden – kein Verdienst. Dann würde er uns auch offensichtlich betrügen, wenn er uns zu Beginn seines Leidens empfiehlt, die andere Backe hinzuhalten und uns schlagen zu lassen, wenn er nicht vorher selbst das alles wirklich erlitten hat. Dann wären ja wir die Lehrer, wenn wir leiden und ertragen, was der (eigentliche) Lehrer weder erlitten noch ertragen hat. Aber Lehrer ist einzig der Herr, und gut ist in

Wahrheit nur der Sohn Gottes. Er allein ist geduldig, das Wort Gottes des Vaters, das Mensch geworden ist. Er kämpfte nämlich und siegte. Er war ein Mensch, der für seine Väter kämpfte und den Ungehorsam durch seinen Gehorsam aufhob. Er fesselte den Starken, löste die Schwachen und brachte, indem er die Sünde vernichtete, seinem Geschöpf die Gnade. Unermeßlich mild und barmherzig ist also der Herr, und er liebt das Menschengeschlecht. So brachte Christus den Menschen Gott näher und vereinigte ihn mit Gott. Hätte nämlich nicht der Mensch den Feind des Menschen besiegt, dann wäre der Feind des Menschen nicht auf gerechte Weise besiegt worden. Und umgekehrt gilt: Hätte nicht Gott dem Menschen das Heil geschenkt, dann könnten wir dessen auch nicht sicher sein. Und wäre der Mensch nicht mit Gott vereinigt worden, dann hätte der Mensch auch nicht Anteil an der Unsterblichkeit erlangen können. Der Mittler zwischen Gott und den Menschen mußte auf Grund seiner Verwandtschaft mit beiden Gott und den Menschen zu Freundschaft und Eintracht zusammenbringen. Er bewirkte, daß Gott sich des Menschen annahm und der Mensch sich Gott übergab.

Denn wie hätten wir als Söhne Gottes angenommen werden können, wenn wir nicht durch den Sohn die Vereinigung mit ihm empfangen hätten? Wie, wenn er nicht sein Wort mit uns in der Menschwerdung vereinigt hätte? Deshalb durchlebte er auch jede menschliche Altersstufe, damit er allen Menschen die Gemeinschaft mit Gott wiederschenken konnte. Wer also sagt, er habe sich nur scheinbar geoffenbart, er sei nicht im Fleische geboren und nicht wirklich Mensch geworden, der steht weiterhin unter dem alten Fluch, unter dem Fluch der Sünde. Denn nach ihnen ist der Tod nicht besiegt. Er herrschte ja von „Adam bis Mose, auch über die, die nicht wie Adam gesündigt hatten" (Röm 5, 14). Als das durch Mose gegebene Gesetz kam, gab es Zeugnis von der Sünde und entlarvte den Tod. Es nahm ihm sein Reich und zeigte, daß er kein König, sondern ein Räuber sei. Es erwies ihn als Mörder. Es belastete den Menschen, der die Sünde in sich trug, und zeigte, daß er des Todes schuldig sei. Da nämlich das Gesetz geistig war (Röm 7, 14), hat es die Sünde nur aufgezeigt, sie aber nicht getötet, weil die Sünde nicht einfach nur über den Geist, sondern über den ganzen Menschen herrschte. Wer also die Sünde vernichten und den Menschen von seiner Todesschuld befreien wollte, der mußte gerade das werden, was der sündige Mensch war: ein Mensch. Denn die Sünde hatte den Menschen in die Sklaverei verschleppt, und dort wurde er vom Tod festgehalten. Daher mußte die Sünde von einem Menschen überwunden werden, damit der Mensch befreit würde. Denn wie durch den Ungehorsam des einen Menschen, der aus frischer Erde geschaffen war, die Sünde zu den vielen Menschen kam, so mußten auch durch den Gehorsam des einen Menschen, der aus der Jungfrau geboren wurde, viele gerechtfertigt werden und ihr Heil erlangen. So wurde das Wort Gottes Mensch, wie Mose schon sagte: „Gott, wahrhaftig sind deine Werke" (Dtn 32, 4). Wäre er aber nicht wirklich, sondern nur scheinbar Fleisch geworden, dann wäre sein Werk nicht wahrhaftig gewesen. Was er schien, das war er auch: Gott faßte in sich das alte Menschengeschlecht zusammen, um die Sünde zu vernichten, den Tod zu besiegen und den Menschen wieder lebendig zu machen. Und darum sind „wahrhaftig seine Werke" (Ps 110, 7).

Bild und Gleichnis Gottes werden

III, 20. Langmütig war Gott, als der Mensch sich verfehlte. Denn er sah schon den Sieg voraus, den ihm das Wort erringen würde. Denn als „Kraft, die in der Schwachheit vollendet wurde" (2 Kor 12, 9), zeigte sich Gottes Güte und überaus gewaltige Kraft. So nahm er es auch geduldig hin, daß Jona vom Walfisch verschlungen wurde. Nicht etwa, damit er verschlungen wurde, um völlig zugrunde zu gehen, sondern damit er wieder ausgespien, besser gehorchte und Gott mehr verherrlichte, der ihm wider Erwarten das Heil geschenkt hatte. So konnte er dann auch die Niniviten zu echter Buße hinführen, daß sie sich zu Gott bekehrten. Sie waren nämlich durch das Zeichen, das er an Jona getan hatte, erschreckt. Dies sagt auch die Schrift: „Und sie bekehrten sich alle von ihren bösen Wegen und von der Ungerechtigkeit, die an ihren Händen klebte, indem sie sagten: Vielleicht hat Gott Mitleid mit uns, läßt von seinem Zorn ab, und wir werden nicht untergehen" (Jona 3, 8) ... Weil der Mensch wider alle Hoffnung von Gott das Heil empfing, sollte er auch von den Toten auferstehen und mit dem Propheten Jona bekennen: „Ich habe in meiner Not zum Herrn, meinem Gott gerufen und er hat mich aus der Tiefe der Unterwelt erhört" (Jona 2, 3). Der Mensch sollte in diesen Zeichen erkennen, daß er Gott immer lobpreisen und für das erlangte Heil Dank sagen müsse. Er sollte sich auch nicht stolz überheben oder gar denken, daß ihm die Unsterblichkeit von Natur aus zukomme. Oder gar in eitlem Stolze sich brüsten, er sei von Natur aus Gott gleich. Das wäre wohl der größte Undank gegenüber dem Schöpfer; er würde die Liebe Gottes zu den Menschen in ein völlig falsches Licht kehren. Ja, es würde den Sinn des Menschen verblenden, wenn er so ungebührlich von Gott dächte und sich gar Gott gleich hielte. Darin bestand also die Langmut Gottes, daß der Mensch durch alles hindurchgehen und seine sittliche Bestimmung erkennen sollte. Schließlich war ihm zugedacht, zur Auferstehung der Toten zu gelangen und aus dieser Erfahrung zu lernen, wer ihn erlöst hat. Deshalb sollte er Gott gegenüber dankbar sein, weil er von ihm das Geschenk der Unsterblichkeit erlangte, sich selbst aber als schwach und sterblich erkennen. Wem nämlich viel vergeben wurde, der liebt auch mehr (vgl. Lk 7, 43). Auch sollte er einsehen, daß Gottes Macht und Unsterblichkeit so unermeßlich weitreichend ist, daß er dem Sterblichen Unsterblichkeit und dem Zeitlichen Ewigkeit verleiht. Auch alles übrige Gnadenhandeln Gottes an ihm könnte er dann begreifen und daraus lernen und darin erfahren, wie groß Gott ist. Ja, Gott ist der Ruhm des Menschen. Der Mensch ist Werk Gottes, Gefäß seiner Weisheit und Kraft. Wie der Arzt seine Kunst an den Kranken erweist, so offenbart Gott sich dem Menschen. Deswegen sagt ja Paulus: „Gott verschloß aber alle im Unglauben, um sich aller zu erbarmen" (Röm 11,32) … Wer ohne Eitelkeit und Stolz die wahre Ehre der Geschöpfe und des allmächtigen Schöpfergottes, der allen das Dasein schenkt, betrachtet, wer in Liebe, Demut und Dankbarkeit verharrt, der wird noch größere Herrlichkeit empfangen. Immer tiefer verstehend wird er dem ähnlich werden, der für ihn gestorben ist. Er nahm auch die Ähnlichkeit des sündigen Fleisches an (vgl. Röm 8,3), um die Sünde zu brandmarken und sie gleichsam aus dem Fleische zu verbannen. Deshalb rief er den Menschen zur Nachfolge auf und bestimmte ihn zur Nachahmung Gottes, indem er ihm Gott als Richtschnur vorhielt. So sollte er einmal Gott selbst schauen. Das Wort Gottes, das im Menschen wohnte, machte den Menschen fähig, den Vater zu begreifen, indem er selbst Mensch wurde. Dadurch sollte der Mensch daran gewöhnt werden, Gott aufzunehmen. Und Gott sollte sich daran gewöhnen,

gemäß dem Wohlgefallen des Vaters, im Menschen zu wohnen.
IV, 20. Gott kann man nicht in seiner Größe erkennen; unmöglich kann man den Vater messen. Wenn wir ihm aber gehorchen, führt er uns durch seine Liebe – sie ist es, die uns durch das Wort führt – dahin, daß wir immer tiefer verstehen: Gott ist so groß, daß alles in ihm umschlossen, erwählt, geschmückt und umfangen ist. Vor allem aber ist diese unsere Welt in ihm gegründet. Und wir Menschen sind mit allem sonst von ihm umfangen ... Ein schöner Ausspruch der Schrift unterstreicht dies: „Zuerst vor allem glaube: Einer ist Gott. Er hat alles gegründet und vollendet, alles aus dem Nichtsein ins Sein gerufen. Er umfaßt alles und wird selbst von nichts umfaßt" (Hirt des Hermas II, 2). Schön sagt dies aber auch der Prophet Malachias: „Ist nicht einer Gott, der uns geschaffen hat. Ist nicht einer unser aller Vater?" (Mal 2, 10) ... Wie Gottes Größe unerforschlich ist, so ist seine Güte unaussprechlich. In dieser Güte läßt er sich schauen und verleiht das Leben denen, die ihn sehen. Denn leben ohne das Leben ist unmöglich, und das Leben kommt von der Teilhabe an Gott. An Gott aber teilhaben, heißt ihn schauen und seine Wohltaten genießen. Die Menschen werden also Gott schauen, damit sie leben. Sie werden durch diese Schau unsterblich und in Gott selbst eingehen...
IV, 38. Nun könnte jemand sagen: Wie denn? Konnte Gott nicht gleich von Anfang an die Menschen vollkommen machen? Wer so fragt, der soll wissen, daß Gott, der Unveränderliche und Unerschaffene, aus sich heraus alles vermag. Das Geschöpf, das von ihm seinen Anfang erhielt, mußte darin auch hinter seinem Schöpfer zurückstehen. Denn was geworden ist, kann nicht unerschaffen bleiben. Weil es geschaffen ist, darum bleibt es auch hinter dem Vollkommenen zurück. Sofern es nämlich erst jüngst entstanden ist, ist es unmündig, ungewöhnt und nicht geübt im vollkommenen Leben ... Deshalb kam unser Herr auch in den letzten Zeiten zu uns. Er faßte in sich alles zusammen, aber nicht so, wie er es an sich vermocht hätte, sondern so, wie wir Menschen es fassen konnten. Er hätte in seiner unaussprechlichen Herrlichkeit kommen können. Aber wir waren ja nicht im geringsten imstande, die Größe seiner Herrlichkeit zu ertragen ... Deshalb wurde das Wort Gottes mit uns zum Kind ... Er wurde darin so begreifbar wie Menschen ihn eben begreifen können ... Alle diejenigen, welche die Zeit des Wachstums nicht abwarten können und die Schwäche

ihrer eigenen Natur Gott zuschreiben, sind in jeder Hinsicht unvernünftig. Sie kennen weder Gott noch sich selbst, sind unersättlich und undankbar, wenn sie nicht zuerst das sein wollen, was sie doch geworden sind: dem Leiden unterworfene Menschen. Das Gesetz menschlichen Seins übertreten sie und wollen, noch bevor sie wirklich Menschen geworden sind, schon dem Schöpfergott ähnlich sein und keinen Unterschied mehr zwischen dem unerschaffenen Gott und dem zuletzt entstandenen Menschen gelten lassen. Sie sind unverständiger als die stummen Tiere. Denn diese werfen Gott nicht vor, daß er sie nicht zu Menschen gemacht habe, sondern jedes dankt ihm durch das, was es ist, und dafür, daß es ist. Wir dagegen werfen ihm vor, daß wir nicht von Anfang an Götter geworden sind, sondern zunächst Menschen und dann erst Götter, obwohl Gott sein ganzes Werk einzig aus reiner Güte getan hat. Damit ihn niemand für neidisch oder geizig halte, ist er so weit gegangen. Er sagt ja: „Ich habe gesagt, ihr seid Götter und Söhne des Höchsten“ (Ps 81,6). Uns, die wir die Übermacht der Gottheit nicht ertragen konnten, sagt er: „Ihr aber werdet wie Menschen sterben“ (Ps 81, 7). So unterstreicht er beides: seine Güte im Schenken und unsere Schwäche im Wollen. Nach seiner Güte verlieh er uns gütig das Gute. Durch die Gabe des freien Willens machte er die Menschen sich ähnlich. Auf Grund seiner Vorsehung kannte er die Schwächen des Menschen samt ihren Folgen. In seiner Liebe und Macht wird er das Wesen der menschlichen Natur überwinden. Zuerst mußte die Natur erscheinen, dann das Sterbliche vom Unsterblichen, das Vergängliche vom Unvergänglichen besiegt und überwunden werden. Nachdem der Mensch Kenntnis von Gut und Böse gewonnen hatte, mußte er dann zum Bild und Gleichnis Gottes werden.

Tertullian

Der Kirchenschriftsteller Quintus Septimus Florens Tertullianus hat sich selbst am besten in der Einleitung der hier abgedruckten Schrift „Über die Geduld" charakterisiert. Er bezeichnet sich als einen Mann, der außerstande sei, Geduld zu üben; eigentlich müßte er schamrot werden, daß er es wage, über dieses Thema zu schreiben. Ungeduld und Rigorismus sind die kennzeichnenden Charakterzüge dieses um 160 in Karthago geborenen Mannes. Er erhielt eine juristische Ausbildung und kehrte um 195 aus Rom als Christ in seine Heimatstadt zurück. Seither entfaltete er eine rege literarische Tätigkeit. Seine Schriften zeichnen sich durch Originalität, Schlagfertigkeit und Witz aus. Hervorragende Kenntnisse auf allen Wissensgebieten kamen ihm dabei zugute. Die lateinische Sprache beherrschte er in hohem Maße. Er gestaltete sie oft um und schuf fast 1 000 neue Wörter, so daß er als einer der Schöpfer des altkirchlichen Lateins anzusehen ist. Sein knapper und treffsicherer Stil brachte ihm schon im Altertum das Urteil ein: Fast jedes Wort ein Satz (Vinzenz von Lérins). Mit beißendem Spott bekämpfte er als Katholik die heidnische Religion und machte ihre Vertreter lächerlich. Aber da seine ungeduldige und jeder Versöhnung abgeneigte Natur in der katholischen Kirche bald auch Mißstände und Laxismus entdeckte, trennte er sich nach 207 von ihr und trat zu den Montanisten, einer aus Phrygien stammenden Sekte, über. Aber auch von ihr hat er sich schließlich getrennt und wurde zum Haupt einer eigenen Sekte, der Tertullianisten. Nach 220 starb er in hohem Alter in Karthago.

Über die Geduld

Beherrschung seiner selbst, seiner Leidenschaften und Affekte ist jedem Menschen aufgegeben. Ohne Beherrschung kann kein menschliches Zusammenleben glücken. Darum hat jede Gesellschaft bestimmte „Tugenden" zu fordern und gewisse Rechtsvorschriften verbindlich zu verankern – im Interesse aller Menschen.
Tertullians Lehre über die Geduld läßt diesen Begründungsansatz weit hinter sich. Geduld ist zwar notwendige Bedingung menschlichen Zusammenlebens. Doch dem Christen erscheint darüber hinaus die Geduld als Wesensmerkmal Gottes, der, ohne seinem Zorn Lauf zu lassen, seine Sonne aufgehen läßt über Gerechte und Ungerechte, der – mehr noch – geduldig dem verlorenen Menschen nachgeht.
Der Gegensatz zur Geduld ist also nicht die Ungeduld, sondern Zorn,

Rachsucht, Aufgebrachtheit, das Verlangen, sich selbst Gerechtigkeit zu verschaffen, die Unfähigkeit, abwarten zu können, daß der gerechte Ausgleich von Gott selbst herbeigeführt wird. Gott ist das Vorbild der Gerechtigkeit, weil er, fern jeder Rachsucht, darauf verzichten kann, sich selbst „ausgleichende Gerechtigkeit" zu verschaffen. Nicht zuletzt erscheint das wahre Wesen der Geduld im Wort und Verhalten Jesu selbst, der vom Menschen nicht zuerst Gerechtigkeit fordert, sondern ihn gerecht macht, der sich nicht selbst sucht, sondern hingibt. Darum ist auch nur der Mensch geduldig, der nicht dauernd nach Ausgleich streben muß. Der Geduldige kann sogar, ohne sich selbst zu verlieren und ohne etwas von sich aufgeben zu müssen, seinem Schuldner nachgeben und nachgehen.

Tugend wird damit nicht mehr mit der Notwendigkeit für menschliches Zusammenleben begründet, sondern sie wird aus dem Wesen Gottes abgeleitet. Tugend üben heißt darum nicht einfach nur mehr: sich dem unausweichlichen gesellschaftlichen Zwang beugen. Tugend verwirklichen heißt: gottgleich, christusgleich zu leben versuchen. Die Einsicht in die Notwendigkeit der Tugend wird abgelöst vom Blick auf das Verhalten Gottes und Jesu Christi.

Persönliches Vorwort

I. Vor Gott dem Herrn muß ich bekennen, daß ich sehr verwegen, eigentlich anmaßend handle, wenn ich es wage, über die Geduld zu schreiben. Ich bin ein Mensch ohne jede gute Eigenschaft und außerstande, Geduld zu üben. Denn wer sich anschickt, für eine Sache einzutreten oder den Beweis für ihre Bedeutung zu liefern, sollte sie selbst auch persönlich üben. Das Beispiel des eigenen Lebens unterstreicht dann die Ermahnung. So bräuchte man dann auch nicht über seine eigenen Worte schamrot werden, wenn das eigene Tun fehlt. Brächte die Schamröte uns doch Heilung! Ach, möge die Beschämung darüber, nicht zu leben, was wir anderen anraten, uns selbst zur Lehre werden. Nun ist die Größe einiger Tugenden – wie umgekehrt natürlich auch einiger Fehler – derart übermächtig, daß allein die göttliche helfende Gnade bewirkt, daß wir diese Tugenden erfassen und ausüben können. Denn was allseitig gut ist, gehört allein Gott an. Er allein teilt aus, was er besitzt und wem er es geben will. Ja, es ist auch tröstlich, über das nachzudenken, was man selbst nicht besitzt, so wie die Kranken ständig von der Gesundheit reden, solange sie diese entbehren. Ähnlich muß auch ich armer Mensch, der ich ständig am Fieber der Ungeduld krank darniederliege, von der Gesundheit der Geduld reden, mich daran erinnern, nach ihr verlangen. Bei der Betrachtung meiner eigenen Schwäche kommt mir der Gedanke, daß man volle Gesundheit im Glauben und wahres Wohlbefinden in der Lehre des Herrn gar nicht so leicht erreichen kann, es sei denn, die Geduld trägt hilfreich dazu bei.

So sehr ist die Geduld über alle Werke Gottes gesetzt, daß niemand eine Weisung erfüllen, niemand ein Gott wohlgefälliges Werk vollbringen kann, dem die Geduld fehlt. Selbst diejenigen, die dieser Tugend entbehren, erkennen ihren hohen Rang durch den ehrenden Beinamen „höchste Tugend" an …

Grund und Wesen von Geduld und Ungeduld

II. Nicht die stoische Lehre von der Beherrschung der menschlichen Affekte durch Ausgeglichenheit bewegt uns Christen zur Übung der Geduld. Das Wesen solcher Lehre ist doch nur Stumpfsinn. Uns Christen bewegt vielmehr die lebensvolle, himmlische Lehre Gottes. Er selbst ist das erste Vorbild der Geduld, weil er das Licht des Tages gleichmäßig aufstrahlen läßt über Gerechte und Ungerechte. Die Wohltaten der einzelnen Jahreszeiten, die Dienste der Elemente, alle schöpferischen Gaben läßt er Würdigen und Unwürdigen in gleichem Maße zukommen. Er erträgt die undankbaren Heiden, die die eitlen Künste sowie das Werk ihrer eigenen Hände anbeten und seinen Namen und seine Kinder verfolgen. Er nimmt ihre Unzucht, Habgier, Gottlosigkeit und Bosheit hin, obwohl sie täglich frecher werden. Seine Langmut scheint seiner Ehre abträglich zu sein, und viele glauben aus diesem Grund nicht an den Herrn, weil sie schon so lange nichts von seinem Zorn gegen diese Welt merken.

III. So verhält es sich mit der göttlichen Geduld, die sich weit über uns Menschen erhebt … Wie aber steht es mit jener Geduld, die unter den Menschen offenbar geworden ist, die gleichsam mit Händen greifbar war? Gott nimmt es hin, im Mutterschoß geboren zu werden; er kann den Zeitpunkt seiner Geburt erwarten. Als Neugeborener nimmt er es hin heranzuwachsen, und als herangewachsen drängt es ihn nicht danach, erkannt zu werden. Seinem eigenen Ruhm steht er im Wege, läßt sich von einem Knecht taufen, die Angriffe des Versuchers weist er bloß mit Worten ab. Dann wird der Herr zum Lehrer der Menschen. Nachdem diese gelernt hatten, wie die beleidigte Geduld versöhnt werden könne, unterwies sie der Herr, wie sie dem Tod zu entgehen vermöchten. „Er stritt nicht, schrie nicht, und niemand hörte seine Stimme auf der Gasse; das zerknickte Rohr zerbrach er nicht und den glimmenden Docht löschte er nicht aus" (Jes 42, 2f). Der Prophet hat nicht gelogen. Gott selbst hat seinen Geist mit seiner ganzen Geduld auf seinen Sohn gelegt und von ihm Zeugnis abgelegt. Jeden, der ihm nachfolgen wollte, nahm er auf. Keine Tafel und kein Haus verschmähte er, und bei der Fußwaschung machte er sich selbst zum Diener seiner Jünger. Sünder und Zöllner hat er nicht verachtet. Nicht einmal über die Stadt, die ihn nicht aufnehmen wollte, wurde er zornig, während seine Jünger gleich danach verlangten, daß Feuer auf diesen schändlichen Ort fallen müsse. Undankbare heilte er, und seinen Verfolgern gab er nach. Das war alles noch zu wenig. Selbst den eigenen Verräter ertrug er in seiner Umgebung, ohne ihn vor den anderen bloßzustellen. Als er verraten war und wie ein Stück Vieh zur Schlachtbank geführt wurde, hat er nicht geduldet, daß das Schwert seines Jüngers Rache nahm. Wie ein Lamm unter der Gewalt des Scherers öffnete er seinen Mund nicht (Jes 53, 7). Und dabei wären auf sein Wort hin doch Legionen von Engeln erschienen. Die Geduld des Herrn wurde in der Person des Malchus verletzt. Deshalb hat er den Gebrauch des Schwertes für alle Zukunft verflucht und ihm, den er selbst nicht einmal geschlagen hatte, Genugtuung geleistet: Er stellte dessen Gesundheit wieder her. Dies alles kraft seiner Geduld. Sie ist die Mutter der Erbarmung. Ich übergehe, daß er gekreuzigt wurde. Aber, um den Tod zu erleiden – mußte da auch noch die Beschimpfung sein? Natürlich nicht! Aber er wollte seine Freude im Erdulden auch bei diesem Gang (ans Kreuz) überdeutlich machen. Er wurde angespien, gegeißelt, verspottet, schmählich bekleidet und noch schmählicher gekrönt. Welch eine ungeheure Ausdauer in der Gelassenheit. Er, der in der Gestalt eines Menschen verborgen sein wollte, hat also in keiner Weise die menschliche Ungeduld nachgeahmt. Ihr Pharisäer, gerade daran hättet ihr den Herrn erkennen müssen. Denn kein Mensch hätte in derartiger Geduld durchgehalten …

V. Es ist für die Erörterung unseres Themas angebracht und von großem Nutzen, von den grundlegenden Wahrheiten unseres Glaubens auszugehen. Übermäßige Worte sind oft tadelnswert, aber in der geistlichen Bekehrung ist Wortreichtum nicht zu beanstanden. Darum ist es sachlich gerechtfertigt, wenn wir bei der Erklärung einer Tugend auch ihr Gegenteil mit in die Betrachtung einbeziehen. Wonach man streben soll, wird eindringlicher klar, wenn man gleichzeitig auch eingeschärft bekommt, was konsequenterweise gemieden werden muß. Betreffs der Ungeduld müssen wir also überlegen, ob sie nicht Werk und Eigenschaft des bösen Feindes ist, so wie umgekehrt die Geduld ihren Ort in Gott selbst hat. Aus dieser Gegenüberstellung wird klar, wie sehr Ungeduld vor allem dem Glauben widerstrebt. Denn was sich dem Nebenbuhler Gottes verdankt, das kann dem Eigentum Gottes nicht gewogen sein. Denn zwischen dem Besitz herrscht die gleiche Feindschaft wie zwischen den Besitzern. Wenn Gott höchste Güte besitzt, dann der Teufel größtmögliche Bosheit. In ihrer Widersprüchlichkeit lassen sie erkennen, daß sie einander nur bekämpfen können. Offenbar kann aus Schlechtem ebensowenig Gutes, wie aus Gutem Schlechtes hervorgehen. Ich sehe also den Ursprung der Ungeduld im Teufel selbst. Daß Gott, der Herr, alle Dinge dem Menschen als seinem Ebenbild unterwarf, ertrug er schon damals nur mit höchstem Unwillen. Hätte er das hingenommen, so hätte er auch keinen Schmerz empfunden und den Menschen gegenüber keinen Neid gehegt. Er betrog ihn, weil er ihn beneidete. Er beneidete ihn wegen seines Schmerzes. Und diesen Schmerz empfand er sicher deshalb, weil er jenes nicht geduldig hinnehmen konnte. Es ist unter meiner Würde, zu untersuchen, ob dieser Engel des Verderbens zuerst schlecht oder aber zuerst ungeduldig war. Jedenfalls ist es offensichtlich, daß entweder die Ungeduld mit der Schlechtigkeit oder die Schlechtigkeit mit der Ungeduld begonnen hat. Beide aber haben sich nachher zusammengetan und sind untrennbar im Schoße ihres Vaters herangewachsen.

Die Ungeduld war es, die der Teufel empfand und die ihn den ersten Schritt zur Sünde tun ließ. Durch die eigene Erfahrung gewitzt, kennt er nun die Anreize zur Sünde und nimmt sie ihrerseits zur Hilfe, um den Menschen in seine Untat hineinzuziehen. Er arrangierte sofort ein Zusammentreffen mit dem Weibe und sie kam – um es ganz vorsichtig auszudrücken – durch das bloße Gespräch bereits mit seinem von Ungeduld angefachten Geist in Berührung. Hätte sie dem göttlichen Gebot gehorcht und nur ein wenig mehr an Ausdauer bewiesen, so hätte sie niemals gesündigt. Aber sie begnügte sich nicht allein für sich selbst mit diesem Kontakt, sondern mußte auch Adam, der damals noch gar nicht ihr Mann war, mit hineinziehen. Adam brauchte ihr ja eigentlich gar nicht zuzuhören, aber die Frau konnte das Schweigen nicht länger aushalten und gab an ihn weiter, was sie vom Bösen aufgenommen hatte. Nun geht auch noch ein anderer Mensch durch die Ungeduld des ersten Menschen zugrunde. Natürlich stirbt er auch wegen seiner eigenen Ungeduld. In doppelter Beziehung wirkte sich diese Ungeduld aus. Zum einen ertrug er es nicht, Gottes Vorschriften zu halten, zum andern vermochte er nicht die Umgarnungen des Teufels zurückzuweisen. Hier liegt der Anfang der Verdammnis und der Untat. Gottes Zorn brach in dem Moment aus, als der Mensch verführt wurde, ihn zu beleidigen. Doch mit dem Ausbruch des Unwillens beginnt auch Gottes erstes geduldiges Eintreten. Ihm genügte die bloße Androhung der Strafe; die Forderungen der Gerechtigkeit wurden nur am Teufel vollzogen. Welches Vergehen gibt es außer dieser Verfehlung der Ungeduld, das dem ersten Menschen sonst noch angerechnet werden könnte? Er war voll Unschuld, ein Freund Gottes und des Nächsten, ein Bewohner des Paradieses. Sobald er aber einmal der Ungeduld unterworfen war, hörte er auf, an Gott Gefallen zu finden: Die himmlischen Dinge wollte er nicht mehr haben. Von dem Zeitpunkt an war der Mensch der Erde überantwortet, er wurde vom Angesicht Gottes verstoßen und wurde in seiner Ungeduld leicht zugänglich für alles, was Gott mißfiel ... Das war sozusagen die Wiege der Ungeduld, die sich damals noch im Stadium der Kindheit befand. Zu welcher Größe aber wuchs sie hernach an! Kein Wunder! Wenn die Ungeduld die erste Sünderin war, dann folgt daraus notwendig, daß sie als erste alle anderen Sünden hervorbringt. Aus ihrer Fülle rinnen, wie aus Kanälen, die anderen Sünden ... Um es ganz allgemein zu sagen: Jede Sünde geht aufs Konto der Ungeduld. Das Böse ist mangelnde Geduld im Guten. Der Unzüchtige hat keine Geduld, keusch zu leben, dem Unehrlichen fehlt die Geduld zur Rechtschaffenheit, der Gottlose hat keine geduldige Frömmigkeit, der Unruhige bringt keine Geduld zur

Stille auf. Zum Schlechtwerden gehört eigentlich nichts anderes, als daß man nicht geduldig im Guten ausharren kann. Eine solche Kette von Sünden muß doch den Herrn, dem alles Böse mißfällt, beleidigen ...

VI. Geduld ist es also, welche dem Glauben nachfolgt und ihm vorangeht. Abraham beispielsweise glaubte Gott, und es wurde ihm von Gott zur Gerechtigkeit angerechnet. Die Bewährungsprobe aber bestand sein Glaube erst im Ausharren, als ihm nämlich befohlen wurde, seinen Sohn zu opfern. Dieser Befehl wurde nicht zur Erprobung seines Glaubens gegeben, sondern zur wahrhaften Bezeugung. Denn Gott wußte sehr wohl schon vorher, wen er als gerecht ansehen konnte. Abraham hörte diesen schweren Auftrag, den Gott gar nicht ausführen lassen wollte, in aller Geduld an. Er hätte ihn auch, wenn Gott es so gewollt hätte, verwirklicht. Zu Recht ist er also ein Gesegneter, weil er gläubig, zu Recht ein Gläubiger, weil er geduldig ist. Unser Glaube ist durch die Geduld vertieft worden. Und als der Same Abrahams, nämlich Christus, zu den Heiden gelangte, als (in ihm) Gesetz und Gnade zusammenkamen, da wurde die Geduld als Hilfe zur Erweiterung und Vervollkommnung des Gesetzes vorangestellt. Dem Gesetz hatte einzig und allein diese Lehre von der Gerechtigkeit noch gefehlt. Denn in der alten Zeit forderte man Aug' um Auge, Zahn um Zahn und vergalt Böses mit Bösem. Auf Erden herrschte noch keine Geduld, weil es keinen Glauben gab. Bis dahin hatte die Ungeduld alle Gelegenheiten wahrgenommen, welche das Gesetz ihr ließ. Das war einfach, weil der Herr und Lehrer der Geduld noch fehlte. Nachdem dieser aber gekommen war und die Gnade des Glaubens um die Geduld vermehrt hatte, ist es nicht einmal mehr erlaubt, jemanden mit Worten zu verletzen oder ihn einen Narren zu nennen. Man setzt sich sonst der Gefahr des Gerichtes aus. Verboten ist der Zorn, unterdrückt der Unmut, zurückgehalten die vorwitzige Hand, unschädlich gemacht die giftige Zunge. Indem Christus sagte: „Liebet eure Feinde, segnet, die euch fluchen und bittet für eure Verfolger, damit ihr Kinder des himmlischen Vaters seid“ (Mt 5, 44), hat das Gesetz mehr gewonnen als verloren. Du siehst, welchen Vater wir uns durch die Geduld erwerben. In diesem einen Gesetz ist die gesamte Lehre von der Geduld zusammengefaßt: Böses zu tun, ist nicht mehr erlaubt, nicht einmal mehr aus guten Gründen ...

Laßt uns darum bereitwillig das Irdische verlieren und das Himmlische bewahren. Die ganze Welt mag ruhig zugrundegehen, wenn ich nur am Ende die Geduld als Gewinn behalten kann. Wer einen kleinen, durch Diebstahl, Gewalt oder Nachlässigkeit entstandenen Schaden nicht mannhaft ertragen kann, der wird wohl kaum so schnell für ein Almosen an sein Hab und Gut gehen. Wer es nicht erträgt, sich von einem anderen traktieren zu lassen, wie kann der gegen sich selbst vorgehen? Gelassenheit bei Verlust ist eine gute Vorübung für das Schenken und Teilen. Wer sich vor einem Verlust nicht fürchtet, der ist dann auch nicht verdrießlich beim Weggeben. Wird man einem Nackten von seinen zwei Röcken einen geben, wenn man es nicht fertig bringt, dem den Rock zu geben, der uns den Mantel nimmt? Machen wir uns mit dem ungerechten Mammon Freunde, wenn wir ihn so lieben, daß wir nicht einmal seinen Verlust ertragen können? Am Ende werden wir mit dem Zugrundegegangenen selbst auch zugrundegehen. Was können wir hier erlangen, wo wir doch nur verlieren können? Laß die Heiden ruhig bei jedem Verlust ungeduldig werden. Sie stellen das Geld womöglich höher als das Leben … Wir jedenfalls sollen das Geld um des Lebens willen, nicht aber das Leben um des Geldes willen einsetzen, freiwillig im Verschenken, gelassen im Verlust.

Der Sieg der Geduld

VIII. … Nun noch ein Wort über den Sieg der Geduld. Jedes Unrecht, in Wort oder in Tat, läuft leer aus, wenn es auf Geduld stößt. Es ist wirkungslos wie ein Geschoß, das gegen einen harten Felsen geschleudert wird. Es prallt macht- und wirkungslos zurück und richtet gelegentlich seine Kraft gegen den, der es abgeschossen hat. Man beleidigt dich mit dem Ziel, dir Schmerz zuzufügen; denn der Erfolg des Beleidigers besteht ja im Schmerz des Angegriffenen. Wenn du dich nun nicht ärgerst, dann machst du seinen Erfolg zunichte. Die Folge wird sein, daß er sich über den verfehlten Angriff ärgert. Du selbst gehst dann nicht nur schadlos aus, was dir an sich schon ausreichen sollte, du hast darüber hinaus noch die Freude, daß dein Feind sich ärgert. Sein Verdruß schafft dir Sicherheit. Das ist der Nutzen und die Freude der Geduld.

IX. Nicht einmal die Ungeduld, die auf Grund des Verlustes

unserer Angehörigen entsteht, läßt sich rechtfertigen. In solchen Situationen hat man gewissermaßen eine Art Anrecht auf seinen Schmerz ... Aber warum willst du den Hingang derer, denen du selbst bald nachfolgen wirst, nicht in maßvoller Trauer hinnehmen? Ungeduld in solchen Schicksalsschlägen ist zudem ein schlechtes Zeichen unserer eigenen Hoffnung sowie eine Verirrung des Glaubens. Ja, Christus selbst wird beleidigt, wenn wir die von ihm Abberufenen beklagen zu müssen meinen und ihren Verlust nicht in Ruhe ertragen. Der Apostel sagt: „Ich wünsche aufgenommen zu werden und bei Christus zu sein" (Phil 1, 23). Damit hält er unserem Wollen ein ganz anderes Ziel vor. Wenn wir traurig und ungeduldig sind, weil andere das Ziel ihrer Sehnsucht erreicht haben, dann scheint es so, als ob wir selbst nicht den Wunsch hätten, dieses Ziel zu erreichen.

XI. ... In jeder Hinsicht sind wir verpflichtet, Geduld zu üben, ganz gleich woher das, was uns zuwider ist, kommen mag, ob aus eigenen Fehlern, aus den Nachstellungen böser Feinde oder aus der Mahnung des Herrn. Der Lohn dafür ist groß: die Seligkeit. Denn wen hat der Herr selig gepriesen? Nur die Geduldigen; er sagt doch: „Selig die Armen im Geiste, denn ihrer ist das Himmelreich" (Mt 5, 3). Arm im Geist aber ist nur der Demütige. Wer aber ist demütig, wenn nicht der Geduldige? Denn niemand kann sich einem anderen unterwerfen, wenn er sich nicht sich selbst unterwirft. Dies ist die erste Stufe der Geduld. „Selig sind die Weinenden und Trauernden" (Mt 5, 4), sagt er. Wer kann denn dergleichen ertragen ohne Geduld? Ihnen wird Beistand und Freude verheißen. „Selig die Sanftmütigen" (Mt 5, 5). Unter dieser Bezeichnung kann man die Ungeduldigen wahrlich nicht einmal nennen. Wenn die Friedfertigen ebenfalls glückselig und Kinder Gottes genannt werden, sind dann vielleicht auch – so frage ich – die Ungeduldigen friedfertig? Das kann nur ein Dummkopf behaupten. Wenn nun am Schluß gesagt wird: „Freuet euch und frohlockt, wenn man euch verflucht und verfolgt, denn euer Lohn im Himmel wird groß sein" (Mt 5, 12), dann gilt dieses Versprechen sicher nicht der Ungeduld. Denn niemand kann in Widrigkeiten frohlocken, es sei denn, er habe sie vorher verachtet. Ohne Geduld aber kann niemand sie verachten. [...]

XV. Bei Gott ist unsere Geduld gut und sicher aufgehoben. Wenn man erlittenes Unrecht ihm überläßt, er wird es rächen; handelt es sich um einen Schaden, er gleicht es aus; ist es Schmerz, er ist Arzt; ist es der Tod, er erweckt zum Leben. Wie viele Bewährungen der Geduld gibt es nicht, daß Gott selbst nicht unser Helfer würde. Denn die Geduld achtet auf alles, was ihm wohlgefällt. Bei allen Geboten ist sie dabei. Sie stärkt den Glauben, regiert den Frieden, unterstützt die Liebe, leitet die Demut an, ist auf Reue bedacht und drückt der Buße ihr Siegel auf. Sie beherrscht das Fleisch, bewahrt den Geist, zügelt die Zunge und hält die gewalttätige Hand zurück. Versuchungen werden von ihr niedergetreten, Ärgernisse aus dem Weg geschafft, Martyrien vollendet. Sie tröstet den Armen, legt dem Reichen Mäßigung auf, verkürzt dem Kranken die Zeit und raubt auch nichts dem Gesunden. Froh ist sie für den Gläubigen, anziehend für den Heiden. Sie gilt Knecht wie Herrn gleichermaßen. Sie ziert die Frau und macht den Mann vollkommen. Im Knaben wird sie geliebt, am Jüngling gelobt, beim Greis geachtet. Jedem Geschlecht und jedem Alter steht sie wohl an …

Wenn der Geist Gottes kommt, ist die Geduld seine unzertrennliche Begleiterin. Könnte der Geist Gottes für immer bei uns bleiben, wenn wir nicht zugleich mit ihm auch seine Begleiterin einließen? Ich glaube nicht. Ohne seine Begleiterin und Dienerin müßte er sich doch überall und immer eingeengt fühlen. Er könnte die Nachstellungen seines Widersachers nicht ertragen, wenn ihm die notwendige Hilfe zum Ertragen fehlt.

XVI. Das ist es, was ich über die Geduld in Theorie und Praxis zu sagen weiß. So sehen ihre Werke aus, wenn sie wahre, himmlische Geduld, und das heißt christliche Geduld ist. Übrigens: Um mit dem Herrn auch in dieser Suche sozusagen gleichzuziehen, hat sein Rivale, der Teufel, seinen Anhängern ebenfalls eine Art von Geduld gelehrt. Freilich bleibt dabei natürlich der unendliche Unterschied von Gut und Böse voll bestehen. Es gibt eine Geduld, welche Ehemänner aufbringen: Weil sie der Mitgift wegen oder um Geschäfte zu machen, geheiratet haben, ertragen sie die Herrschaft ihrer Frauen über sich. Es gibt eine Art von Geduld, die danach strebt, Erbschaften zu machen und deshalb alle Beschwerden, die eine erzwungene Abhängigkeit mit sich bringt, mit erheuchelter Zuneigung erträgt. Es gibt auch eine Form von Geduld, wie Fresser sie aufbringen, die sich in elender Aufopferung ihrer Freiheit zum Sklaven ihrer Gier machen. Das sind die Ziele heidnischer

Geduld. Und für so schnöde Triebe beanspruchen sie den Namen einer großen Tugend. Sie ertragen in Ruhe ihre Nebenbuhler, reiche Leute oder ihre Mäzene. Nur Gott allein können sie nicht ertragen. Aber überlassen wir sie einfach ihrer und ihres Fürsten Geduld. Das unterirdische Feuer harrt ihrer. Wir dagegen wollen die Geduld Gottes, die Geduld Christi lieben. Laßt uns die Geduld, die er für uns aufgebracht hat, ihm vergelten. Die Geduld unseres Herzens und unseres Leibes wollen wir ihm als Opfer darbringen. Denn wir glauben an die Auferstehung des Fleisches und des Geistes.

Über die Ehe

Es ist schwer, in der Väterzeit Schriften oder Textausschnitte zu finden, welche die Größe der christlichen Ehe preisen. Zu sehr stand in dieser Epoche das Ideal der gottgeweihten Jungfräulichkeit im Vordergrund und zu wenig hatte sich noch die genuin christlich-personale Sicht der Ehe – Ehe als Abbild der innigsten Gemeinschaft und Liebe zwischen Christus und seiner Kirche – durchgesetzt. Weniger in theologischen Abhandlungen als in kleinen Gelegenheitsschriften und -bemerkungen zeigt sich eine positive Einschätzung der Ehe. So z.B. im Brief Gregors von Nazianz an Diokles, dessen Tochter einen Soldaten heiratete. Hier heißt es: „Eingeladen bin ich zwar nicht zur Hochzeit unserer Tochter, aber ich bin doch gekommen, um dieses Fest mitzufeiern, um mich zu freuen mit den Fröhlichen und um Dir von Herzen alles Beste zu wünschen. Unter diesem Besten vor allem das eine, daß Christus auf Eurer Hochzeit zugegen sei – wo Christus, da christliche Art –, und daß er Wasser in Wein verwandle, das ist: alles ins Bessere. Auch möge durch ihn unvermischt bleiben, was nicht vermischt werden darf, ein Bischof und ein Spaßmacher, Gebete und leerer Wortschwall, Psalmengesang und erotisches Flötenspiel. Not tut, daß wie alles andere, so auch das Hochzeitfeiern der Christen christliche Würde schmückt. Das ist des Christen Schmuck: christliche Art. Das sei mein Hochzeitsgeschenk. Du aber gib mir dafür als Gegengeschenk dieser Wünsche Erfüllung. Folgt Dir darin Dein Schwiegersohn nach, gewinnst Du einen Sohn, wenn nicht, einen Söldner.“ – Aufs Ganze gesehen galt die Ehe als die gegenüber der Jungfräulichkeit geringere Lebensform, ja gelegentlich sogar nur als das (gerade noch) zu Duldende.

Auch Tertullian entfaltet in seiner Schrift „Ad uxorem", „An seine Gattin", eine eher funktionale, nicht sehr hohe Sicht der Ehe: Die Ehe ist nötig angesichts menschlicher Triebhaftigkeit und zur Bevölkerung der Erde. Er rät seiner Frau, nach seinem Tod keine neue Ehe mehr einzugehen, sondern als Witwe ihr Leben Gott zu weihen, da dies in jeder Hinsicht vollkommener sei. In Anbetracht der menschlichen Schwachheit hält Tertullian jedoch eine zweite Ehe für möglich (eine „Erlaubnis", die er in seiner rigoristischen Alterszeit verwirft), empfiehlt aber dringend, nicht einen Ungläubigen zum Mann zu nehmen, wie dies oft von lauen Christinnen praktiziert würde, denn eine solche „Misch"-Ehe sei eine Gefahr für den christlichen Glauben. In diesem Zusammenhang finden wir eines der schönsten Zeugnisse der altchristlichen Literatur über die Ehe unter Christen. Während in der Ehe mit einem Ungläubigen die Frau nur schwer und unter Widerständen ihren christlich-kirchlichen Übungen nachkommen kann, führt in einer Ehe unter Christen die Gemeinsamkeit des Glaubens zu einer tief verwurzelten Lebensgemeinschaft in Christus. So kann gerade der zweite Teil des folgenden Textes „Vom Glück einer christlichen Ehe" auch heute eine Frage an jede christliche Ehe sein: Findet sie in der Gemeinsamkeit von Glaubensüberzeugung und Glaubenspraxis auch zur tiefsten Gemeinsamkeit ihres Lebens?

Die Schwierigkeiten der Ehe mit einem Ungläubigen

(Wenn die Frau mit einem ungläubigen Mann verheiratet ist), so lebt sie mit jemandem zusammen, welcher den Übungen und Pflichten gläubiger Christen im Wege steht. Zum Beispiel: Wenn die Frau an einem Stationsgottesdienst teilzunehmen hat, bestellt ihr Mann am Morgen ein Bad; wenn ein Fasten zu beobachten ist, setzt der Mann für den gleichen Tag ein Gastmahl an; wenn sie zu kirchlichem Dienst ausgehen sollte, kommen gerade die dringendsten häuslichen Verpflichtungen in den Weg. Denn wer erlaubt wohl seiner Gattin, auf den Straßen herumzulaufen, um fremde und dazu noch armselige Behausungen zu betreten und dort die Glaubensbrüder zu besuchen? Wer läßt es gern zu, daß sie sich gegebenenfalls zu nächtlichen Gemeindeversammlungen von seiner Seite entfernt? Wer schließlich wird es gelassen hinnehmen, wenn sie zur Feier des Osterfestes die ganze Nacht fortbleibt? Wer wird sie zum Herrenmahl, das man so in Verruf bringt, ohne

Argwohn ziehen lassen? Wer wird es dulden, daß sie heimlich zum Kuß der Ketten eines Märtyrers ins Gefängnis geht? Oder daß sie Waschwasser für die Füße der Heiligen darreicht? Oder daß sie (für diese) von Speisen und Getränken nimmt oder auch nur daran denkt zu nehmen? Und wenn ein Bruder aus der Fremde kommt, welche Aufnahme wird er wohl in diesem nichtchristlichen Haus finden, wo ihm die Brotschränke verschlossen bleiben und man ihm doch eigentlich alle Vorräte anbieten müßte? ... Es heißt: „Werft eure Perlen nicht vor die Schweine, damit sie diese nicht niedertreten, sich umdrehen und euch zerreißen!" (Mt 7, 6). Eure Perlen sind ein musterhafter Lebenswandel im Alltag. Durch Verheimlichungen bringt man das christliche Leben immer mehr nur in Verdacht, und mehr noch muß man es vor der Neugierde der Heiden schützen. Wird es etwa unbemerkt bleiben, wenn du dein Bett und deinen Leib mit dem Kreuz bezeichnest? Wenn du die unreinen Weihrauchdüfte (des heidnischen Hausaltars) wegbläst? Wenn du dich sogar nachts zum Gebet erhebst? Könnte es nicht scheinen, du würdest irgendeine Zauberei durchführen? Dein Mann wird nicht wissen, was du insgeheim vor jeder Speise zu dir nimmst. Und wenn er es wüßte, müßte er nicht glauben, es sei jene Speise, von der man immer (verleumderisch) spricht? Auch wenn er davon nichts weiß, wird da wohl jeder deine Handlungsweise einfach akzeptieren ohne Unwillen und ohne Argwohn, es sei Gift und kein Brot? Gewiß, manche akzeptieren all das. Aber sie verachten es und tun es nur, um ein Spiel mit ihren Frauen zu treiben. Sie bewahren nämlich ihre Geheimnisse für den Fall, daß sie selbst einmal in Gefahr kommen oder selber einmal etwas Nachteiliges erdulden sollten. Sie akzeptieren also die Geheimnisse ihrer Frauen, um (gegebenenfalls) im Rechtsstreit vor dem Richter unter Androhung, sie als Christen anzuzeigen, deren Mitgift zu erpressen. Das haben die meisten Frauen nicht vorausgesehen und entweder den Verlust ihres Vermögens oder den ihres Glaubens davongetragen.

Das Glück einer christlichen Ehe

Wie können wir dagegen nach Kräften das Glück einer Ehe schildern, die vor der Kirche eingegangen, durch die Darbringung (des eucharistischen Opfers) bestätigt, mit dem Segen besiegelt ist, welche die Engel ansagen und der himmlische Vater billigt? Es ist ja nicht einmal auf Erden recht und gesetzlich, wenn Kinder ohne Einwilligung der Eltern heiraten. Welch schönes Zweigespann sind ein Paar Gläubige, die *eine* Hoffnung, *ein* Ziel ihrer Wünsche, einerlei Lebensweise und dieselbe Art des Dienstes haben! Sie beide sind Geschwister, Mitarbeiter: Es ist kein Unterschied zwischen ihnen, weder an Geist noch an Körper. Sie beten zu gleicher Zeit, sie werfen sich zusammen nieder, sie halten zu gleicher Zeit die Fasten, sie belehren, sie ermahnen, sie tragen sich gegenseitig. Sie finden sich in gleicher Weise in der Kirche Gottes und beim Tisch des Herrn ein, so wie sie sich auch in Bedrängnissen, bei Verfolgungen und in guten Tagen in gleicher Weise verhalten. Keines hat vor dem andern Heimlichkeiten, keines meidet das andere, keines wird dem andern zur Last. Gern besucht man die Kranken und kommt den Bedürftigen zu Hilfe. Die Almosen werden gereicht ohne lange Quälerei, das Opfer gehalten, ohne Verdruß zu erregen, die tägliche Beobachtung der Religion ist ungehindert. Die Bekreuzigung findet nicht verstohlen statt, die Beglückwünschungen nicht mit Zittern, der Segen wird nicht bloß in Gedanken gesprochen. Aus beider Mund ertönen Psalmen und Hymnen, und sie fordern sich gegenseitig zum Wettstreit heraus, wer am besten dem Herrn lobsingen könne. Dergleichen zu sehen und zu hören ist ein Gegenstand der Freude für Christus. Solchen sendet er seinen Frieden.

Origenes

Origenes wurde um das Jahr 185 in Alexandrien als das erste von sieben Kindern in einer begüterten christlichen Familie geboren. Da der Vater Leonides, von Beruf Elementarlehrer, im Jahr 202 als Märtyrer starb, hatte Origenes für den Lebensunterhalt der Familie zu sorgen. So schlug er den Beruf des Vaters ein. Gleichzeitig nahm er sich der Unterweisung der gebildeten Christen von Alexandrien an. Um den geistigen Herausforderungen seiner Zeit als Christ und Lehrer gewachsen zu sein, besuchte er zum Weiterstudium um 210 die Schule des Neuplatonikers Ammonius Sakkas, in dessen engsten Schülerkreis er aufgenommen wurde. Darüber hinaus erlernte er auch die hebräische Sprache und begann mit der Herausgabe der sogenannten Hexapla, einer kritisch vergleichenden Bibelausgabe, um eine gesicherte Grundlage für den Dialog mit den jüdischen Exegeten zu gewinnen.
Zwischen 212 und 222 dürfte Origenes sich die Grundzüge seines theologischen Systems erarbeitet haben, das er in lebendiger Auseinandersetzung mit den geistigen Strömungen seiner Zeit der gebildeten Welt vortrug. Er selbst dürfte nichts oder nur weniges geschrieben haben, wohl aber wurde er ständig von einer Schar von Schnellschreibern und Kopisten begleitet, die seinen mündlichen Vortrag aufnahmen und veröffentlichten. Hieronymus spricht von mehr als 2 000 „Büchern", die Origenes seiner Nachwelt hinterlassen hat: Schriftkommentare, Briefe, apologetische und systematische Schriften.
Auf seinen zahlreichen Vortragsreisen wurde er bei einem Besuch in Cäsarea (Palästina) zum Presbyter geweiht. Der Bischof von Alexandrien faßte dies als einen Eingriff in seinen Kompetenzbereich auf, erklärte auf zwei Synoden die Weihe des Origenes für ungültig und ließ ihn exkommunizieren, wobei vermutlich auch einige Punkte der Lehre des Origenes eine Rolle spielten. Um 230/231 siedelte Origenes ganz nach Cäsarea über, wo er eine eigene theologische Schule gründete, in welcher er „den kompletten heidnisch-philosophischen Studienbetrieb auf die theologische Ausbildung anwandte" (F.H. Kettler). Durch seine Schule, die bald hochberühmt wurde, ging in den Jahren 231 bis 250 fast der ganze theologische Nachwuchs Palästinas.
Während der Decischen Verfolgungen wurde Origenes tagelang gefoltert und starb bald danach an den Folgen im siebzigsten Lebensjahr.
Schon zu Lebzeiten galt Origenes als der bedeutendste Theologe der griechischen Kirche. Durch ihn fand die spekulative Theologie einen festen Platz im kirchlichen Denken. Vor allem aber hat er die nachfolgenden Generationen von Theologen wie kein anderer beeinflußt. „Es gibt in der

Kirche keinen Denker, der so unsichtbar allgegenwärtig wäre wie Origenes" (H.U. v. Balthasar).
Origenes wollte um jeden Preis rechtgläubig und kirchlich gesinnt bleiben. Von ihm stammen die schönen Sätze:
„Ich möchte ein Mann der Kirche sein und nicht nach irgendeinem Gründer einer Häresie, sondern nach Christi Namen benannt werden und diesen Namen tragen, der auf Erden benedeit ist.
Und es ist mein Begehren, so der Tat als dem Geiste nach ein Christ genannt zu werden.
Wenn ich, der ich deine rechte Hand zu sein scheine, der ich den Priesternamen trage und das Wort Gottes zu verkünden habe, etwa gegen die kirchliche Lehre und die Regel des Evangeliums verstieße, so daß ich dir, Kirche, zum Ärgernis würde, so möge die gesamte Kirche in einhelligem Beschluß mich, ihre Rechte, abhauen und von sich werfen."
Jedoch blieb auf Grund seiner Vorliebe für allegorische Schriftauslegung und durch den Einfluß neuplatonischer Philosophie seine Lehre nicht frei von Einseitigkeiten und wohl auch Irrtümern. Deshalb entstand ab 400 ein Streit über die Rechtgläubigkeit des Origenes, der freilich nur einige wenige Punkte seiner Lehre betraf. Es bleibt dabei, daß Origenes eine der ganz großen Gestalten der Kirche ist, nicht nur wegen seiner unausschöpfbaren theologischen Gedanken, sondern auch auf Grund seiner christlichen Persönlichkeit, die immer aufs neue die Übereinstimmung von theologischer Lehre und Lebensnachfolge suchte. Vinzenz von Lérins bemerkt einmal: „Wie viele möchten wohl einen Mann von so großem Verstande, von so großer Gelehrsamkeit, von so großer Beliebtheit leichthin aufgeben und nicht vielmehr jenes Ausspruches sich bedienen: Sie wollten lieber mit Origenes irren als mit anderen recht haben!"

Aus den Homilien zum Buche Numeri

Der folgende Text gibt uns, über seinen geistlichen Gehalt hinaus, einen vorzüglichen Einblick in die Art und Weise der Schriftauslegung des Origenes. Er ist – wie auch schon jüdische und christliche Theologen vor ihm – der Überzeugung , daß die Schrift nicht nur einen wörtlichen, „historischen" Sinn hat, der uns darüber Auskunft gibt, wie es „damals" war, sondern auch einen tieferen „geistlichen" Sinn, in dem Gottes Wort heute an uns herangetragen wird. Dieser geistliche Sinn wird auf das Gebet des Menschen hin vom Heiligen Geist gewährt; er ist eine Gnadengabe des Geistes.
Dieser geistliche Sinn liegt gleichsam unter dem historisch-wörtlichen verborgen, so wie Christus schon verborgen im Alten Testament

gegenwärtig ist. Das im Alten Bund Geschehene ist darum mehr als nur die Geschichte Israels und die Offenbarung Gottes an dieses Volk. Das Alte Testament enthält eine Fülle von Bildern, Symbolen und Verweisen, die auf das kommende Christusereignis hindeuten, ja es „enthalten". Und nicht nur von Christus selbst handelt das Alte Testament, sondern auch vom Christen und seinem Weg mit Christus zur endgültigen Vollendung hin. Vor allem durch allegorische Textdeutung, durch Erschließung von Symbolen, Namen und Zahlen und durch Eröffnung neuer Zusammenhänge wird der tiefere geistliche Sinn der Schrift erschlossen.

In diesem Zusammenhang geistlicher Schriftauslegung sieht Origenes im Buch Numeri mehr als nur einen historischen Bericht vom Auszug Israels aus Ägypten und seinem Marsch in das verheißene Land. Vielmehr ist der Auszug aus Ägypten und der Weg durch die Wüste ein Vor-Bild für den christlichen Weg der Nachfolge aus dem sündigen Verhaftetsein an das Irdische heraus zur geistlich-himmlischen Heimat hin.

Auch die Stationen, die nach dem Bericht der Schrift Israel auf dem Weg durch die Wüste jeweils erreicht hat, erhalten von daher eine neue Bedeutung: Es sind nicht einfach geographische Ortsangaben, sondern den Namen liegt – übersetzt man sie aus dem Hebräischen wörtlich in eine andere Sprache – ein tieferer Sinn zugrunde, den Origenes auf die verschiedenen Etappen und Stufen der Reinigung und Vervollkommnung des Christen auf seinem geistlichen Weg zu Gott hin deutet.

Man darf gewiß fragen, ob im folgenden nicht mit solchen geistlichen Bedeutungen geographischer Bezeichnungen „gespielt" wird und rein zufällige Namensassoziationen zu Trägern eines Sinnes werden, der im Text überhaupt keinen Anhalt hat. Zu bedenken ist jedoch, daß Origenes sich für den Grundbestand seiner Aussagen auf die Schrift als Ganze (und auf die geistliche Erfahrung der Kirche) berufen kann. Insofern ist seine Auslegung keine rein subjektive Eintragung. Für Origenes ist die Heilige Schrift so sehr ein Ganzes, bei dem jeder Teil mit jedem zusammenhängt, daß auch jedes Detail (wie hier die Namen der Wegstationen Israels auf dem Weg durch die Wüste) von anderen Aussagen her ein tieferes Licht erhält. Um ein Bild zu gebrauchen: Mit der Stimme der Heiligen Schrift ist es wie mit einem Glockenton; er gibt zwar einen bestimmten-bestimmbaren Ton, aber dieser setzt sich aus einer Fülle von Ober- und Untertönen zusam-

men. Diese Fülle sucht Origenes dadurch zu erheben, daß er jede – wenn auch noch so kleine – Einzelheit der Schrift zum Ganzen in Beziehung setzt und vom Ganzen her zu bestimmen sucht. Mag es sich dabei auch gelegentlich – wie im folgenden Text – um freie „Assoziationen" eines glaubenden Menschen und nicht um die Offenlegung des „objektiven" Schriftsinnes handeln: Solange solche „Einfälle" ihren Grund im Ganzen der Schrift und in der geistlichen Erfahrung der Kirche haben, sind sie legitim und hilfreich, um uns tiefer in das Wort Gottes einzuführen und unser Leben in seinem Licht zu bedenken.

Die zweifache geistliche Bedeutung des Auszugs aus Ägypten

Das Sinnbild des Auszugs aus Ägypten kann auf zweifache Weise genommen werden ... Denn auch wenn einer aus der Finsternis des Irrtums zum Licht der Anerkenntnis gelangt und sich von erdhaftem Wandel zu geistiger Lebensführung bekehrt, zieht er aus Ägypten aus und gelangt in jene einsame Wüste, nämlich in jenen Abschnitt seines Lebens, wo er durch Schweigen und Ruhe sich in den göttlichen Gesetzen üben und die himmlischen Aussprüche in sich einsickern lassen muß, um dadurch neugestaltet und geleitet den Jordan zu durchschreiten und weiterzueilen bis zum verheißenen Land, das heißt, durch die Gnade der Taufe bis zum Leben gemäß dem Evangelium zu gelangen. Aber der Auszug aus Ägypten ist auch das Gleichnis der Seele, die die Finsternis dieser Welt und die Blindheit der körperlichen Natur verläßt, um in eine andere Welt überzusiedeln, welche entweder „Schoß Abrahams" (Lk 16, 22) wie in der Lazarusgeschichte, oder „Paradies" (Lk 23, 43) wie beim gläubigen Schächer am Kreuz genannt wird, oder wenn es sonst noch Orte und „Wohnungen" gibt, die Gott kennt, durch welche die gottgläubige Seele hindurchwandert, um hinzugelangen zu jenem Fluße, der „die Stadt Gottes erfreut" (Ps 46, 5), und an seinem andern Ufer das den Vätern verheißene Los zu empfangen ...
Wenn die Seele aus dem Ägypten dieses Lebens auszieht, um zum verheißenen Land zu wandern, schlägt sie notwendig gewisse Wege ein ... und kommt durch bestimmte Haltestellen. Deren gedachte, wie mich dünkt, der Prophet, als er sprach: „ ... Gar viel ist meine Seele gewandert" (Ps 120, 6). Begreife also, wenn du es

vermagst, welches diese Wanderungen der Seele sind, in denen so lange wandern zu müssen sie mit Seufzen und Klagen betrauert. Freilich, solange sie noch wandert, stockt die Einsicht dieser Dinge und ist verhüllt; erst wenn sie zu ihrem Vaterland, ihrer Ruhe, dem Paradies gelangt sein wird, wird sie wahrer darüber belehrt werden und es klarer einsehen, welches der Wegsinn ihrer Wanderung war; was in geheimnisvoller Voraussicht der Prophet so ausdrückt: „Bekehre dich, meine Seele, zu deiner Ruhe, denn der Herr hat dir Wohltaten erwiesen" (Ps 117, 7). Unterdessen aber wandert sie und geht ihren Weg und legt ihre Haltestellen zurück, ohne Zweifel aus einem nützlichen Grunde von Gottes Vorsicht auf diese Straße gestellt ... Auch einen Wegführer hat sie, nicht Moses (denn dieser wußte selbst nicht, wohin es ging), sondern die Feuersäule und die Wolke, das heißt den Sohn Gottes und den Heiligen Geist, wie es an einer anderen Stelle heißt: „Gott selbst führte sie dahin" (Ps 78, 14). Also beginnt der Aufstieg der seligen Seele, nachdem alle Ägypter ertränkt sind und die Amalekiter und alle anderen, die sie bekämpften, um so durch die verschiedenen Wohnungen wallend (jene nämlich, von denen es heißt, sie seien „zahlreich beim Vater") immer mehr erleuchtet zu werden, ... bis sie sich daran gewöhnen, den Glanz der wahren Majestät zu ertragen ... Und bevor sie zum Vollkommenen gelangt, muß sie in der Wüste wohnen, wo sie sich nämlich üben muß in den Gesetzen Gottes und wo ihr Glaube sich durch Anfechtungen bewähren muß. Und hat sie eine Versuchung besiegt, und hat sich ihr Glaube in der einen bewährt, so wandert sie gleichsam weiter von einer Lagerstelle zur nächsten, ... und es erfüllt sich dabei, was geschrieben steht: „Sie werden von Tugend zu Tugend schreiten" (Ps 84, 8), bis man zum Letzten kommt, zum höchsten Grad der Tugend, bis man den Fluß Gottes überschreitet und die verheißene Erbschaft in Besitz nimmt ...

Stationen des geistlichen Lebensweges

Es ziehen also die Kinder Israels aus Ägypten aus ... und kommen zuerst nach Sochoth, ... Sochoth wird übersetzt: Zelte. Der erste Fortschritt der Seele also ist, ... zu wissen, daß sie als ein Wanderer und als einer, der unterwegs ist, in Zelten zu hausen hat, wobei sie gleichsam immer in Atem gehalten wird und flink und unbehindert jeden Augenblick gegen Angreifer losziehen kann. Dann, wenn sie sich gut vorbereitet fühlt, „zieht man weiter von Sochoth und macht Rast in Buthan". „Buthan" bedeutet Niederung. Wir sagten, daß es sich hier um Fortschritt in der Tugend handelt, Tugend aber wird nur in Kämpfen und Mühen errungen und nicht weniger in Widrigkeiten als in Glück erprobt. So kommt man also zur Niederung, ... und hier steigt unser Wanderer hinab zu denen, die in der Tiefe und im Untersten weilen, nicht um dort zu bleiben, sondern um daselbst einen Sieg zu erfechten ... Nach diesem schritten sie mitten durch das Rote Meer und „lagerten bei den Bitterwassern" (Num 33, 8). Wir sagten schon, daß die Zeit des Fortschreitens eine Zeit der Gefahr sei. Welch lästige Versuchung, „mitten durch das Meer zu gehen", zu sehen, wie die Wogen sich zu Bergen häufen, das rasende Getöse der Wellen zu hören; aber doch, wenn du Moses, das heißt dem Gesetz Gottes folgst, so werden die Wellen dir eine Mauer zur Rechten und Linken sein „und du findest einen trockenen Weg durch die Mitte des Meeres" (Ex 14, 22) ... „Und sie zogen weiter und lagerten bei der Wüste Sin" (Num 33, 12)... „Sin" wird übersetzt: Dornbusch oder auch Versuchung. Schon beginnt dir also die Hoffnung der guten Dinge zu lächeln. Welche Hoffnung auf gute Dinge? „Aus dem Dornbusch erschien" (Ex 3, 2f) der Herr und gab Moses Antworten, und von dort begann die Heimsuchung des Herrn bei den Söhnen Israels. Aber nicht ohne Grund heißt „Sin" auch Versuchung. Denn auch in Visionen pflegen Versuchungen zu sein. Nicht selten verwandelt sich ja der Engel der Bosheit „in einen Engel des Lichtes" (2 Kor 11, 14), und darum muß man sich in acht nehmen und Vorsicht üben, um mit Kenntnis die verschiedenen Arten der Visionen zu unterscheiden. Darum wird unter den geistlichen Gaben die eine Gabe des Heiligen Geistes „Unterscheidung der Geister" (1 Kor 12, 10) genannt.

„Als sie aus der Wüste Sin auszogen, kamen sie nach Raphaca." „Raphaca" wird übersetzt: Gesundheit. Siehst du die Ordnung der Fortschritte, wie die Seele, die schon geistig wird und die „Unterscheidung" der himmlischen Gesichte zu haben beginnt, nun auch zur Gesundheit gelangt, so daß sie mit Recht sagen kann: „Lobe meine Seele den Herrn, und alles was in mir ist, seinen heiligen Namen" (Ps 103, 1–3). Welchen Herrn? „Der all dein Siechtum heilt, der dein Leben aus dem Untergang errettet" (Ps 103, 1–3),

daß auch ich mein Lager in „Raphaca", das Gesundheit bedeutet, aufschlagen kann.
Es würde zu lang dauern, wenn wir uns bei allen einzelnen Lagerstätten aufhalten wollten und bei jeder einzelnen eröffnen, was sich etwa aus der Betrachtung der Namen andeutet; aber kurz und bündig wollen wir sie doch durcheilen, um euch weniger eine volle Auslegung (dazu ist die Zeit zu kurz) zu geben, als „Gelegenheiten der Einsicht" zu bieten. „Sie ziehen" also „von Raphaca weiter und kommen nach Halus" (Num 32, 14). „Halus" wird übersetzt: Mühen. Und kein Wunder, wenn auf Gesundheit Mühen folgen. Denn das ist der Grund, warum die Seele von Gott Gesundheit bekommt, daß sie die Mühen gerne und nicht widerwillig auf sich nehme; es wird nämlich zu ihr gesagt: „Die Früchte deiner Mühen wirst du essen, selig wirst du sein, und es wird dir gut gehen" (Ps 128, 2). Dann kommen sie nach „Raphidim" (Num 33, 14). Es wird aber „Raphidim" übersetzt: Lob des Gerichtes. Durchaus gerechtes Lob folgt auf die Mühen. Was wird aber gelobt? „Lob des Gerichtes" heißt es. Lobenswert also wird die Seele, die richtig richtet, richtig unterscheidet, die demnach „geistig alles richtet, von niemandem aber gerichtet wird" (1 Kor 2, 15). Von da geht es weiter zur Wüste „Sina". „Sina" ist ein gewisser Ort in eben der Wüste, die oben „Sin" genannt wurde ... Nachdem also die Seele lobenswerten Gerichtes wurde und ein richtiges Urteil zu haben begann, wird ihr nun das Gesetz von Gott gegeben, weil sie fähig zu werden beginnt der göttlichen Geheimnisse und der himmlischen Gerichte. Von da gelangt man zu den „Denkmälern der Begierden". Was sind die „Denkmäler der Begierden"? Zweifellos der Ort, wo die „Begierden" begraben und verschüttet sind, wo alle Begierlichkeit ausgelöscht ist und nicht mehr „das Fleisch gegen den Geist begehrt" (Gal 5, 7), abgestorben nämlich im Tode Christi (Röm 7, 4). Darauf gelangt man nach „Aseroth", was übersetzt wird: vollkommene Gehöfte, oder auch Seligkeit. Erwäge genauer, o wandernde Seele, welches die Ordnung der Fortschritte sei: Nachdem du die Begierlichkeit des Fleisches begraben und dem Tode überliefert hast, kommst du zu den weiten Gehöften, kommst du zur Seligkeit. Selig ist ja schon die Seele, die von keinen fleischlichen Lastern mehr bedrängt wird ... Die nächste Lagerstätte ist „Ressa", was in unserer Sprache heißen kann: sichtbare oder löbliche Versuchung. Was ist dies, daß selbst, wo die Seele

so große Fortschritte macht, dennoch die Versuchungen nicht von ihr genommen werden? Man ersieht daraus, daß die Anfechtungen ihr gleichsam wie eine Schutzwache und ein Schutzwall beigegeben werden. Denn wie Fleisch, wenn es auch ein schönes und großes Stück ist, doch fault, wenn es nicht eingesalzen wird, so lockert sich und löst sich die Seele sofort, wenn sie nicht auch durch ständige Versuchungen gleichsam gesalzen wird. So steht auch fest, daß darum gesagt ist: „Jedes Opfer soll mit Salz gesalzen werden" (Lev 2,13), und daher erklärt sich schließlich auch jenes Wort Pauli: „Und damit ich in der Erhabenheit der Gesichte mich nicht überhebe, ist mir ein Pfahl ins Fleisch gegeben, ein Engel Satans, der mich ohrfeigen soll ..." (2 Kor 12, 7). Von da gelangt man nach „Thara", ... das heißt Entrückung, ... wo die Seele in Bewunderung irgendeines gewaltigen Dinges staunend erschrickt ... Und dann kommt man nach „Matheca", was übertragen heißt: neuer Tod. Was ist dieser neue Tod? Es ist der, durch den wir „Christo mitsterben und Christo mitbegraben werden, um auch mit ihm mit aufzustehen ..." (2 Tim 2, 11). Darauf folgt das Lager in „Abarim gegen Nabau". Jenes besagt: Übergang. „Nabau" aber bedeutet: Abscheidung. Wenn nämlich die Seele durch all diese Tugenden hindurchgewandert und zur höchsten Vollendung emporgelangt ist, geht sie schon über aus dieser Welt und scheidet ab, wie von Enoch geschrieben steht: „Und er ward nicht mehr gefunden, weil ihn der Herr hinübergesetzt hatte" (Num 33,47). Und wenn einer, der hierzu gelangt ist, auch noch in der Welt zu weilen scheint und im Fleische zu wohnen, so wird er doch „nicht mehr gefunden" (Gen 5, 24). Worin nämlich wird er „nicht mehr gefunden"? In keiner welthaften Tat, in keinem fleischlichen Ding, in keiner eiteln Rede wird er mehr „gefunden". Denn der „Herr" hat „ihn hinübergesetzt" aus diesen Dingen und läßt ihn im Lande der Tugenden wohnen. Die letzte Lagerstätte liegt „im Westen von Moab in der Nähe des Jordan" (Num 33, 48). Denn dieser ganze Lauf wurde darum unternommen und darum eilt man so, daß man hingelange zum Fluße Gottes, daß wir ganz nahe hinzugelangen zur fließenden Weisheit und uns baden in den Wellen der Einsicht, damit wir so, in allem gereinigt, in das Land der Verheißung einzugehen verdienen.

Über das Gebet

Formen sind nicht etwa Beliebiges, Zeichen und Worte nicht einfachhin austauschbar. Wer nicht bereit ist, in seinem alltäglichen Leben sich bestimmten Formen, selbst „Konventionen" zu unterwerfen, macht Zusammenleben und Kommunikation der Menschen untereinander letztlich unmöglich. Ja, er läuft Gefahr, daß ihm unter der Hand die in Formen dargebotene und geschützte Sache selbst wegrinnt. Denn in Zeiten eigener Schwäche, Dürre und Unfruchtbarkeit tragen Formen über die Durststrecke hinweg, bis der einzelne selbst wieder in der Lage ist, aus eigenem Bemühen aus der Sache selbst heraus zu leben. Gebetsformen sind Konventionen. Sie sind aber mehr als bloße Konventionen, weil sich in ihnen die spirituelle Erfahrung von Jahrhunderten gleichsam geronnen und kondensiert niedergeschlagen hat. Knien und Stehen, Sich-Verneigen oder die Hände zum Gebet falten sind nicht allein rituelle Formen, sondern sie bringen den Menschen zur tieferen Konzentration. So bereitet bereits die äußere Form den Beter für das innere Gebet, sie leitet geradezu das Gebet ein und ermöglicht es. Darum wird die Gebetshaltung als Teil des Gebets auch zutiefst dem Menschen als Sinnenwesen gerecht, indem es ihn als Ganzen, mit Leib und Seele, in das Beten einbezieht. Auch die Sinne beten. Sie beten mit der ganzen Schöpfung. Darum weitet sich der Gedankengang des Origenes von der Darlegung der Gebetshaltung aus zum Mitbeten der gesamten Schöpfung. Von den Sinnen des einzelnen Menschen über sein inneres Gebet bis hin zum Einklang mit dem Beten der Engel und Heiligen erstreckt sich der eine große innere Gebetsstrom. Der einzelne Beter erfährt, daß er nicht allein stammelnd seine Gebetsworte ausspricht, sondern daß er Teil des großen gemeinsamen Betens der ganzen Welt ist. Gebet und Verehrung des allgegenwärtigen und hörenden Gottes besteht also im Sich-Einfügen und Einstimmen in diesen universalen Gebetsklang. Da aber erst die äußere Form ermöglicht, wirklich in diesem umfassenden Gebetsrhythmus mitzuschwingen, schließt unser Text mit der so banal klingenden Unterweisung: Das Gebet soll nicht weniger als dreimal am Tage verrichtet werden.

I. Wenn der innerlich zum Gebet gesammelte Mensch sich nach Kräften um eine (gute) Gebetshaltung bemüht, dann stellt sich der erste Nutzen (des Gebets) immer und überall ein. Denn wie auch sonst im menschlichen Leben unter bestimmten Umständen die eine oder andere Vorstellung oder Erinnerung auftaucht, so darf man ebenso davon überzeugt sein, daß sich im Inneren der Seele der gläubige Gedanke an Gott einstellt, wenn man sich (nur) selbst in die richtige Haltung bringt. Ja, sogar angenommen, derjenige, der sich zum Beten anschickt, hätte keinen anderen Nutzen als diesen, so dürfte man schon von großem Nutzen reden, wenn man durch das Gebet in die Haltung der Frömmigkeit versetzt wird. Denn wenn dies oft geschieht, so hält eine solche Haltung – wie geübte Beter aus ihrer Erfahrung wissen – von vielen Sünden ab und läßt viele gute Taten entstehen. Schon die wiederholte Erinnerung an einen berühmten und in der Weisheit vorangeschrittenen Mann fordert uns auf, ihm nachzueifern und hemmt oft den Drang zum Schlechten. Um wieviel mehr muß dann die Erinnerung an Gott, den Vater des Alls, verbunden mit dem Gebet zu ihm denen nützen, die überzeugt sind, vor Gott dem Gegenwärtigen zu stehen und zu Gott dem Hörenden zu sprechen …

IX. Der Prophet David sagt, daß der Fromme beim Beten auch noch vieles andere Gute habe. Es paßt gut, das hier anzuführen. Denn so wird uns der große Nutzen einsichtig, den die Haltung und die Vorbereitung des Betens dem bringt, der sich Gott geweiht hat. David sagt: „Zu dir habe ich meine Augen erhoben, der du in den Himmeln thronst“ (Ps 122, 1), oder: „Zu dir habe ich meine Seele erhoben, mein Gott“ (Ps 24, 1). Wenn die Augen des Geistes sich erheben, wenn sie sich von allem Irdischen lösen, wenn sie sich von allen weltlichen Vorstellungen entfernen und sich so weit nach oben richten, daß sie sogar über die Schöpfung wegsehen und sich ausschließlich darum bemühen, Gott zu schauen, um mit ihm, der alles hört, Gemeinschaft zu haben, dann entsteht doch der größte Nutzen, weil sie (die Augen der Seele) mit enthülltem Angesicht die Herrlichkeit des Herrn wie in einem Spiegel schauen und in eben dieses Bild verwandelt werden von Herrlichkeit zu Herrlichkeit.

X. … Wer so betet und solch großen Nutzen von seinem Beten hat, der ist für die innige Verbindung mit dem Geist des Herrn, der den ganzen Erdkreis erfüllt, vorbereitet und geeignet. Der Geist des Herrn erfüllt ja die ganze Erde und redet durch die Propheten. „Erfülle ich nicht Himmel und Erde, spricht der Herr“ (Jer 23, 24)… Durch sein Gebet wird der Beter Anteil am Gebet des

Sohnes Gottes haben. Denn dieser steht in der Mitte derer, die ihn nicht kennen (Joh 1, 26), und er versagt niemandem seinen Beistand. Er betet zugleich mit ihm zum Vater, dessen Mittler er ist. Denn der Sohn Gottes ist der Hohepriester unserer Opfer, er ist Fürsprecher beim Vater. Er betet mit den Betenden und bittet mit den Bittenden ...

XI. Mit den rechten Betern betet nicht allein der Hohepriester; auch die Engel im Himmel beten mit ihm. Denn sie „freuen sich mehr über einen Sünder, der Buße tut, als über neunundneunzig Gerechte, die der Buße nicht bedürfen" (Lk 15, 7). Auch die Seelen der entschlafenen Frommen kommen hinzu. Dies zeigt die Schrift, als Raphael vor Sara und Tobit ein Opfer vor Gott hinbringt (Tob 12, 12) ... Wir müssen nämlich davon ausgehen, daß die bereits entschlafenen Frommen in weitaus höherem Maße von Liebe erfüllt sind als diejenigen, die noch in menschlicher Schwachheit leben und an der Seite noch Schwächerer kämpfen müssen. Nicht nur auf der Erde gilt das Wort von der gegenseitigen Liebe. „Wenn ein Glied leidet, leiden alle Glieder mit; wenn ein Glied Ehre erfährt, freuen sich alle Glieder" (1 Kor 12, 26).

XII. „Ohne Unterlaß" aber betet der, welcher Gebet und notwendige Werke verbindet und das Gebet begleitet sein läßt von entsprechenden Handlungen. Denn auch gute Werke oder das Befolgen der göttlichen Weisungen muß mit in den Bereich des Gebetes einbezogen werden. Wenn wir das ganze Leben der Frommen als ein einziges, großes, zusammenhängendes Gebet betrachten, dann ist die Mahnung, unablässig zu beten, auch durchführbar. Ein Teil dieses Gebetes ist eben das, was wir im engeren Sinne Gebet nennen. Dieses sollte man nicht weniger als dreimal am Tag verrichten.

Cyprian von Karthago

Die afrikanische Kirche hat viele überragende Bischofsgestalten hervorgebracht. In ihnen vereinigte sich oftmals das alte römische Erbe, römische Denkweise und römischer Stolz mit der Kraft des aufblühenden Christentums. Am Anfang dieser Reihe großer afrikanischer Bischöfe steht Thascius Caecilius Cyprian. Um 200 wurde er als Sohn heidnischer Eltern wahrscheinlich in Karthago geboren. Er erhielt die übliche Ausbildung als Rhetor und trat als reifer Mann um 246 zum Christentum über. 249 wurde er Bischof seiner Heimatstadt. Eifrig widmete er sich seiner Gemeinde. Während der decischen Christenverfolgung (250) hielt er von außerhalb seiner Stadt brieflich den Kontakt mit ihr aufrecht und sorgte sich um die Wiedereingliederung schwacher und abgefallener Christen. In der valerianischen Christenverfolgung starb er am 14. Sept. 258 den Märtyrertod durch das Schwert des Henkers.

Der letzte Brief an seine Gemeinde (ep. 81) verrät den hohen Sinn des Bischofs, der noch in seinem Sterben seine Gemeinde nicht allein lassen will, der aber auch voller Selbstbewußtsein sein Sterben als Zeugnis seiner Kirche und für seine Kirche versteht:

„Liebe Brüder! Als wir erfuhren, es seien Häscher abgesandt, um mich nach Utica zu überführen, erteilten mir meine Freunde den Rat, ich solle zunächst für einige Zeit die Stadt verlassen. Ich stimmte ihnen zu. Denn es kam noch ein wichtiger Grund hinzu. Für einen Bischof ziemt es sich, in der Stadt, in der er die Gemeinde des Herrn geleitet hat, auch Zeugnis für den Herrn abzulegen und die ganze Gemeinde durch das Zeugnis des anwesenden Vorstehers zu verherrlichen. Was ein Bischof im Augenblick seines Zeugnisses spricht, das spricht er auf Eingebung Gottes hin, und er spricht es im Namen aller. Zudem wäre es der Ehre unserer ruhmvollen Kirche abträglich wenn ich, der Bischof und Vorsteher einer anderen Kirche, mich in Utica wegen meines Bekenntnisses verurteilen ließe und von dort aus als Märtyrer zum Herrn ginge. Inständig wünsche ich euch und mir – rund darum flehe ich in meinen Gebeten –, daß ich bei euch Zeugnis ablegen, das Martyrium erleiden und zum Herrn gehen kann. So warte ich denn hier im abgelegenen Versteck, bis der Prokonsul nach Karthago zurückgekekrt ist. Dann werde ich von ihm hören, was der Kaiser für die christlichen Laien und Bischöfe verordnet hat. Dann will auch ich öffentlich bekennen, was der Herr in dieser Stunde gesagt haben will.

Ihr aber, teuerste Brüder, haltet Ruhe und Frieden. Diese Unterweisung habe ich euch nach den Weisungen des Herrn immer schon erteilt. Ihr habt sie oft meinen Predigten entnehmen können. Keiner von euch zettle einen Aufstand unter den Brüdern an. Niemand stelle sich freiwillig den Heiden.

Denn nur wer gefaßt und dem Gericht überstellt ist, muß reden. Nach Gottes Willen müssen wir zwar bekennen, und dann redet Gott in uns selbst. Er will aber nicht, daß wir uns freiwillig als Christen zu erkennen geben. Was sonst noch zu regeln ist, das wollen wir gemeinsam gemäß der Weisung des Herrn anordnen, bevor der Prokonsul das Urteil über mich als Bekenner des Namens Christi spricht.
Der Herr Jesus möge euch, teuerste Brüder, in seiner Kirche unversehrt erhalten und gnädig bewahren."
Die um 251 verfaßte Schrift „Über die Einheit der Kirche" bekämpft die in Rom entstandene Sonderkirche des Novatian. Cyprian will aber gleichzeitig auch Stellung beziehen gegenüber Parteiungen, die in der Gemeinde von Karthago infolge der Wirren der Verfolgung aufkamen. Um seines Heils willen muß jeder Christ in Verbindung mit der Kirche, die sich im rechtmäßig gewählten katholischen Bischof sichtbar zeigt, bleiben. Der programmatische Satz: „Der kann Gott nicht zum Vater haben, der die Kirche nicht zur Mutter hat", kleidet diesen Gedanken nicht nur in prägnante Kürze, er leitet auch den Beginn einer tief empfundenen Kirchenfrömmigkeit ein.

Über die Einheit der Kirche

„Der kann Gott nicht zum Vater haben, der die Kirche nicht zur Mutter hat." Der Satz ist klar. Aber er reizt zum Widerspruch, weil wir meinen, Gott dürfe nicht eingefangen werden in Institutionen, Riten und Gesetzen. Im Namen eines „größeren Gottes" protestiert man gern gegen den vermeintlich falschen Anspruch, Gott sei ausschließlich in den geordneten Bahnen gesellschaftlich etablierter Religion zu finden.
Der Protest zielt ins Leere, denn der Satz meint Tieferes. Wo, wenn nicht in der Kirche, haben wir zuerst von Gott und Christus gehört? Wer, wenn nicht die Kirche, verkündet unzulänglich, aber auch unermüdlich von Gott und Christus? Wann, wenn nicht in der Kirche, haben wir in der Taufe das Zeichen der Erwählung und Verheißung von Gott empfangen?
Das obige Wort ist ein Wort der Dankbarkeit gegenüber der Kirche, die uns nicht allein die Botschaft von Gott und Christus verkündigt, sondern die uns auch in ihrer Liturgie Anteil am göttlichen Heil schenkt und die kleinen Gesten und Gebete christlichen Lebens vermittelt. Mit diesem Wort wird eine große Tradition der abendländischen Kirchenfrömmigkeit eingeleitet. Der Satz des Credo „Ich

glaube an die eine, heilige, katholische und apostolische Kirche" wird hierin eindrucksvoll unterstrichen. Die Kirche ist Ursprung und Mittlerin der Zuwendung Gottes. Sie ist nicht in erster Linie eine Organisationsform religiöser Lehren und Verhaltensweisen, sondern Ort gemeinsamer Gotteserfahrung. Darum ist sie dem Christen wertvoll und lieb. Sie ist die eine Kirche, deren Einheit immer zu bewahren ist. Sie ist seine Heimat.

I. Der Herr mahnt uns: „Ihr seid das Salz der Erde" (Mt 5, 13). Er befiehlt uns, in Unschuld und Einfalt zu wandeln und bei aller Arglosigkeit doch klug zu sein (Mt 10, 16). Müssen wir uns deshalb nicht vorsichtig verhalten und aufmerksamen Herzens wachen, um die Nachstellungen des listigen Feindes zu erkennen und uns vor ihnen in acht zu nehmen? Wir haben ja Christus, die Weisheit Gottes des Vaters, angezogen. Darum müssen wir uns in der Sorge für unser Heil sehr weise verhalten. Denn nicht allein Verfolgungen und alles, was offenen Visiers den Sturz der Diener Gottes plant, müssen wir fürchten. Wenn man den Gegenstand des Schreckens bereits kennt, ist Vorsicht ja leicht; man kann sich rechtzeitig zum Kampf rüsten, wenn der Gegner sich deutlich zu erkennen gibt. Weitaus furchtbarer und gefährlicher ist jener Feind, der heimlich heranschleicht und uns unter dem Deckmantel des Friedens täuscht. Und weil er sich auf verborgenen Pfaden heranschlängelt, trägt er auch den Namen „Schlange". [...]
III. (Also) müssen wir uns nicht allein vor offenkundiger und sichtbarer Gefahr schützen, sondern auch vor Täuschung durch schlau eingefädelten, listigen Betrug. Keiner aber ist schlauer und arglistiger als jener Feind, der mit der Ankunft Christi entlarvt und gestürzt wurde. Als das Licht zu den Völkern kam und die Leuchte des Heils zur Rettung des Menschengeschlechtes aufstrahlte, vernahmen die Tauben die Botschaft von der Gnade des Geistes, die Augen der Blinden wurden geöffnet und zum Herrn erhoben, den Kranken wurde ewige Gesundheit geschenkt, Lahme eilten zur Kirche, Stumme flehten mit lauten Worten und Gebeten. Da sah der Feind seine Götzen verlassen und seine Tempel und Altäre verödet: So viele waren gläubig geworden. Deshalb mußte er sich einen neuen Betrug ausdenken, um die Unvorsichtigen unter der Maske des Christlichen zu täuschen. Er erfand Irrlehren und Spaltungen, um den Glauben zu vernichten, die Wahrheit zu ver-

drehen und das Band der Einheit zu zerreißen. Wen er nicht mehr in der Finsternis des alten Götzendienstes zurückhalten konnte, den umgarnte und verwirrte er durch neue Irrwege: Nun reißt er die Menschen aus der Kirche selbst heraus. Arglos meinen sie, bereits nahe beim Licht und der Finsternis der Welt entkommen zu sein, da hüllt er die Ahnungslosen in neues Dunkel. Sie nennen sich zwar noch Christen, halten aber nicht Christi Evangelium und folgen weder ihm noch seinem Gesetz. Sie leben in Finsternis und bilden sich nur ein, das Licht zu haben (1 Joh 2, 9) …

IV. Wer das bedenkt und überprüft, bedarf keiner langen Abhandlungen und vieler Beweise. Der Beweis ist auf dem geraden Weg der Wahrheit leicht und überzeugend zu führen. Der Herr sagt zu Petrus: „Ich sage dir: ‚Du bist Petrus, und auf diesen Felsen will ich meine Kirche bauen. Und die Pforten der Hölle werden sie nicht überwältigen. Dir will ich die Schlüssel des Himmelreiches übergeben. Alles, was du auf Erden binden wirst, wird auch im Himmel gebunden sein. Was du auf Erden lösen wirst, wird auch im Himmel gelöst sein'" (Mt 16, 18ff).

Obwohl er nach seiner Auferstehung allen Aposteln die gleiche Gewalt verlieh, hat er seine Kirche nur auf einen einzigen gebaut … Sicher waren auch die anderen Apostel das, was Petrus war. Sie besaßen die gleiche Macht und das gleiche Ansehen. Doch alles nimmt seinen Anfang von der Einheit, damit die Kirche sich als eine verwirklichen kann … Wer an dieser Einheit der Kirche nicht festhält, wie kann der sich einbilden, am Glauben festzuhalten? Wer sich der Kirche starrsinnig widersetzt, wie kann der noch hoffen, in der Kirche zu sein? Der Apostel Paulus lehrt das gleiche, wenn er auf das Geheimnis der Einheit mit den Worten verweist: „Ein Leib, ein Geist, zu einer Hoffnung seid ihr berufen, ein Herr, ein Glaube, eine Taufe, ein Gott" (Eph 4, 4f).

V. Vor allem wir Bischöfe, die die Kirche leiten, müssen diese Einheit unerschütterlich festhalten und bewahren. Darum ist auch das Bischofsamt eines und unteilbar. Keiner belüge die Gemeinschaft der Brüder, keiner entstelle und verfälsche den wahren Glauben durch Unglauben und Untreue. Das Bischofsamt ist eines, und der einzelne Bischof hat in gleicher Weise Anteil am ganzen Amt. Auch die Kirche ist nur eine. Sie breitet sich in ständig wachsender Fruchtbarkeit zur Vielheit aus. Auch die Sonne hat viele Strahlen, aber nur ein Licht, der Baum viele Zweige, aber nur einen Stamm, der aus zähen Wurzeln kommt. Wenn aus einer Quelle viele Bäche sprudeln und ihr eine Anzahl von Wasserläufen entströmen, so bleibt doch die Einheit des Ursprungs gewahrt. Versuche einen Strahl von der Sonne loszureißen! Die Einheit des Lichtes kannst du nicht auflösen. Brich einen Zweig vom Baum ab! Abgebrochen kann er nicht mehr keimen. Schneide den Bach von seiner Quelle ab! Sofort wird er vertrocknen. So sendet auch die lichterfüllte Quelle ihre Strahlen über die ganze Welt aus. Aber es ist ein und dasselbe Licht, das überall hinflutet. Die Einheit der Lichtquelle erlaubt keine Trennung. In Segensfülle breitet die Kirche ihre Zweige über die ganze Welt aus, überreich ergießen sich ihre Flüße. Dennoch gibt es nur eine Quelle, nur einen Ursprung, nur eine Mutter. Sie ist gesegnet mit immer neuer Fruchtbarkeit. Als ihre Kinder werden wir von ihr geboren, von ihrer Milch genährt, von ihrem Geist belebt.

VI. Die Braut Christi kann keine Ehebrecherin sein, denn sie ist rein und keusch. Sie kennt nur ein Haus und rein und züchtig hütet sie die Heiligkeit ihres einen Gemachs. Sie bewahrt uns für Gott und führt ihre Kinder ins Himmelreich. Wer sich darum von der Kirche trennt und der Buhlerin zugesellt, schließt sich von selbst von den Verheißungen der Kirche aus. Wer die Kirche Christi verläßt, erlangt nie den Siegespreis Christi. Ein Fremder ist er, ein Gottloser, ein Feind. Der kann Gott nicht zum Vater haben, der die Kirche nicht zur Mutter hat. Wäre es möglich gewesen, außerhalb der Arche Noachs dem Verderben zu entrinnen, dann könnte auch einer gerettet werden, der außerhalb der Kirche ist. Der Herr mahnt: „Wer nicht für mich ist, der ist gegen mich, wer nicht mit mir sammelt, der zerstreut" (Mt 12, 30). Wer den Frieden Christi und die Eintracht zerbricht, handelt gegen Christus. Wer irgendwo außerhalb der Kirche sammelt, der zerstreut die Kirche Christi. Der Herr sagt: „Ich und der Vater sind eins" (Joh 10, 30). Und ebenso sagt die Schrift über Vater und Sohn und Heiligen Geist: „Und diese drei sind eins" (1 Joh 5, 8). Meint denn jemand, diese aus göttlicher Kraft stammende und mit den himmlischen Geheimnissen verbundene Einheit könne in der Kirche zerrissen und durch auseinanderstrebende oder einander bekämpfende Richtungen aufgelöst werden? Wer die Einheit nicht bewahrt, hält nicht am Gesetz Gottes fest, nicht am Glauben an den Vater und den Sohn, nicht an Leben und Heil ...

VIII. Wer wäre so ruchlos und ungläubig, wer so verbohrt und wütend, daß er glaubt, die Einheit Gottes, das Gewand des Herrn, die Kirche Christi könne zerrissen werden? Oder wagt er es vielleicht sogar persönlich, sie zu zerreißen? Der Herr selbst mahnt und belehrt uns im Evangelium: „Und es wird eine Herde und ein Hirte sein" (Joh 10, 16). Kann man sich vorstellen, daß an ein- und demselben Ort viele Hirten oder mehrere Herden sind? ... Das Ostergeheimnis im Alten Testament, nämlich im 2. Buch Mose, verlangt, daß das Lamm in einem Haus gegessen wird. Das ist vorbildlich zu verstehen: Das Lamm wird als Vorbild Christi getötet und in einem Haus gegessen. „In einem Haus soll es verzehrt werden, ihr dürft es nicht herausbringen" (Ex 12, 46). Das Fleisch Christi, sein heiliger Leib, darf nicht herausgetragen werden. Für die Gläubigen gibt es kein anderes Haus als die Kirche. Von diesem Haus, der gastlichen Herberge der Eintracht, spricht der Heilige Geist in den Psalmen: „Gott, der die Einmütigen in einem Hause wohnen läßt" (Ps 67, 7). Das Haus Gottes, die Kirche, ist die Heimstätte der Einmütigen, sie ist dauernder Wohnsitz der Einträchtigen und Einfältigen ...
XII. ... Wenn der Herr in seinen Weisungen bestimmt: „Wo zwei oder drei in meinem Namen beisammen sind, da bin ich bei ihnen" (Mt 18,20) dann will der Stifter der Kirche keinen Menschen von ihr trennen. Den Ungläubigen hält er ihre Zwietracht vor, den Gläubigen empfiehlt er den Frieden. Darin ist nämlich angedeutet, daß er eher bei zwei oder drei einmütigen Betern ist als bei einer großen Menge von Zerstrittenen, daß wenige einmütig betende Menschen mehr erreichen können als viele streitsüchtige Beter ...
XVI. Die Übel (der Spaltung), gläubige Brüder, haben schon seit längerer Zeit begonnen. Aber jetzt erhebt sich das Verderben noch drohender und mächtiger. Der Giftstrom unheilbringender Irrlehren und Spaltungen strömt immer stärker. Denn so muß es geschehen in den letzten Zeiten der Welt ... Das Weltende ist nahe. Menschen und Zeiten beweisen es. Der Feind wütet immer mehr, immer raffinierter betrügt der Irrtum, der dumme Stolz erhebt sich höher und höher, der Neid entbrennt heller, die Leidenschaft verblendet noch mehr, die Gottlosigkeit verdirbt weiter, der Hochmut bläst sich immer mehr auf, die Zwietracht wird noch verbitterter, der Jähzorn stürzt ins Verderben ...
XIX. Gelehrige Schüler (der Spalter) sind jene, welche die göttli-

chen Überlieferungen verachten und ein Lehramt von Menschengnaden einrichten wollen. Diese rügt der Herr in seinem Evangelium: „Ihr setzt euch über die Weisung Gottes hinweg und stellt eure eigene Überlieferung auf" (Mt 7, 9). Dieses Verderben ist noch unheilvoller als die Schuld der Abgefallenen. Denn diese bereuen ihre Untaten, leisten Buße und flehen um Gnade bei Gott. Sie suchen also die Kirche, gehen bittend auf sie zu, jene aber bekämpfen sie. Bei diesen kann harter Zwang mitgewirkt haben, bei jenen war es boshafter Wille. Hier hat der Abfall nur einzelnen geschadet, dort hat der Versuch der Irrlehre und Spaltung viele verleitet und betrogen. Hier geht es um das Heil einer Seele, dort drohen vielen Gefahren. Der eine sieht wenigstens seine Sünde ein und beklagt sie unter Tränen. Der andere ist gar noch stolz auf seine Untat und freut sich über sein Vergehen. Dabei reißt er die Kinder von der Mutter los, lockt die Schafe vom Hirten weg und zerstört die Geheimnisse Gottes. Der Abgefallene hat nur einmal gesündigt, der andere sündigt Tag für Tag. Stirbt der Abgefallene zuletzt als Märtyrer, erlangt er die Verheißungen des Himmels. Der andere aber kann unmöglich den Lohn der Kirche erhalten, wenn er außerhalb der Kirche stirbt ...

XXIII. Mein Wunsch und meine eindringliche Mahnung richtet sich darauf, liebe Brüder, daß möglichst keiner der Brüder verlorengeht. Die Kirche möge den Leib des einmütigen Volkes in mütterlicher Sorge pflegen ... Diese Einheit kann nicht zerrissen werden, der eine Leib kann durch Trennung seiner Ordnung nicht zerteilt, durch Zerreißen des Inneren nicht zerstückelt werden. Was sich vom Mutterleib trennt, kann nicht für sich allein leben. Es atmet nicht mehr und verliert die wichtigste Voraussetzung zum Heil.

Basilius von Caesarea

Basilius von Caesarea gehört mit seinem jüngeren Bruder Gregor von Nyssa und ihrem gemeinsamen Freund Gregor von Nazianz zum Dreigestirn der großen Kappadokier, die sich im Kampf gegen den Arianismus – welcher die göttliche Natur des Sohnes und damit seine Wesenseinheit mit dem Vater bestritt – hervortaten und zu seiner endgültigen Überwindung den letzten Anstoß gaben.
Um 330 in Caesarea in einer reichen christlichen Familie geboren, erhielt Basilius die übliche Rhetorenausbildung in Cesarea, Konstantinopel und Athen. Um 365 entschloß er sich, die Taufe zu empfangen und Mönch zu werden. Zeit seines Lebens bleibt er mit Leib und Seele Asket, von mönchischem Zug sind sein Denken wie seine Sprache geprägt. Dabei stand er allerdings – was in der damaligen Zeit, zumal in Syrien für einen Mönch nicht ganz selbstverständlich war – der Kirche und dem „normalen" christlichen Leben nicht distanziert gegenüber. So konnte ihn 364 sein Heimatbischof Eusebius zunächst als Priester für die Diözese Caesarea gewinnen. 370 wurde er Metropolit von Kappadokien und entfaltete auf diesem Bischofssitz eine rege kirchenpolitische Tätigkeit.
Mit seiner mönchischen Herkunft hängt die Vorliebe für Themen der christlichen Lebensführung zusammen. Anders als das sonst in der griechischen Theologie vorherrschende Bemühen um wahre Erkenntnis, ist für ihn die auf Gott und den Nächsten zielende Liebe die eigentliche Mitte des christlichen Lebens. Seine Predigten greifen darum auch Erfahrungen des täglichen Lebens auf und versuchen auf ihrem Hintergrund das menschliche Leben christlich zu deuten und mit christlichem Geist zu durchdringen. So versucht auch seine Predigt über das Danken, Anlässe und Gefährdungen des Dankens und der Freude aufzuzeigen, um sie mit der christlichen Freude und dem Gott geschuldeten Dank zu konfrontieren oder zu überhöhen. Damit stellt Basilius sich auf der einen Seite als ein wahrer „Humanist" dar, auf der anderen Seite aber ist er eifrig bemüht, die Botschaft des Evangeliums nicht einzuebnen oder zu verkürzen.

Predigt über das Danken

Es ist leicht, in Zufriedenheit und Überfluß dankbar zu sein. Dagegen lehrt die Not irgendwann einmal nicht mehr das Beten, sondern nur noch das Fluchen. Ein Übermaß an äußerem Leid kann jeden Menschen zerbrechen. Dann noch dankbar zu sein, kann als Zumutung erscheinen. Und doch: Darf sich der Mensch aus der Verpflich-

tung der Dankbarkeit je herausstehlen? Danken ist Anerkennung, daß ich mich selbst – im Guten und im Bösen – auch anderen verdanke und Schuld und Last, aber auch Freude und Glück anderer mittragen darf.

Dank findet sein Ziel erst in dem, dem wir alles verdanken, „Gott, von dem jede gute Gabe und jedes vollkommene Geschenk kommt" (Jak 1, 17). Darum gilt der Dank für alles Gute und Schöne Gott selbst. Alles andere, was falsch und fehlerhaft ist, darf seinem Urteil, alles Leidvolle und Dunkle seiner Fügung überlassen werden. Zwar wird der Mensch immer auch Klage und Anklage gegen sein Geschick erheben, weil dessen Last oft unerträglich scheint. Schließlich ist auch Ijob eine christliche Gestalt. Aber verläßt man überhaupt die Form des Dankens, wenn man klagend und anklagend am Ende mit Ijob spricht: „Der Herr hat's gegeben, der Herr hat's genommen. Der Name des Herrn sei gepriesen" (Ijob 1, 21)?

Wenn Basilius davon spricht, daß Leid und Not nur den Leib, nicht aber die „geistige Seele" erreichen, so mag dies dualistisch klingen, gemeint ist mit „Seele" aber der „innere Mensch", der aus dem Vertrauen auf Gott Anfechtungen und Bedrängnisse überwindet.

„Freut euch allezeit"

I. Ihr habt die Worte des Apostels an die Thessalonicher gehört. Ihnen erteilt er eine Weisung für das ganze Leben. Seine Lehre gilt zwar zunächst nur denen, die von überallher zu ihm kamen. Der Nutzen, der daraus gezogen werden kann, geht aber das ganze Menschengeschlecht an. Er sagt: „Freuet euch allezeit, betet ohne Unterlaß, in allem sagt Dank" (1 Thess 5, 16–18). Wie es sich nun im einzelnen mit dem Sich-Freuen verhält, welcher Nutzen daraus entspringt, wie man ohne Unterlaß beten und in allem Dank sagen kann, das wollen wir – so gut wir es können – euch später darlegen. Zunächst müssen wir uns mit den Einwänden unserer Gegner, die die Erfüllung dieser Weisung für unmöglich halten, auseinandersetzen.

Wer kann schon allezeit danken?

Was ist denn das für eine Tugend – sagen sie –, Tag und Nacht in seelischer Gelassenheit heiter und fröhlich zuzubringen. Ist denn das überhaupt möglich, wo uns doch tausendfach unvorhersehbares Unheil umgibt, das die Seele zwangsläufig in Unruhe versetzen muß? In solcher Lage sich freuen zu können und fröhlich zu sein, ist doch fast noch unmöglicher als auf einem glühenden Rost gebraten zu werden und keinen Schmerz zu empfinden, oder ohne Qualen durchbohrt zu werden. Vielleicht leidet einer von euch, die ihr hier (bei meiner Predigt) zugegen seid, auch an der geistigen Verwirrung (solcher Vorwürfe)? Vielleicht will jemand nur einen Vorwand zur Entschuldigung seiner eigenen Lässigkeit suchen? Oder gar den Gesetzgeber tadeln, als schreibe er Unmögliches vor?

Wie kann ich mich denn immer freuen, sagt man, wenn die Ursache der Freude nicht in meiner Macht steht? Denn was uns Anlaß zur Freude ist, liegt nicht bei uns, es kommt von außen: die Ankunft eines Freundes, langes Zusammenleben mit den Eltern, unerwarteter Gewinn, Ansehen in der Gesellschaft, Genesung von schwerer Krankheit und was sonst noch alles das Leben glücklich macht: ein volles Haus, ein gedeckter Tisch, Freunde beim gemeinsamen Vergnügen, Musik und Schauspiele, Gesundheit unserer Angehörigen und was alles dazu gehört, weil nicht allein die Leiden, die uns selbst berühren, schmerzlich sind, sondern auch die, welche unsere Freunde und Verwandte treffen. Dies also sind die Bedingungen dafür, daß die Seele freudig und fröhlich ist. Wenn man darüber hinaus noch die Niederlage von Feinden und Verfolgern oder den Dank von Freunden erleben darf, wenn es momentan oder in Zukunft eigentlich nichts mehr gibt, das uns mißvergnügt stimmen oder unser Leben in Unruhe versetzen kann, dann kann Freude in uns aufkommen. Warum aber ist uns dann eine Weisung zur Freude gegeben, deren Befolgung nicht von unserem Willen, sondern von den erwähnten Umständen abhängt? Und wie soll ich ohne Unterlaß beten, wenn die Seele zwangsläufig von den Bedürfnissen des Leibes in Anspruch genommen wird? Sie kann sich doch unmöglich gleichzeitig in zwei Sorgen teilen?

II. Aber auch in allem Dank zu sagen, ist mir aufgetragen. Doch soll ich danken, wenn man mich martert, geißelt, aufs Rad spannt, mir die Augen aussticht? Soll ich auch noch danken, wenn meine Verfolger mich elend mißhandeln, wenn ich vor Kälte erstarre, wenn der Hunger mich verzehrt, wenn ich mit einem Schlag meine Kinder oder sogar die Gattin verliere? Soll ich danken, wenn ein

Schiffbruch mir auf einmal meinen Wohlstand raubt, wenn ich auf dem Meer unter die Piraten und auf dem Land unter die Straßenräuber falle? Danken, wenn ich verwundet werde, verleumdet bin, im Elend umherirre oder im Kerker schmachte? Diese und noch andere Fragen bringen sie vorwurfsvoll gegen Gott, den Gesetzgeber, vor, weil sie so ihr eigenes Versagen glauben rechtfertigen zu können. Sie versteigen sich sogar zu der Lästerung, diese Weisungen seien unmöglich zu erfüllen. Was kann man ihnen darauf antworten?

„Ich rühme mich meiner Drangsale"

Der Apostel hat etwas anderes vor Augen. Er will uns von der Erde aufrichten und zur Höhe emporführen, er will uns zu einem geistlichen Lebenswandel hinlenken. Wer also behauptet, diese Weisungen seien unerfüllbar, der hat die hohe Absicht des Gesetzgebers nicht verstanden. Er bleibt auf der Erde im Fleisch mit seinen sinnlichen Lüsten und gleicht den Würmern, die sich im Kot wälzen. Der Apostel lädt ja auch nicht den ersten Besten dazu ein, sich allezeit zu freuen, sondern den, der ihm ähnlich ist: der nicht mehr im Fleische lebt, sondern Christus lebendig in sich hat (vgl. Gal 2, 20). Es ist die Vereinigung mit dem höchsten Gut, welche nicht erlaubt, daß wir noch von den Beschwernissen des Fleisches bedrängt werden. Mehr noch: Wenn der Leib zu Schaden kommt, ist zwar der Schmerz der Verletzung am leidenden Teil des Körpers, aber er kann die geistige Seele nicht mehr erreichen. Wenn wir nach der Weisung des Apostels die irdischen Glieder abtöten (Kol 3, 5) und die Zeichen des Todes Jesu an unserem eigenen Leibe (2 Kor 4, 10) tragen, dann kann die Pein des abgetöteten Leibes nicht zur Seele vordringen. Denn diese hat die Verbindung mit ihm gelöst. Kränkungen, Strafen, Verluste von Angehörigen können darum den Geist nicht mehr berühren; der oberste Teil unseres Selbst wird nicht in Mitleidenschaft gezogen. Wer also in Bedrängnisse gerät und sich dabei als ein Frommer verhält, wird anderen keinen Schmerz bereiten, da er selbst sein Unglück schmerzlos ertragen kann. Lebt er aber nach dem Fleische (Röm 8, 13), dann bietet er auch keinen (wirklichen) Anlaß, daß man seinetwegen leidet. Er wird höchstens für bedauernswert gehalten, nicht wegen der äußeren Umstände, sondern weil er sich

nicht richtig verhalten hat. Überhaupt wird eine Seele, die einmal von der Sehnsucht nach dem Schöpfer ergriffen wurde und an dieser Schönheit sich freute, kaum noch diese unaussprechliche Freude mit dem launischen Wechsel sinnlicher Lüste vertauschen wollen. Vielmehr wird das, was andere traurig stimmt, ihre Freude steigern. Ein Beispiel dafür ist der Apostel selbst. Er hatte Freude an Schwachheiten, Bedrängnissen, Verfolgungen, Nöten, und hat sich seiner Armut gerühmt (2 Kor 12, 9f). Bei Hunger und Durst, in Kälte und Blöße, bei dem also, was andere unerträglich finden und weshalb sie des Lebens überdrüssig werden, war er noch froh (2 Kor 11, 27). Die, welche die Gesinnung des Apostels nicht kennen und auch nicht verstehen, daß er uns zu einem Leben nach dem Evangelium einlädt, wagen es, den Apostel anzuklagen, er mute uns Unmögliches zu. Sie sollen eher lernen, wieviel Grund zu wirklicher Freude uns die Freigebigkeit Gottes bietet. Wir sind ins Dasein gerufen, da wir noch nicht waren. Nach dem Bild des Schöpfers sind wir geschaffen (Gen 1, 27), Verstand und Vernunft, die unser Wesen ausmachen, lassen uns Gott erkennen. Und wenn wir aufmerksam die Schönheiten der Schöpfung betrachten, so lesen wir in ihnen, gleichsam wie in Buchstaben, die allumfassende Vorsehung und Weisheit Gottes. Wir können zwischen Gut und Böse unterscheiden, und die Natur selbst lehrt uns die Entscheidung für das Nützliche und das Zurückweisen des Schädlichen. Durch die Sünde waren wir Gott entfremdet und sind durch das Blut des eingeborenen Sohnes aus der elenden Knechtschaft befreit und wieder der Freundschaft Gottes teilhaftig geworden. Hinzu kommt noch die Hoffnung auf die Auferstehung, auf die Teilnahme an den Gütern der Engel und auf das himmlische Reich mit seinen verheißenen Gütern, die jedes Verständnis übersteigen.
III. Sind nicht diese Dinge Ursache beständiger Freude und ungebrochenen Frohsinns? Oder glaubt man vielleicht, der führe ein Leben voll Freude, der dem Bauche dient, sich am Flötenspiel ergötzt oder sich schnarchend auf dem weichen Bett wälzt? Dem halte ich entgegen, daß diese von vernünftigen Menschen zu Recht beweint werden. Jene dagegen werden selig gepriesen, welche dieses Leben in Hoffnung auf eine künftige Welt leben und die zeitlichen Güter gegen die ewigen eingetauscht haben. Ob die, die ihr Leben Gott anheimgegeben haben, im Feuer weilen, wie die drei Jünglinge in Babylon (Dan 3, 21), ob sie zusammen mit

Löwen eingesperrt (Dan 14, 30) oder von einem Walfisch verschlungen werden (Jona 2, 1), wir müssen sie selig preisen. Denn sie leben in Freude und betrauern nicht ihre augenblickliche Lage. In der Hoffnung auf die Güter, die uns später geschenkt werden, sind sie voll Fröhlichkeit. Der tapfere Kämpfer, der sich einmal für den Kampf Gottes gerüstet hat, muß in der Hoffnung auf den krönenden Ruhm die Streiche der Gegner heldenhaft aushalten. Denn auch in der Kampfschule läßt man sich nach langem Training nicht durch Hiebe des Gegners entmutigen, vielmehr geht man voller Siegeslust direkt auf den Gegner los und läßt sich durch den augenblicklichen Schmerz nicht beeindrucken. Wer sich um die Tugend bemüht, wird sich deshalb auch nicht die Freude trüben lassen, wenn ihm etwas Schlimmes widerfährt. Denn „die Trübsal bewirkt Geduld, Geduld aber Bewährung, Bewährung Hoffnung. Die Hoffnung aber läßt nicht zuschanden werden“ (Röm 5, 3ff). An einer anderen Stelle fordert uns der Apostel deshalb auch auf, in der Trübsal geduldig zu sein und in der Hoffnung uns zu freuen (Röm 12, 12). Die Hoffnung ist es, die dem, der nach Tugend strebt, die Freude als Weggefährten mitschenkt.

Doch der Apostel befiehlt uns auch, mit den Weinenden zu weinen (Röm 12, 15). Im Brief an die Galater* beweint er selbst die Feinde des Kreuzes Christi (Phil 3, 18). Muß ich noch erwähnen, daß Jeremias weinte (Klg 1, 1ff), daß Ezechiel auf Befehl Gottes die Klagen der Fürsten aufschrieb (Ez 2, 9) und daß gleichfalls noch viele andere Heilige klagten. „Weh mir, Mutter, daß du mich geboren“ (Jer 15, 10). „Weh mir! Verschwunden sind die Frommen aus dem Land, kein Redlicher ist mehr unter den Menschen“ (Mi 7, 2). Weiter: „Weh mir, denn es geht mir wie einem, der in der Ernte die Stoppeln sammelt“ (Mi 7, 1). Durchforsche daraufhin einmal die Aussprüche der Gerechten. Wo findest du ein schmerzlicheres Wehklagen? Du kannst dich überzeugen, daß sie alle diese Welt mit ihrem elenden Leben verachten. „Weh mir, daß meine Pilgerschaft so lange dauert“ (Ps 119, 5). Auch der Apostel verlangt, aufgelöst zu werden und mit Christus zu sein (Phil 1, 23). Er beklagt also das Ausdauern der Pilgerschaft als Hindernis seiner Freude. Ebenso hat David uns in seinen Liedern eine Klage über seinen Freund Jonathan hinterlassen. „Ich trauere um dich, mein

* Irrtum des Basilius oder Fehler des Abschreibers

Bruder Jonathan" (2 Sam 1, 26). Zugleich betrauert er aber auch seine Feinde: „Töchter Israels, weinet um Saul" (2 Sam 1, 24). Diesen beklagt er, weil er in seinen Sünden gestorben, jenen, weil er Zeit seines Lebens sein bester Freund war. Wozu noch andere Beispiele? Schließlich hat doch der Herr selbst über Lazarus (Joh 11, 35) und Jerusalem (Lk 19, 41) geweint und die Trauernden und Weinenden selig gepriesen (Mt 5, 5; Lk 6, 21).

„Selig die Trauernden"

IV. Wie kann man das nun – werdet ihr fragen – vereinbaren mit dem Wort: „Freuet euch allezeit?" Tränen und Freude haben doch einen völlig verschiedenen Grund. Tränen kommen dann, wenn ein unvorhersehbarer Schicksalsschlag die Seele trifft und entmutigt und der Atem um das Herz zusammengepreßt wird. Die Freude aber ist gleichsam ein Aufhüpfen der Seele, wenn sie über Geglücktes in Jubel ausbricht. Auch das äußere, körperliche Erscheinungsbild ist jeweils unterschiedlich. Trauernde bieten ein blasses, bleifarbenes und kaltes Aussehen. Fröhliche aber sind blühend und rotwangig, weil die Seele aufhüpft und vor lauter Freude gleichsam nach außen durchbrechen will. Zu all dem müssen wir sagen, daß auch die Klagen und Tränen der Heiligen aus ihrer Liebe zu Gott stammen. Sie blickten fortwährend auf den Geliebten und vermehrten so ihre eigene Freude. Weil sie sich dabei aber auch um ihre Mitknechte sorgten, beweinten sie deren Sünden und besserten sie durch ihre Tränen. Es ist so, wie wenn man am Ufer steht und mit den Schiffbrüchigen Mitleid hat, in der Sorge um die in Gefahr Schwebenden seine eigene Sicherheit aber nicht vernachlässigt. So büßen auch die, welche die Sünden des Nächsten beweinen, ihre eigene Freude nicht ein. Sie steigern sie eigentlich nur noch, da sie wegen der Tränen um den Bruder die Freude des Herrn empfangen. Daher sind die Weinenden und Trauernden selig; denn sie werden getröstet und lachen (Lk 6, 21; Mt 5, 5). Lachen aber ist nicht das äußerlich ertönende, vom Aufwallen des Blutes herausgestoßene Lachen, sondern die reine, ungetrübte innerliche Heiterkeit. Der Apostel billigt uns zu, mit den Weinenden zu weinen (Röm 12, 15). Denn solche Tränen sind Same und Unterpfand der ewigen Freude. Erhebe deinen Geist, betrachte das Leben der Engel. Ist es etwas anderes als reine Freude und Wonne? Sie sind gewürdigt worden, immer vor Gott zu stehen und die unaussprechliche Schönheit und Herrlichkeit unseres Schöpfers zu genießen. Zu diesem Leben will uns der Apostel ermuntern. Deshalb sollen wir uns allezeit freuen.

V. Zum Weinen des Herrn über Lazarus und die Stadt Jerusalem möchten wir noch folgendes sagen: Er aß und trank, nicht weil er dessen bedurfte, sondern um dir Maß und Grenze für deine natürlichen Bedürfnisse zu geben. Aus dem gleichen Grund hat er auch geweint. Er wollte den weinerlichen und ewig klagenden Menschen in ihrem unwürdigen und maßlosen Sich-gehen-Lassen eine klare Grenze setzen. Denn wenn etwas der strengen Regelung durch die Vernunft unterworfen werden muß, dann das Weinen. Über wen darf man weinen, wie stark, wann und wie? Das Weinen des Herrn war keinesfalls aus der Leidenschaft geboren, es war vorbildlich. Das zeigen seine Worte: „Lazarus, unser Freund, schläft. Ich gehe hin, um ihn aufzuwecken" (Joh 11, 11). Wer von uns beklagt einen schlafenden Freund, von dem er hofft, daß er in Kürze erwacht? „Lazarus, komm heraus!" (Joh 11, 43). Der Tote wurde lebendig, und der (in Totenkleidern) Gebundene ging umher. Wunder über Wunder! Die Füße waren mit Tüchern umwickelt, und er war doch nicht im Gehen behindert. Die Kraft, die da wirkte, war stärker als die Fessel. Wie konnte also der Herr, der das tun wollte, dieses Ereignis beweinen? Ist nicht einsichtig, daß er, der immer unserer Schwäche zu Hilfe eilt, damit nur unseren natürlichen Empfindungen Maß und Ziel angeben wollte? Gefühllosigkeit vermied er als unmenschlich, übermäßiges Weinen und Klagen wies er als unedel ab. Indem er den Freund beweinte, bewies er seine Teilnahme an der menschlichen Natur. Gleichzeitig heilte er uns von einer zweifachen Übertreibung. Er ließ nicht zu, daß wir uns einfach den Gefühlen weichlich überlassen und andererseits bei traurigen Ereignissen auch nicht gefühllos bleiben …

VI. Die Weinerlichen sollen darum die Tränen des Herrn nicht zur Entschuldigung ihrer eigenen Gefühlsseligkeit vorschützen. Die Speisen, die der Herr genoß, sind für uns ja auch kein Grund zum Luxus. Sie setzen im Gegenteil der Enthaltsamkeit und Mäßigung eine klare Grenze. So bedeuten auch seine Tränen nicht eine Weisung zum Weinen, sondern sie sind taktvolles Maß und genaue Regel, damit wir würdig und gefaßt innerhalb der Grenzen unserer Natur schmerzvolle Fügungen ertragen lernen. Weder Frauen noch Männern ist es deshalb erlaubt, lange Zeit zu klagen und übermäßig zu weinen. Sie sollen ein Unglück mit Maß betrauern und es nicht lange beklagen. Dies soll in aller Stille geschehen, ohne lautes Jammern und Schreien, ohne sich das Kleid zu zerreißen oder sich mit Asche zu bestreuen oder sonst irgendwelche Sitten derer zu befolgen, die vom Himmlischen nichts wissen. Denn wer durch die göttliche Lehre gereinigt ist, muß im festen Schutz der gesunden Vernunft wie hinter einer Mauer tapfer und standhaft den Ansturm dieser Leidenschaften abwehren. Er darf die Wogen der Gefühle nicht in seine niedergedrückte Seele wie in eine Grube einströmen lassen. Es ist Zeichen einer unmännlichen Seele, die sich nicht auf die Hoffnung auf Gott stützt, wenn sie zu sehr niedergebeugt ist und in Prüfungen unterliegt. Wie die Würmer vornehmlich in weicheren Holzarten vorkommen, so nistet sich auch die Traurigkeit besonders im weicheren Gemüt ein. Hatte etwa Ijob ein Herz aus Diamant? Waren seine Eingeweide aus Stein? Zehn Kinder starben ihm in kurzer Zeit, mit einem Schlag wurden sie vernichtet im Haus der Freude, als der Satan das Dach über ihrem Kopf einstürzen ließ. Er sah den Tisch mit Blut bespritzt, er sah seine zu verschiedenen Zeiten geborenen Kinder zu gleicher Stunde ums Leben kommen. Dennoch jammerte er nicht, er raufte sich nicht die Haare aus und fluchte nicht, sondern sprach jenes von allen gepriesene Dankeswort: „Der Herr hat es gegeben, der Herr hat es genommen; wie es dem Herrn gefallen hat, so ist es geschehen. Der Name des Herrn sei gepriesen" (Ijob 1,21). Soll dieser Mann vielleicht gefühllos gewesen sein? Wie denn? Er hat doch von sich selbst gesagt: „Ich weinte über jeden, der betrübt war" (Ijob 30, 25). Hat er vielleicht gelogen? Die Wahrheit selbst aber bezeugt von ihm, daß er über alle hinaus wahrhaftig war. „Der Mann", sagt sie, „war unbescholten, gerecht, fromm und wahrhaftig" (Ijob 1,1). Du hingegen mißbrauchst gewisse Trauerlieder zum Weinen und willst dein Gemüt durch Trauergesänge in Stimmungen versetzen. Wie die Schauspieler auf der Bühne besondere Kostüme tragen, so verlangst du für die Trauer ein besonderes Verhalten: ein schwarzes Kleid, aufgelöste Haare, Dunkelheit im Hause, Schmutz, Staub, Klagelieder, um die Wunden der Traurigkeit in dir offen zu halten. Überlaß das doch jenen, die keine Hoffnung haben. Dich hat man doch über die in Christus Entschlafenen belehrt: „Gesät wird in Verweslichkeit, auferstanden

wird in Unverweslichkeit; gesät wird in Schwäche, auferweckt in Kraft; gesät wird ein fleischlicher Leib, auferstehen ein geistiger Leib" (1 Kor 15, 42ff). Warum beweinst du also einen Menschen, der nur hingeht, um sein Gewand zu wechseln? Beklage dich auch nicht, als hättest du einen Beistand in diesem Leben verloren. Es heißt: „Besser ist, auf den Herrn zu vertrauen als auf den Menschen zu bauen" (Ps 117, 9). Beweine ihn nicht, als hätte ihn ein hartes Los getroffen. Nach kurzer Zeit wird ihn die Posaune vom Himmel her auferwecken, und du wirst ihn vor dem Richterstuhle Christi stehen sehen. Unterlaß also Ausrufe wie: Welch unerwartetes Unheil! Wer hätte das gedacht? Nie hätte ich daran gedacht, den mir teuersten Menschen der Erde übergeben zu müssen! ...
Wenn man etwas Derartiges sagen hört, müssen wir erröten. Denn sowohl die Erinnerung an die Vergangenheit wie die Erfahrung der Gegenwart lehrt uns, daß wir all diesen Übeln nicht entrinnen können.

Hoffnung auf Gott

VII. Wenn wir wirklich gottesfürchtig sind, dann werden weder plötzliche Todesfälle noch andere unerwartet auftretende Mißgeschicke uns aus der Bahn werfen können ...
Wenn dir daher etwas Schlimmes widerfährt, so laß dich nicht erschüttern. Du bist darauf vorbereitet. Versuche nun durch Hoffnung auf die künftigen Güter die Gegenwart leichter zu meistern. Wer ein schwaches Auge hat, wendet seinen Blick von den grell leuchtenden Gegenständen ab und läßt sein Auge auf Blumen und Grün ausruhen. So darf auch die Seele nicht immer auf Trauriges blicken und bei der gegenwärtigen Trübsal verweilen, sie soll vielmehr ihr Auge auf die Betrachtung der wahren Güter richten. So wirst du dahin kommen, dich allezeit zu freuen, dann nämlich, wenn dein Leben immer auf Gott gerichtet ist. Die Hoffnung auf den Lohn wird dir die Widerwärtigkeiten des Lebens erleichtern. Du bist in deiner Ehre verletzt worden? Schau auf die Herrlichkeit, die der Lohn für deine Geduld ist. Du bist am Vermögen geschädigt worden? Blick auf den Reichtum des Himmels und den Schatz, den du mit deinen guten Werken gesammelt hast. Du bist aus der Heimat vertrieben worden? Du hast doch das himmlische Jerusalem als Heimat. Du hast ein Kind verloren? Du besitzt die

Engel, mit denen du dich um den Thron Gottes scharen und in ewiger Wonne freuen wirst. Wenn du also den gegenwärtigen Trübsalen die künftigen Güter entgegenstellst, dann wirst du deine Seele vor Trauer und Leid bewahren. Dazu ermahnt uns das Wort des Apostels. Freudige Ereignisse sollen dich nicht zu ausgelassener Fröhlichkeit verleiten, betrübliche Dinge deine Freude und deine Kraft nicht erlahmen lassen. Wenn du nicht in dieser Weise geschult bist, dann wirst du nie ein ruhiges Leben führen können. Nimmst du dir aber das Gebot, dich allezeit zu freuen, zum Gefährten, dann kannst du es leicht erreichen. Halte die Bedrängnisse des Fleisches fern, sammle die Freuden der Seele, erhebe dich über die Sinnenfreude der Gegenwart, richte deine Gedanken auf die Hoffnung der ewigen Güter. Ihre Vorstellung allein reicht schon, um die Seele mit Feuer zu erfüllen und die Freude der Engel in unser Herz strömen zu lassen in Christus Jesus unserem Herrn, dem Ehre und Macht ist in Ewigkeit. Amen.

Ambrosius

Der Mailänder Bischof Ambrosius gehört zu den vornehmsten und edelsten Gestalten der alten Kirche. Aus altem römischen Geschlecht stammend, wurde er 333/334 am Kaiserhof in Trier, wo sein Vater eine hohe Beamtenstelle bekleidete, geboren. Nach dem frühen Tod seines Vaters zog er mit seiner Mutter und seinen Geschwistern nach Rom. Der juristischen Ausbildung folgte 370 die Übertragung der Konsularwürde für die Provinzen Ligurien und Aemilien mit Mailand als Amtssitz. Als er in dieser Funktion 374 in Mailand anläßlich der Bischofswahl zwischen den verfeindeten Parteien der Katholiken und Arianer für Ordnung sorgte, soll – so erzählt die Legende – ein Kind „Ambrosius Bischof" gerufen haben. Die Menge griff diesen Ruf auf, und Ambrosius wurde trotz seines eigenen energischen Sträubens von beiden Parteien zum Bischof gewählt. Er empfing die Taufe und wurde acht Tage später, wahrscheinlich am 7. Dezember 374, zum Bischof geweiht. Seine Tätigkeit als Bischof erstreckte sich vornehmlich auf zwei Gebiete, auf den kirchenpolitischen Bereich und auf die seelsorgerliche Betätigung, vor allem als Prediger. Dem geistigen Format und seiner staatsmännischen Fähigkeit nach den Kaisern Gratian und Theodosius sicher ebenbürtig, bekämpfte er das in der Oberschicht immer noch starke Heidentum und setzte gegen den überwiegend noch immer heidnischen Senat durch, daß das Symbol des alten römischen Glaubens, die bereits aus dem Sitzungssaal entfernte Statue der Victoria, nicht wieder aufgestellt werden durfte. Dem arianisch gesonnenen Kaiser Gratian, der in die Kirche hineinregieren wollte, hielt er entgegen: „Der Kaiser steht in der Kirche, nicht über der Kirche." Dessen Nachfolger Theodosius, der im Zorn eine Bluttat an 7 000 Menschen angeordnet hatte, zwang er die öffentliche Kirchenbuße auf.
Neben seiner umfassenden kirchenpolitischen Tätigkeit fand der Bischof auch noch Zeit, zahlreiche exegetische Schriften und Predigten zu veröffentlichen. Hier ist er, seiner römischen Herkunft entsprechend und dieses Erbe nie verleugnend, vor allem an praktisch aszetischen Fragen und Themen der christlichen Lebensführung interessiert. Er muß ein imponierender Mann gewesen sein, dabei aber auch von ehrfurchtgebietender Distanz, so daß Augustinus, der mit durch ihn zum Glauben kam und durch ihn die Taufe empfing, zu ihm nur schwer einen Zugang fand.

Über die Pflichten der Amtsträger

„Hören will ich, was Gott redet. Wahrlich, er redet Frieden" (Ps 85, 9). Hören- und Zuhörenkönnen sind intensive Weisen, sich

einem anderen zuzuwenden. Nicht mehr hören, nicht mehr aufeinander hören können, signalisiert Gleichgültigkeit oder sogar Feindschaft. „Der Glaube kommt vom Hören“ (Röm 10, 17). Richtig hören kann nur der Schweigende. Das meiste Unheil kommt daher, daß die Menschen es nicht allein in ihren vier Wänden aushalten können. Schweigen können ist nicht allein eine Strategie zur Vermeidung von Konflikten – schweigen können ist die Ermöglichung von Verstehen überhaupt. Darum ist auch ein Priester zunächst ein Schweigender, einer, der das Schweigen lernt, damit er hören kann, um nicht aus Eigenem, sondern aus dem, was Gottes ist, zu reden.

Es ist, glaube ich, nicht anmaßend, wenn ich im Kreise meiner Söhne meinem Wunsch nachgebe, Lehren zu erteilen. Denn so lautet ein Wort des Lehrers der Demut: „Kommet ihr Söhne, höret mich! Die Furcht des Herrn will ich euch lehren“ (Ps 33, 12). In diesem Wort darf man sicher die Haltung einer demütigen und zarten Gottesfurcht erblicken. Die „Furcht Gottes“ ist die Pflicht aller Menschen und der innere Grund der Tugend der Gottesverehrung. Weil aber die Furcht „der Anfang der Weisheit“ (Ps 110, 10) ist und selig macht – denn „selig sind die Gottesfürchtigen“ (Ps 127, 1)–, darum stellt sich dieser oben genannte Lehrer als Lehrer der Weisheit und Führer zur Seligkeit vor.
Wir möchten ihn in seiner Gottesfurcht nachahmen und halten uns selbst (kraft unseres Amtes) für berechtigt, zu lehren, was der Geist jenem Lehrer eingegossen hat. Es ist uns in Theorie und Beispiel bekannt, und so dürfen wir nicht einfach auf das Lehren verzichten, auch wenn wir wider Willen „zu Aposteln, andere zu Propheten, wieder andere zu Evangelisten, andere zu Hirten und Lehrern eingesetzt“ (Eph 4, 11) sind.
Ich maße mir nicht den Ruhm eines Apostels an. Wer dürfte das tun, außer den Jüngern, die der Herr selbst erwählt hat. Ich beanspruche für mich auch nicht die Gnadengaben der Propheten, nicht die Macht der Evangelisten oder die Pflichterfüllung der Hirten. Von mir selbst verlange ich nur Fleiß und Eifer im Studium der Heiligen Schriften. Der Apostel führt dies an letzter Stelle unter den Ämtern der Heiligen an und auch das nur, damit man aus eifrigem Lernen schließlich lehren kann. Denn es gibt nur einen wahren Lehrer. Er allein braucht nicht zu lernen, was er alle Menschen lehrt. Die Menschen aber müssen erst lernen, was sie

lehren, und von ihm empfangen, was sie weitergeben sollen …
Vor allem anderen, was man lernen sollte, muß man zu schweigen lernen, damit mein eigenes Wort mich nicht verurteilt, bevor ein fremdes mich losspricht. Denn so steht geschrieben: „Auf Grund deiner eigenen Worte wirst du verurteilt werden" (Mt 12, 37). Wozu mit Reden sich in die Gefahr der Verurteilung bringen, wenn man mit Schweigen sicherer leben kann? Viele sah ich durch ihr Reden in Sünde fallen, kaum einen mit Schweigen. Schweigen können ist schwieriger als reden. Ich weiß, daß manch einer redet, weil er einfach nicht schweigen kann. Nur selten kommt es vor, daß einer schweigt, wo es ihm anstünde zu reden. Weise ist, wer zu schweigen versteht. So sprach denn auch die Weisheit Gottes: „Gott, der Herr, gab mir eine Zunge, zu sprechen, wenn es nötig sei" (Jes 50, 4). Der ist also weise, der vom Herrn empfängt, wann er reden soll. Dies sagt das treffende Schriftwort: „Der Weise schweigt bis zur rechten Zeit" (Sir 20, 7) …
Darum laß uns auf den Lehrer, der zur Achtsamkeit mahnt, hören. „Ich habe gesagt: Acht haben will ich auf meine Wege" (Ps 38, 2), d.h. ich habe mir selbst in meinem Nachdenken das Gebot auferlegt, auf meine Wege zu achten. Es gibt Wege, auf denen wir schlicht und einfach gehen, andere, auf die wir achten müssen. Gehen sollen wir auf den Wegen des Herrn, achten auf unsere eigenen, damit sie nicht zur Sünde führen. Man ist achtsam, wenn man nicht vorwitzig spricht. Das Gesetz sagt: „Höre, Israel, den Herrn, deinen Gott" (Dtn 6, 4). Es heißt da nicht: rede, sondern: höre … Das erste Wort aus Gottes Mund mahnt dich: höre. Hörst du auf ihn, so beachtest du gewiß deine Wege und stehst wieder auf, wenn du gefallen bist. „Wie wird ein Jüngling seinen Pfad rein erhalten? Wenn er sich hält an dein Wort" (Ps 118, 9). So schweige erst und höre, um nicht mit der Zunge zu sündigen … Was nun? Sollen wir stumm sein? Keineswegs. Denn „es gibt eine Zeit zu schweigen und eine Zeit zu reden" (Koh 3, 7)…
Wachen wir also über unser Herz und über unseren Mund! Denn zu beidem mahnt uns die Schrift: Wir sollen den Mund bewahren, und an einer anderen Stelle sagt sie: „Mit aller Behutsamkeit wahre dein Herz" (Spr 4, 23). Wenn David sein Herz wahrte, warum dann nicht du? Wenn ein Jesaja unreine Lippen hatte, als er bekannte: „Weh mir Unseligem! Ich bin ein Mensch mit unreinen Lippen" (Jes 6, 5) …, wie sollen dann wir reine haben? …

Wenn einer im Reden behutsam ist, dann wird er milde, sanft und bescheiden. Wenn er nämlich seinen Mund verschließt, seine Zunge im Zaume hält und nicht redet, bevor er nicht seine Worte geprüft und abgewogen hat, ob man es diesen gegenüber sagen soll und ob es der richtige Zeitpunkt sei für dieses Wort – dann übt er wirklich Bescheidenheit, Sanftmut und Geduld. Er wird nicht in Unbeherrschtheit und Zorn ausbrechen, in seiner Rede nicht Leidenschaft oder gar sinnliche Lust durchbrechen lassen, und seine Äußerungen werden nicht vom Jähzorn bestimmt sein. Denn eine Rede soll nicht einfach zur Beschämung die innere Blöße des anderen aufdecken. Sie soll vielmehr ein Rat für dessen innere Haltung sein ...

Sollen wir vielleicht aufgebracht sein, wenn wir Schmähungen empfangen? Laßt uns vielmehr den nachahmen, der bekennt: „Ich verstummte und demütigte mich, wegen des Guten schwieg ich" (Ps 38, 3). Sprach David etwa nur so? Handelte er nicht auch nach diesem Wort? Gewiß, genau so hat er gehandelt. Denn als der Sohn des Semei ihn beschuldigte, schwieg er. Obwohl er von seinen Soldaten umgeben war, erwiderte er nicht die Beschimpfungen und verlangte nicht Rache. Selbst dem Sohn der Zeruja, der sich an jenem rächen wollte, erlaubte er es nicht (2 Sam 16, 5ff). Er ging stumm und demütig schweigend seines Weges. Über den Namen „Blutmensch" erregte er sich nicht, sondern blieb sanftmütig. Die Beschimpfungen nahm er hin, weil er sich seiner guten Werke bewußt war.

Wer sich also durch Beleidigungen schnell erregen läßt, erweckt den Anschein, daß er sie verdienen würde, weil sein Bemühen, die Beschimpfungen als unverdient aufzuzeigen, genau diesen Anschein erweckt. Wer sich über Beleidigungen wegsetzt, ist besser, als wer sich darüber ärgert. Denn wer sich darüber wegsetzt, verachtet sie. Wer sich darüber ärgert, leidet darunter, so als würde er sie stark fühlen.

Mit Absicht habe ich, liebe Brüder, diesen Psalm als Einleitung meiner Schrift an euch benutzt ... Sein tiefer Sinn und seine erhabenen Gedanken entzücken mich. Ich rate euch: Haltet ihn fest. Denn schon aus dem wenigen, was wir kurz gestreift haben, lernen wir das Sichgedulden im Schweigen, Reden zur rechten Zeit und Verachtung des Reichtums. Dies sind die wichtigsten Grundlagen der Tugend ...

Hierüber haben einige Philosophen geschrieben ... Darum hielt ich es auch meines Amtes für angemessen, euch darüber zu schreiben ... Ich bin euch, die ich kraft des Evangeliums gezeugt habe, wahrlich in Liebe nicht weniger zugetan, als wenn ich euch in der Ehe bekommen hätte. Denn die Gnade drängt heftiger als die Natur zur Liebe. Denen, die unserer Überzeugung nach ewig mit uns sein werden, schulden wir größere Liebe als denen, die es nur in dieser Welt sind. Dies sind häufig entartete Sprößlinge, die ihrem Vater nur Schande bereiten. Euch habe ich zu meinen Lieblingskindern erkoren. Die Liebe der anderen beruht nur auf Verwandtschaft, und die ist oft keine geeignete und beständige Grundlage dauerhafter Liebe. Die Liebe zu euch beruht auf klarer Entscheidung. Dadurch kommt zur natürlichen Liebe noch eine weit tiefergehende Liebe hinzu.

Johannes Chrysostomus

Johannes wurde um 350 als Sohn einer vornehmen Offiziersfamilie in Antiochien geboren. Wie viele seiner Zeitgenossen, empfing auch er erst als Erwachsener die Taufe (372). Vier Jahre lang lebte er von da an in einem Kloster in Antiochien als Mönch und zog sich anschließend für zwei Jahre als Eremit in die nahegelegenen Berge zurück. Wegen seiner schwachen Gesundheit mußte er in die Stadt zurückkehren. Dort empfing er die Priesterweihe. Als Presbyter widmete er sich in der Hauptkirche Antiochiens besonders der Predigt und erwarb sich hierbei Ruhm und Ansehen (der Volksmund gab ihm im sechsten Jahrhundert den Beinamen Chrysostomus = Goldmund). Gegen seinen Willen wurde er 398 zum Bischof von Konstantinopel ernannt. Hier widmete er sich mit aller Hingabe der seelsorgerischen und caritativen Tätigkeit. Nicht zuletzt tat er sich als Prediger und geistlicher Schriftsteller hervor. Er brachte es fertig, mehr als zwei Stunden lang zu predigen und dabei die Aufmerksamkeit seiner Zuhörer wachzuhalten durch eine Sprache reich an Bildern, Vergleichen, Gleichnissen, zeitnahen Anknüpfungen und fesselnden Abschweifungen. In seinem schriftlichen Nachlaß (im übrigen der umfangreichste eines Schriftstellers des christlichen Ostens, der uns erhalten ist) finden wir heute neben exegetischen Homilien (zur Genesis, zu den Evangelien und zu den Paulusbriefen) Ansprachen zu Festtagen, über Heilige, wie auch dogmatisch-polemische Reden und eine reiche Briefsammlung. In seinem persönlichen Leben und in seinen Unterweisungen war er darauf bedacht, das tätige Leben mit dem beschaulichen zu vereinigen. Deshalb ermunterte er auch die Laien zu einem Leben nach dem Evangelium. Erwiderten die Gläubigen auf seine Ermahnungen: „Wir sind doch keine Mönche", so gab er zur Antwort: „Die Weisungen (des Evangeliums) sind uns und den Mönchen gemeinsam; und zwar alle mit Ausnahme der Ehe." Genauso wie die Mönche können und sollen auch verheiratete Laien nach der vom Evangelium vorgestellten Vollkommenheit, nämlich nach der vollkommenen Liebe streben. Auch sie können und sollen die Schrift lesen und ein Leben des Gebetes führen.

Durch seinen Kampf gegen kirchliche und politische Mißstände brachte er schon bald seine Gegner gegen sich auf und mußte mehrmals in die Verbannung. Bei einem solchen Weg in die Verbannung starb er im Jahre 407 in der Provinz Pontus. Seine letzten Worte waren: „Preis und Dank sei Gott für alles. Amen."

In den Jahren 386 und 398 bekam Johannes Chrysostomus in Antiochien vom Bischof das Amt des Predigers übertragen. Dabei hatte er vor allem die Katechumenen – meist während der Fastenzeit – auf die Taufe vorzu-

bereiten, ihnen das Glaubensbekenntnis zu deuten und die sakramentalen Riten zu erklären. Vor ihrer Taufe wurden die Katechumenen noch nicht zur vollen gottesdienstlichen Feier zugelassen, sie kannten daher weder die liturgischen Gebete, noch die sakramentalen Worte und Riten. Denn bis ins fünfte Jahrhundert war es altchristlicher Brauch, gegenüber Ungetauften und Ungläubigen über die zentralen Vollzüge des christlichen Glaubens Schweigen zu bewahren. In dieser Haltung, Arkandisziplin genannt, drückt sich die besondere Ehrfurcht vor den Mysterien Gottes aus, wie auch die Furcht, sie der Neugierde und den hämischen Angriffen Ungläubiger auszusetzen. Unter das Schweigegebot fielen z.B. das Taufsymbol und das Vater-Unser, die eucharistischen Gestalten und auch Ort und Zeit des Gottesdienstes. Erst in der unmittelbaren Vorbereitung auf die Taufe wurde den Taufbewerbern das Vater-Unser und das Taufsymbol übergeben und schließlich wurden sie nicht früher als bei der Taufe selbst durch eine begleitende einweisende Katechese („mystagogische Katechese") mit dem sakramentalen Geschehen vertraut gemacht.
Im Jahre 1955 wurden auf dem Berg Athos acht Ansprachen wiederentdeckt, die Johannes Chrysostomus an die Neugetauften in der Osterwoche gerichtet hat. Handelt es sich bei den ersten drei um „mystagogische Katechesen", so trägt die vierte, die wir hier abdrucken, den Titel „An die Neugetauften zum Osterfest". Es ist eine Ermahnung an die gerade Neugetauften, die während der Osterwoche leuchtend weiße Gewänder trugen, nunmehr auch ihr inneres Licht leuchten zu lassen, d.h. die empfangene Taufgnade im Leben zu verwirklichen. Die Taufe ist nach vollzogener Feier noch nicht zu Ende. Das in der Taufe empfangene neue Leben muß sich in neue äußere Verhaltensweisen umsetzen; und es will weiter wachsen und zunehmen nach dem Maß der Bereitschaft eines jeden, für die Gnade Gottes offen zu sein.

An die Neugetauften zum Osterfest

Die Katechumenen, die zur Zeit des Chrysostomus überwiegend als Erwachsene die Taufe empfingen, erlebten diese als bewußt vollzogene und sie künftighin prägende Wende ihres Lebens. „Seht, das Alte ist vergangen, Neues ist geworden. Wenn einer in Christus ist, ist er eine neue Schöpfung" (2 Kor 5, 17). Wer sich taufen ließ, war bereit, mit den Verhaltensweisen seines bisherigen Lebens zu brechen und sich von der Nachfolge Jesu bestimmen zu lassen.
Da die meisten Christen heute in Europa als unmündige Kleinkinder getauft werden, fehlt im allgemeinen das Erlebnis der Taufe als Brechen mit den bisherigen Verhaltensweisen und Beginn eines neu-

en, von der Umgebung abstechenden Lebens. Deswegen besteht auch die Gefahr, die einmal empfangene Taufe nicht mehr als ständige Lebensform und Lebensaufgabe zu sehen. So kann die Begegnung mit einer frühchristlichen Taufkatechese, wie der folgenden, nicht nur zeigen, wie „früher einmal" die Taufe bestimmender Orientierungspunkt des christlichen Lebens war, sondern sie kann auch heute dazu herausfordern, die eigene Taufe je neu als nicht abgeschlossene Gabe und ständige Aufgabe zu verstehen. In dem Maße, in dem wir uns Christus öffnen, wird auch die uns einmal, zumeist als Kleinkind, zugesagte Taufgnade mehr und mehr zur alles durchdringenden und bestimmenden Wirklichkeit unseres Lebens.

Die Freude der Kirche über die Neugetauften

Ich sehe unsere Versammlung heute strahlender als sonst und die Kirche Gottes in Freude über ihre Kinder. Denn gleichwie eine zärtlich liebende Mutter, wenn sie sich von ihren Kindern umgeben sieht, heiter und fröhlich und vor lauter Glück ganz beschwingt ist, so freut sich auch die geistliche Mutter Kirche, wenn sie auf ihre Kinder schaut. Stolz sieht sie sich als ein fruchtbares Ackerland, das diese geistlichen Früchte hier trägt. Meine Lieben, schaut auf den überreichen Ertrag der Gnade. Seht, wie viele Kinder diese geistliche Mutter auf einmal in einer einzigen Nacht geboren hat. Und wundert euch nicht: Solch geistliche Geburtswehen benötigen keine Zeit und keine Frist von Monaten.
Auf, laßt auch uns teilnehmen an ihrer Freude. Denn wenn schon über einen einzigen Sünder, der umkehrt, Freude im Himmel ist, um wieviel mehr ziemt es sich dann für uns, über eine solch große Schar zu jubeln und zu frohlocken und die Liebe Gottes zu uns um ihrer unsäglichen Gnade willen zu preisen. Denn wahrhaftig: Die Größe der Wohltaten Gottes übersteigt jedes Wort. Welcher Verstand, welche Einsicht und welcher Gedanke könnte jemals begreifen das Übermaß der Menschenfreundlichkeit Gottes, wie auch die Größe der unsagbaren Wohltaten, die er dem Menschengeschlecht erwiesen hat.
Gestern und vorgestern waren sie noch Knechte der Sünde, sie lagen am Boden unter der Macht des Teufels, wie mit willenlosen Gefangenen verfuhr man mit ihnen. Seht, heute sind sie aufgenommen in den Rang von Söhnen; sie haben die Last der Sünde abgelegt

und das königliche Gewand angezogen. Sie wetteifern an Glanz beinah mit dem Himmel, und strahlender als die Sterne erhellen sie das Antlitz derer, die auf sie blicken. Denn die Sterne leuchten nur in der Nacht, aber nie am Tag. Diese aber leuchten gleichermaßen in der Nacht und am Tag; denn geistliche Sterne sind sie; sie machen sogar dem Licht der Sonne den Rang streitig und übertreffen sie über alle Maßen. Gewiß, wenn Christus unser Herr für das Leuchten der Gerechten in der kommenden Zeit dieses Bild benutzt, so sagt er: „Dann werden die Gerechten so leuchten *wie* die Sonne" (Mt 13, 43) (und nicht: mehr als die Sonne). Aber er will damit nicht sagen, daß sie nur so leuchten wie die Sonne; vielmehr übernahm der Herr dieses Bild zur Beschreibung der Gerechten nur deshalb, weil sich kein anderer bildhafter Vergleich finden ließ als das Strahlen der Sonne.

Laßt auch uns heute die umarmen, welche mehr als die Sterne leuchten, ja, die Sonnenstrahlen an Glanz übertreffen. Aber wir wollen sie nicht nur mit den Armen unseres Leibes umfangen, sondern ihnen auch den geistlichen Zuspruch unserer zärtlichen Liebe zeigen. Wir wollen sie ermuntern, das Übermaß der Güte unseres Herrn zu betrachten, den Lichtglanz ihres Kleids, das anzulegen sie gewürdigt wurden. Denn es heißt: „Ihr, die ihr in Christus getauft seid, habt Christus angezogen" (Gal 3, 27). So sollen sie nunmehr bei allem, was sie tun und wirken, Christus, den Schöpfer aller Dinge und Herrn der Menschheit, in sich Wohnung nehmen lassen. Wenn ich aber Christus sage, so meine ich auch den Vater und den Heiligen Geist. Denn Christus selbst hat uns verheißen: „Wenn einer mich liebt und meine Gebote hält, so werden ich und mein Vater zu ihm kommen und bei ihm Wohnung nehmen" (Joh 14, 23). Auch wenn ein solcher Mensch noch auf Erden wandelt, so befindet er sich doch gleichsam schon im Himmel. Da er sein Denken und Sehnen nach oben ausgerichtet hat, braucht er keine Furcht vor den Anschlägen des Teufels mehr zu haben. Denn wenn der Teufel sieht, wie sehr die, die früher unter seiner Herrschaft standen, umgestaltet, zu welcher Größe sie erhoben und welch großer Gnade und Liebe sie vom Herrn gewürdigt wurden, so wird er beschämt fortgehen, ohne sie auch nur einmal anzuschauen. Denn er erträgt nicht die Lichtstrahlen, die von ihnen ausgehen; weil ihr Glanz die Augen blendet, macht er kehrt und geht davon.

Ihr aber, ihr neuen Soldaten Christi, seid heute als Bürger des Himmels eingeschrieben, ihr seid in dieses geistliche Haus gerufen und sollt teilnehmen am königlichen Tisch*. Bringt nun auch den Eifer auf, der der Größe der empfangenen Gaben entspricht, damit ihr noch mehr himmlische Gnade erlangt. Gütig ist ja unser Herr. Wenn er sieht, daß wir seine schon gewährten Gaben dankbar anerkennen und mit höchster Sorgfalt seine große Gnade bewahren, so läßt er uns seine Gnade im Überfluß zuteil werden. Selbst wenn wir nur ein Geringes beitragen, tut der Herr sich hervor mit großen Geschenken.

Paulus als Vorbild der Neugetauften

So war es auch bei Paulus, dem Lehrer des ganzen Erdkreises. Zuerst verfolgte er die Kirche, zog überall umher, schleppte Männer und Frauen fort und stiftete voller Raserei nur Verwirrung und Unruhe. Dann aber wurde ihm die Güte und Gnade des Herrn zuteil. Vom Licht der rechten Erkenntnis erfaßt, legte er das Dunkel des Irrtums ab und gelangte zur Wahrheit. Durch die Taufe wurde er reingewaschen von allen früheren Sünden. Und er, der sich zuvor ganz und gar für die Juden eingesetzt hatte und die Kirche zu vernichten suchte, erschütterte sogleich und ohne den geringsten Aufschub die in Damaskus lebenden Juden durch die Botschaft, daß der Gekreuzigte auch der Sohn Gottes ist.
Seht ihr darin seine edle und geradlinige Gesinnung? Seht ihr in eben diesem Verhalten, daß er zuvor aus Torheit gehandelt hat? Seht ihr daran, wie er uns alle durch die Ereignisse belehrt, daß er zu Recht gewürdigt wurde, die himmlische Gnade zu empfangen und auf den Weg der Wahrheit geführt zu werden? Denn wenn der gütige Gott einen Menschen erblickt, der zwar von edler und geradliniger Gesinnung ist, den aber die Unwissenheit in die Irre geleitet, so schaut er nicht an ihm vorbei noch läßt er ihn auf lange Zeit ohne seine besondere Vorsehung, vielmehr erweist er ihm von seiner Seite her alle Hilfe und läßt nichts aus, was uns auf unser Heil hinführt, freilich nur dann, wenn wir selbst uns würdig und bereit gemacht haben, die überreichliche Gnade Gottes zu empfangen. So sehen wir es ja auch am Beispiel dieses heiligen Mannes.

* Gemeint ist die Teilnahme an der Eucharistiefeier.

Alles, was er früher tat, geschah aus Unwissenheit, im Glauben, für das Gesetz eifern zu müssen. Dadurch stürzte er alle nur in Unruhe und Verwirrung. Als aber der Gesetzgeber selbst ihn belehrte, daß er auf dem falschen Weg sei und sich, ohne es zu merken, auf einen Abgrund zubewege, da zögerte er keinen Augenblick, vielmehr wurde er sofort, als ihm das Licht der Erkenntnis aufging und jeden Irrtum wegnahm, zum Boten und Künder der Wahrheit. Die ersten, die er auf den Weg der wahren Frömmigkeit führen sollte, sollten die sein, für die auch die Briefe bestimmt waren, die er von den Hohenpriestern erhalten hatte. Denn, so sagte er selbst öffentlich zur Volksmenge der Juden: „Wie mir sowohl der Hohepriester als auch das ganze Presbyterium bezeugen können, empfing ich von ihnen Briefe und reiste nach Damaskus zu den Hohenpriestern, um die dort befindlichen Christen gefesselt nach Jerusalem hinaufzuführen" (Apg 22, 5).
Seht ihr, wie Paulus gleich einem Löwen schnaubend hin und her tobt? Und nun seht ihr ihn auf einmal verwandelt in die Sanftmut eines Lammes. Er, der vorher alle, die an Christus glaubten, fesseln ließ und ins Gefängnis warf, vertrieb und verfolgte, der wird plötzlich um Christi willen durch die Stadtmauern in einem Korb herabgelassen, um den Anschlägen der Juden zu entkommen; und ein andermal muß er bei Nacht und Nebel nach Caesarea gehen und von dort weiter nach Tarsus, um nicht von der Wut der Juden zerrissen zu werden. Meine Lieben, seht ihr die gewaltige Veränderung an ihm? Seht ihr, welche Umwandlung geschah? Seht ihr, wie er nach Empfang der überreichen himmlischen Gnade das Seine dazu beitrug – ich meine Eifer, leidenschaftliches Engagement, Glauben, Mut, Geduld, Großmut, unerschütterliche Festigkeit? Deswegen wurde er auch größerer Gaben und Hilfen von oben gewürdigt. So schreibt er ja auch selbst: „Mehr als sie alle habe ich mich abgemüht. Aber nicht ich, sondern die Gnade Gottes in mir" (1 Kor 15, 10).
Ich möchte euch ermuntern, dieses Beispiel nachzuahmen. Ihr seid jetzt gewürdigt worden, das Joch Christi auf euch zu nehmen, ihr habt jetzt die Gabe der Gotteskindschaft empfangen. Zeigt nun auch sofort von Anfang an leidenschaftliches Engagement für Christus und großen Glauben an ihn. Denn dann könnt ihr euch noch reichlichere himmlische Gabe aneignen; das euch geschenkte Kleid erhält noch größeren Glanz, und ihr könnt euch der freigie-

bigen Gabe des Herrn erfreuen. Denn wenn er euch, als ihr überhaupt noch nichts Gutes getan hattet, sondern als im Gegenteil nur eine gewaltige Sündenlast auf euch lastete, so großer Gaben gewürdigt hat – eingedenk seiner Güte und Liebe hat er euch nicht nur von Sünden befreit und inneres Rechtsein geschenkt, sondern euch auch geheilt und zu Gotteskindern gemacht – wenn er euch nun mit solchen Gaben zuvorgekommen ist, wie solltet ihr da nicht noch größerer Gnaden für würdig erachtet werden, falls ihr jetzt seinem reichen Gnadenhandeln mit Eifer das Eure beisteuert, das Empfangene bewahrt und im Leben bewährt.

Taufe heißt Neuschöpfung

Ihr habt heute den hl. Paulus, den Brautführer der Kirche, vernommen: „Wenn einer in Christus ist, ist er eine neue Schöpfung" (2 Kor 5, 17). Damit wir das Wort nicht von der sichtbaren Schöpfung verstehen, hat er das „in Christus" hinzugefügt. Er will uns damit sagen: Wenn einer zum Glauben an Christus gefunden hat, dann steht er vor ihm als neue Schöpfung. Denn, sagt mir, wäre etwa der Nutzen, einen neuen Himmel zu sehen und andere Bereiche einer erneuerten Schöpfung, so groß wie der Gewinn, einen Menschen zu sehen, der sich vom schlechten Weg zum guten Handeln hin wandte und der vom Irrtum zur Wahrheit gefunden hat? Das ist die neue Schöpfung, die der hl. Paulus meint, und deswegen fügt er auch hinzu: „Das Alte ist vergangen, siehe, alles ist neu geworden." Damit will er gerade sagen: Diejenigen, welche ihre Sündenlast durch den Glauben an Christus wie ein Gewand abgelegt haben, sind nun, befreit von Irrtum und erleuchtet mit dem Licht der Gerechtigkeit, angetan mit einem neuen und strahlenden und einem königlichen Obergewand. Deswegen sagt er: „Wenn einer in Christus ist, ist er eine neue Schöpfung; das Alte ist vergangen, siehe, alles ist neu geworden."
Ist es etwa nicht neu und wider alles Erwarten, wenn der, der gestern und vorgestern noch in Schwelgerei und Ausschweifung lebte, sich auf einmal an Enthaltsamkeit und einfacher, schlichter Lebensführung freut? Ist es nicht neu und völlig unerwartet, wenn der, der früher ohne Zucht war und sich ganz den Freuden dieses Lebens hingab, nun plötzlich Herr seiner Leidenschaften ist und

Enthaltsamkeit und Keuschheit übt, so als ob er nicht mehr im Leibe wäre?
Seht ihr, wie das, was geschehen ist, wirklich eine neue Schöpfung ist? Denn die Gnade Gottes hat ihren Einzug gehalten, sie hat die Menschen umgestimmt und umgeformt und ihr Inneres anders gemacht als es vorher war. Zwar hat sie nicht die Wesensnatur verwandelt, wohl aber die Strebung des Willens. Auch läßt sie nicht mehr zu, daß die Augen des Geistes hinfort noch Urteile fällen, die die Wirklichkeit verfehlen. Vielmehr, wie wenn sie einen Dorn aus dem Auge entfernt hätte, so gewährt sie ein richtiges und genaues Sehen: Sie läßt das Böse in seiner Häßlichkeit und Mißgestalt, das Gute aber in seiner ganzen Schönheit und Herrlichkeit erblicken. Habt ihr nun verstanden, wie der Herr Tag für Tag eine neue Schöpfung bewirkt? Sagt mir, wer anders denn als er hat es vermocht, die Menschen, die weithin ihr ganzes Leben mit Vergnügungen vertan, die Steine und Hölzer angebetet und diese gar für Götter gehalten haben, so zu überzeugen, daß sie auf einmal zur gewaltigen Höhe des rechten Tuns emporsteigen, daß sie all das geringschätzen und verachten, daß sie Steine als Steine ansehen und Hölzer als Hölzer, dafür aber den Schöpfer des Alls anbeten und den Glauben an ihn über alles in diesem Leben stellen?
Habt ihr verstanden, wieso der Glaube an Christus und der Aufstieg zum rechten Handeln neue Schöpfung genannt wird? Ich bitte euch, laßt uns alle, sowohl die, die schon längst getauft sind, als auch die, die gerade die Gnade des Herrn empfangen haben, das mahnende Wort des Apostels hören: „Das Alte ist vergangen, siehe, alles ist neu geworden“ (2 Kor 5, 17). Vergessen wir alles Frühere. Wie Bürger, die ein neues Leben beginnen, so laßt uns unser Leben ändern. In Wort und Tat eingedenk der Würde dessen, der in uns wohnt.

Die Taufe muß sich in neue Verhaltensweisen „umsetzen“

Die Inhaber öffentlicher Ämter tragen auf ihrem Gewand oft kaiserliche Abzeichen und werden deswegen von allen geehrt. Deshalb fühlen sie sich auch wohl gehemmt, jemals etwas zu tun, was des Gewandes mit den kaiserlichen Abzeichen unwürdig ist. Aber selbst wenn sie es einmal versuchen sollten, würden sie von vielen Menschen daran gehindert. Und wenn irgendein anderer ihnen Böses zufügen will, so gibt ihnen das Gewand, das sie tragen, ausreichende Sicherheit, daß ihnen nichts Übles widerfährt. Um so mehr ziemt es sich für die, die Christus nicht auf ihrem Gewand im Zeichen dargestellt, sondern in ihrer Seele wohnen haben und seinen Vater und die Gegenwart des Heiligen Geistes, daß sie eine große Sicherheit an den Tag legen und daß sie allen Menschen durch gewissenhaften Lebenswandel und durch sorgfältige Erfüllung ihrer alltäglichen Pflichten zeigen, daß sie das kaiserliche Bild tragen.

Denn wie jene, die vorn an ihrem Gewand die kaiserlichen Zeichen aufweisen, eine allen sichtbare Ehrenstellung einnehmen, so werden auch wir, die wir ein für allemal Christus angezogen haben und gewürdigt worden sind, ihn in uns zu tragen, befähigt – wenn wir nur wollen –, allen – auch ohne große Worte – durch ein gewissenhaftes Leben die Macht dessen zu zeigen, der in uns wohnt. Ja, wie jetzt die Aufmachung und die weiß leuchtende Farbe eures Gewandes die Aufmerksamkeit aller auf sich zieht, so werdet ihr, wenn ihr nur wollt, imstande sein, immer und besser noch als jetzt, alle, die euch sehen, zu gleichem Eifer und zum Lobpreis des Herrn anzutreiben, wenn ihr nur den hellen Glanz des königlichen Kleides bewahrt durch einen Lebenswandel in Gott und durch große Gewissenhaftigkeit

Denn im Hinblick darauf sagt auch Christus: „Euer Licht leuchte vor den Menschen, damit sie eure guten Werke sehen und euren Vater im Himmel preisen!“ (Mt 5, 16). Habt ihr verstanden, wieso er mahnt, das Licht in uns leuchten zu lassen, nicht durch die Gewänder, sondern durch die Werke? Denn dem Wort „euer Licht soll leuchten“ fügt er gleich hinzu: „damit sie eure guten Werke sehen“. Dieses Licht beschränkt sich nicht auf die leiblichen Sinne, sondern es macht auch die Seele und die Einsicht derer, die es erblicken, hell. Es vertreibt die Finsternis des Bösen und verhilft denen, die ihm begegnen, zum Anzünden des eigenen Lichtes und zur Nachahmung des Guten.

„Euer Licht leuchte vor den Menschen“ heißt es. Zu Recht sagte er „vor den Menschen“. So groß soll euer Licht sein, meint er, daß es nicht nur euch scheine, sondern auch vor den Menschen leuchte, die das Licht zum Leben nötig haben. So wie das mit Sinnen wahrnehmbare Licht die Finsternis vertreibt und dazu verhilft, die Straßen und Wege dieser Welt nicht zu verfehlen, so erleuchtet auch das geistige Licht, das aus einem vollkommenen Lebenswandel stammt, den Weg der Menschen, die das Auge ihrer Einsicht von der Finsternis des Irrtums verdunkelt haben und nicht klar den Weg des rechten Tuns zu erblicken vermögen. Das Licht beseitigt alle Trübungen aus den Augen des Geistes, es führt auf den geraden Weg und läßt von nun an den Weg der Tugend einhalten.

„Damit sie eure guten Werke sehen und euren Vater im Himmel preisen." Euer richtiges Handeln, meint er, euer gewissenhafter Lebenswandel und eure guten Werke sollen die, die es sehen, zum Lobpreis des gemeinsamen Herrn aller Dinge antreiben. Darum soll sich jeder von euch, so bitte ich, mit großem Eifer bemühen, so zu leben, daß durch all die, die euch sehen, dem Herrn Lob und Dank gesagt wird.

Deshalb schrieb auch der hl. Paulus, der Christus so sehr nachahmte, der Lehrer der Vollkommenheit, der überall umherzog und alles für das Heil der Menschen tat, diese Worte: „Wenn einer in Christus ist, so ist er eine neue Schöpfung. Das Alte ist vergangen, siehe, alles ist neu geworden" (2 Kor 5, 17). Als wollte er uns ermahnen: Das alte Kleid hast du abgelegt, ein neues hast du empfangen, es strahlt so hell, daß es selbst den Sonnenschein übertrifft. Hab acht, daß du in diesem Strahlenglanz die Schönheit deines Gewandes bewahrst. Denn solange der böse Geist und Feind unseres Heils dieses unser geistliches Kleid strahlen sieht, wagt er sich nicht einmal an uns heran, so sehr fürchtet er sich vor dem hellen Licht. Das Strahlen, das von dort hervorgeht, blendet seine Augen.

Ich ermahne euch: Setzt deshalb sofort und gleich von Anfang an alle Anstrengungen ein, laßt all euer Licht leuchten, richtet euer Gewand so her, daß seine Schönheit hell aufstrahlt. Auch unser Reden soll nicht unbedacht und voreilig sein, vielmehr laßt uns vor allem anderen darauf achten, daß es nützlich ist und die Hörenden aufzubauen vermag. Weiter laßt uns mit großer Achtsamkeit unsere Worte vortragen, so als ob einer dort stände, der unser Wort mitschriebe. Denken wir an das Wort des Herrn: „Ich sage euch, über jedes unnütze Wort, das die Menschen reden, werden sie am Tag des Gerichtes Rechenschaft ablegen müssen."

So soll es unter uns zu keinem irdischen unvernünftigen und fruchtlosen Gespräch kommen, haben wir doch von nun an einen neuen und ganz anderen Lebenswandel erwählt. Es ziemt sich, daß wir diesem Lebenswandel entsprechend handeln, damit wir seiner nicht unwürdig sind. Seht ihr nicht bei den irdischen Würdenträgern, wie die, die sich darum bemühen, einen Sitz im Senat zu erlangen, durch menschliche Gesetze daran gehindert werden, bestimmte Dinge zu tun, die anderen Bürgern ohne weiteres gestattet sind?

So ist es auch mit euch, die ihr jetzt getauft oder die ihr schon früher dieser Gnade für würdig erachtet wurdet. Es ist nicht mehr als recht und billig, daß wir, die wir ein für allemal in den geistlichen Senat eingeschrieben sind, uns nicht das gleiche herausnehmen wie die anderen, daß wir vielmehr im Sprechen Sorgfalt und im Denken Lauterkeit unter Beweis stellen. Jeden von uns ermahne ich zu unterlassen, was der Seele keinen großen Gewinn verschafft.

Was meine ich damit? Daß man die Zunge allein zum Lobpreis Gottes, zur Schriftlesung und zu geistlichen Gesprächen betätigen soll. Es heißt ja: „Wenn ihr redet, so sei es ein gutes Wort zur Auferbauung, damit es den Hörenden Gnade bringt. Und betrübt nicht den Geist Gottes, dessen Siegel wir tragen" (Eph 4, 29). Habt ihr verstanden? Wer anders handelt, betrübt den Heiligen Geist. Deshalb, so bitte ich, laßt uns darum bemüht sein, nichts von dem zu tun, was den Heiligen Geist betrübt. Vielmehr, wenn wir unser Haus zu verlassen haben, so laßt uns nicht weiter schädliche Versammlungen besuchen und keine Zusammenkünfte, die voll sind von Dummheiten und Schwätzereien, zieht vielmehr die Kirche Gottes vor, die Gebetshäuser und die Zusammenkünfte, bei denen man geistliche Gespräche führt.

All unser Tun sei geprägt von Anstand und guter Sitte. Denn, wie es heißt: „die Kleidung eines Menschen und das Lachen seines Mundes und der Gang seiner Schritte offenbaren, was er ist" (Weish 19, 27). Vom inneren Zustand der Seele gibt die äußere Erscheinung ein getreues Bild, und das Verhalten des Leibes macht am besten die Schönheit der Seele offenbar. Auch wenn wir auf den Marktplatz gehen, sei unser Gang bestimmt von Ernst und Ruhe, so daß er die Blicke aller, die uns begegnen, auf sich lenkt. Auch soll das Auge nicht dauernd umherblicken, die Füße sollen nicht undiszipliniert herumlaufen und die Zunge ruhig und gütig ihre Worte vortragen. Kurz, das Äußere soll die gute innere Haltung der Seele anzeigen. Nicht alltäglich, vielmehr umgestaltet soll von nun an unsere Lebensweise sein, weil auch das Leben, das wir empfangen haben, neu und nicht alltäglich ist, wie der hl. Paulus sagt: „Wenn einer in Christus ist, ist er eine neue Schöpfung." Und damit ihr versteht, daß das, was uns geschenkt wurde, neu und ungewöhnlich ist, so denkt daran: Wir waren früher weniger wert als Schmutz, wir krochen sozusagen auf dem Boden herum; aber auf einmal sind wir strahlender als Gold geworden und haben gegen die Erde den Himmel eingetauscht. Deswegen sind auch alle Gaben, die wir empfangen haben, geistlicher Art. Denn geistlich ist unser Gewand, geistlich unsere Speise, geistlich auch unser Trank. Folglich sollen auch unsere Werke und alle unsere Handlungen von nun an geistlich sein, denn sie sind eine Frucht des Geistes, wie auch Paulus sagt: „Die Frucht des Geistes aber ist Liebe, Freude, Friede, Geduld, Freundlichkeit, Güte, Treue, Milde, Keuschheit; darüber steht kein Gesetz" (Gal 5, 22f). Sehr schön ist dies gesagt, denn die, die das Rechte tun, stehen über dem Gesetz und unterstehen nicht mehr dem Gesetz. „Für den Gerechten" – heißt es – „gilt das Gesetz nicht" (1 Tim 1, 9).

Taufe als Christusnachfolge

Seinen Ausführungen über die Frucht des Geistes fügte der Apostel noch hinzu: „Die Christus angehören, haben das Fleisch mit seinen Leidenschaften und Begierden gekreuzigt" (Gal 5, 23), als wenn gesagt sein sollte: Sie haben sich unfähig erwiesen, das Böse zu tun und ließen es ungeschehen. Sie haben das Böse so bekämpft, daß sie sich den Leidenschaften und Begierden als überlegen erwiesen haben. Das meinte er mit den Worten: „Sie haben ihr Fleisch gekreuzigt." Denn wie einer, der ans Kreuz genagelt und mit Nägeln durchbohrt, von Schmerzen ganz und gar durchdrungen und an allen Stellen seines Leibes gequält wird, wohl kaum mehr von fleischlichen Begierden belästigt werden kann – alle Leidenschaften und schlechten Begierden sind verjagt, da der Schmerz ihnen keinen Raum mehr läßt –, so ist es auch bei denen, die sich selbst Christus geweiht haben: Sie wurden für ihn beschimpft und verachteten die irdischen Bedürfnisse, so als wenn sie sich selbst mit ihren Leidenschaften und Begierden gekreuzigt hätten.

Wir gehören Christus an und haben ihn angezogen und sind seiner

geistlichen Speise und seines Trankes würdig geworden. Deshalb laßt uns so unser Leben ordnen, daß wir nichts gemein haben mit den Dingen dieses gegenwärtigen Lebens. Denn wir sind als Bürger in einem anderen Staat eingeschrieben: im himmlischen Jerusalem. Deshalb ermuntere ich euch: Laßt uns Taten aufweisen, die dieses Staates würdig sind, Taten, aufgrund derer wir selbst vollkommen werden und die für andere eine Aufforderung zum Lobpreis des Herrn sind, so daß wir alle in reichem Maße die himmlische Gnade erlangen. Denn wenn unser Herr verherrlicht wird, so schüttet er seinerseits in reichem Übermaß seine Gaben über uns aus. Denn er nimmt dann unseren guten Willen an und sieht, daß seine Wohltaten nicht auf undankbare und verschlossene Menschen treffen.
Ich weiß, ich habe schon zu lange geredet. Aber verzeiht mir. Meine große Zuneigung zu euch zog diese Unterweisung in die Länge. Denn wie ich euren geistlichen Reichtum sehe, so weiß ich auch um das Wüten des bösen Feindes und um die Notwendigkeit, gerade jetzt nüchtern und besonnen zu sein und beständige Wachsamkeit zu üben und mit Sorgfalt diesen euren geistlichen Reichtum zu hüten, damit der Feind unseres Heils auch nicht den kleinsten Zugang bei uns findet.
Das Versprechen, das ihr dem Herrn gemacht habt, soll nicht wie mit Tinte auf dem Papier geschrieben bleiben, sondern durch inneren Glauben und öffentliches Bekenntnis verwirklicht werden. Bewahrt es unerschütterlich fest. Bemüht euch, die ganze Zeit eures Lebens in strahlendem Glanz – wie heute – zu bleiben. Denn wenn wir bereit sind, das Unsere beständig beizutragen, so ist es möglich, nicht nur in diesem hellen Licht zu bleiben, sondern auch unser geistliches Gewand noch herrlicher glänzen zu lassen. Denn auch Paulus wurde nach dem Empfang der Taufgnade, je älter er wurde, immer strahlender und glänzender, weil die Gnade in ihm zunahm.
So sollen auch wir uns bemühen, täglich Sorge dafür zu tragen, daß unser strahlend weißes Kleid keinerlei Schmutzflecken oder Makel aufweist. Vielmehr sollen wir auch in dem, was man gemeinhin für eine Kleinigkeit hält, große Wachsamkeit zeigen, damit wir auch imstande sind, die gewichtigen Sünden zu meiden. Denn wenn wir damit anfangen, uns über kleine Dinge hinwegzusetzen, dann kommen wir nach und nach, wenn wir so weitermachen, auch zu

großen Verfehlungen. Deswegen ermahne ich euch, euer Versprechen immer ganz bewußt und aufmerksam in euch zu tragen und ohne Ausnahme all das zu meiden, dem ihr widersagt habt, ich meine dem teuflischen Gepränge und allen Nachstellungen des Bösen. Haltet die Verpflichtungen, die ihr Christus gegenüber eingegangen seid, unverrückt ein, so könnt ihr, gestärkt durch ständige Teilnahme an diesem geistlichen Mahl, von den Machenschaften des Teufels nicht bezwungen werden.
Eignet euch durch einen vollkommenen Lebenswandel so die Gnade des Heiligen Geistes an, daß ihr untadelig seid, daß die Kirche Gottes sich freut und durch euren Fortschritt wächst, daß unser aller Herr verherrlicht wird und daß wir alle des Himmelsreiches würdig werden.
Der Gnade, dem Erbarmen und der Menschenfreundlichkeit des eingeborenen Sohnes, unseres Herrn Jesus Christus, und mit ihm dem Vater und dem Heiligen Geist sei Verherrlichung, Kraft und Ehre jetzt, immerdar und in alle Ewigkeit. Amen.

Apophthegmata Patrum

Die folgenden Texte haben ihren Platz im frühen christlichen Mönchtum der Wüste. Dieses Mönchtum verdankt seine Entstehung vor allem zwei Faktoren:

1. Zur Mitte des christlichen Glaubens gehört die Botschaft vom Hereinbrechen der Gottesherrschaft, welche die Vergänglichkeit und Vorläufigkeit der Welt aufzeigt und damit alle menschlichen und irdischen Werte radikal relativiert. Deshalb hat schon Jesus Menschen in seine engere Nachfolge gerufen, die im Verzicht auf irdische Werte ganz in der Erwartung des kommenden Reiches leben sollen (Mt 10, 16ff; Lk 9, 57ff. 10, 1ff. 14, 25ff; Mk 10, 17ff u.v.a.). Im Anschluß daran schärft Paulus den Gemeinden ein: Der Christ soll diese Welt „gebrauchen, als gebrauche er sie nicht" (1 Kor 7, 31). Das heißt, der Glaubende soll in einer letzten Distanz zur Welt, die ohnehin auf Abbruch gebaut ist, leben.

2. Während dieses Bewußtsein in den Gemeinden der ersten drei Jahrhunderte noch recht wach ist und durch die Verfolgungen und Anfechtungen dieser Zeit lebendig gehalten wird, tritt im Laufe des vierten Jahrhunderts eine Verflachung ein. Immer deutlicher entwickelt sich die Kirche der Vielen, der Massen, die in ihrem Leben das Zentrum der christlichen Botschaft nur noch undeutlich, wenn überhaupt, aufleuchten lassen. In dieser Zeit entwickelt sich, auch unter dem Einfluß hellenistisch-heidnischen Asketentums, mehr und mehr das Ideal des Asketen. Dieser sucht – zunächst innerhalb der Gemeinde, dann aber durch Auszug aus der Gemeinde – ein Leben aus der kommenden Gottesherrschaft zu führen und so dem Ruf zur Nachfolge Christi und zur Entsagung irdischer Werte mit großem Ernst und ohne Abstriche nachzukommen. „Die Folge davon ist die Schaffung einer eigenen religiösen Sonderwelt, in der nun christliche Gemeinschaften entstehen, deren Besonderheit die grundsätzlich asketische Lebensgestaltung ist."* In Nordafrika und im vorderen Orient bot sich als Lebensraum für solche Sonderwelten die Wüste an in der in verschiedenen Lebensformen (Eremitentum, Koinobitentum) das Ideal des christlichen Glaubens gelebt wurde. Die Wüste wird zum Ort der Freiheit von irdischen Werten und – vor allem – der Freiheit *für* Gott, für Einkehr, Gebet, Gottesnähe, schlichte einfache Arbeit, und nicht zuletzt für den Kampf gegen die Versuchung.

Neben der Heiligen Schrift war die spirituelle Grundlage der verschiedenen mönchischen Lebensweisen die *geistige Vaterschaft* eines Abbas (Altva-

---

* K. S. Frank, Die Grundzüge der Geschichte des christlichen Mönchtums, Darmstadt 1975, 15.

ters), den die noch Unerfahrenen in Fragen des geistlichen Lebens um Rat angingen. Das Charisma solcher Vaterschaft war nicht an das Alter gebunden, auch ein jüngerer Mönch konnte Abbas sein. Auffällig ist, daß der Altvater nie von sich aus die Initiative zur geistlichen Führung ergreift. Er wartet, bis er um sein Wort gefragt wird. Dieses Wort zielt auf die unmittelbare Verwirklichung des Evangeliums in einer bestimmten Situation, so wie der Abbas in seiner Lebensweise selbst lebendiger Kommentar des Evangeliums ist. Das „Wort" des Abbas wird vom Empfänger als kostbare Gabe und als Konkretion des Anrufs Gottes an ihn persönlich aufgenommen und gehütet. So verstehen wir, daß schon in der zweiten Hälfte des vierten Jahrhunderts Aussprüche der Väter und auch Erzählungen ihres Lebens umliefen. Denn wenn der Abbas auch sein Wort an einen ganz konkreten Fragenden in einer ganz bestimmten Situation richtete, so spürte man doch, daß dem Spruch (apophthegma) des vom Geist erfüllten Vaters eine viel weittragendere und allgemeinere Bedeutung zukam. Man stellte kleine Spruchsammlungen her. Nach und nach entstanden umfangreiche Kompilationen, die in der ganzen Christenheit weithin Verbreitung fanden. Aus der Sammlung dieser „apophthegmata" sind die folgenden Texte entnommen.

Aus den „Worten der Väter"

Die Sprüche und Erzählungen der Väter sind ein konkreter, in eine bestimmte Situation hineingesprochener Kommentar zum Evangelium. Mag dieser Kommentar auch Mönchen gegeben sein, so ist doch zu bedenken, daß Mönchsein damals (wie heute) soviel bedeutet wie „entschiedener Christ sein". Insofern gelten die Worte der Wüstenväter allen an Christus Glaubenden ohne Ausnahme. Während die etwas längeren Erzählungen ihre Bedeutung besinnlicher Lesung und Meditation erschließen, sind die kurzen und oft sehr packend formulierten Sprüche eine Einladung, je einen von ihnen als „Tagesprogramm" (oder „Wochenprogramm") in den Alltag hineinzunehmen und aus ihm heraus bewußt zu leben und seinen Anspruch zu verwirklichen.

Grundsätze geistlichen Lebens

Bete und arbeite

Als der Altvater Antonius einmal in verdrießlicher Stimmung und mit düsteren Gedanken in der Wüste saß, sprach er zu Gott: „Herr, ich will gerettet werden, aber meine Gedanken lassen es nicht zu.

Was soll ich in dieser meiner Bedrängnis tun? Wie kann ich das Heil erlangen?" Bald darauf erhob er sich, ging ins Freie und sah einen, der ihm glich. Er saß da und arbeitete, stand dann von der Arbeit auf und betete, setzte sich wieder und flocht an einem Seil, erhob sich dann abermals zum Beten; und siehe, es war ein Engel des Herrn, der gesandt war, Antonius Belehrung und Sicherheit zu geben. Und er hörte den Engel sprechen: „Mach es so, und du wirst das Heil erlangen." Als er das hörte, wurde er von großer Freude und mit Mut erfüllt, und durch solches Tun fand er Rettung.

Nicht reden: Handeln!

Zwei Brüder kamen zu einem Altvater, der einsam in der Sketis wohnte, und der erste sprach zu ihm: „Vater, ich habe das ganze Alte und Neue Testament auswendig gelernt!" Der Alte entgegnete: „Du hast die Luft mit Worten angefüllt." Da sagte der zweite: „Und ich habe das ganze Alte und Neue Testament abgeschrieben und trage es hier in meinen Händen!" Und diesem entgegnete er: „Du hast deine Fenster mit Papier angefüllt! Kennt ihr nicht den, der gesagt hat: Nicht in Worten, sondern in Kraft besteht das Reich Gottes!" (1 Kor 4, 20)? Und wiederum spricht er: „Nicht die Hörer des Gesetzes sind gerecht bei Gott, sondern die Befolger des Gesetzes werden gerechtgesprochen" (Röm 2, 13). Da befragten sie ihn über den Weg des Heiles. Er aber sagte ihnen: „Der Anfang der Weisheit ist die Furcht des Herrn (Ps 110, 10) und Demut mit Geduld. Wenn man alles, was darin beschlossen ist, tut, dann genügt Weniges."

Wiederum sagte er: „Man braucht nicht nur Reden. Denn es gibt viele Reden unter den Menschen in dieser Zeit. Was nottut, ist die Tat. Das wird gesucht und nicht Reden, die keine Frucht bringen."

Abbas Hyperichius sagte: „Jener ist wahrhaft weise, der andere durch seine Tat, nicht durch seine Worte belehrt."

Ganzsein

Abbas Joseph sprach zum Abbas Lot: „Du kannst nicht Mönch werden, wenn du nicht ganz in Feuer gerätst!"

Täglicher neuer Anfang

Altvater Moses fragte den Altvater Silvanos: „Kann der Mensch täglich einen neuen Anfang machen?" Der Greis antwortete: „Wenn er ein Arbeiter ist, kann er sogar jede Stunde einen Anfang machen."

Vom Abbas Pior erzählte Abbas Poimen, daß er jeden Tag einen Anfang machte.

Der Nächste

Der Nächste als „Grundstein"

Abbas Poimen sprach: „Miß dich nicht an dir selbst, sondern schließe dich an einen anderen an!"

Abbas Antonius sagte: „Vom Nächsten her kommen uns Leben und Tod. Gewinnen wir nämlich den Bruder, so gewinnen wir Gott. Geben wir hingegen dem Bruder Ärgernis, so sündigen wir gegen Christus."

Altvater Johannes Kolobos sprach: „Es ist unmöglich, ein Haus von oben nach unten zu bauen, sondern von Grund aus muß es in die Höhe." Sie fragten ihn: „Was ist der Sinn dieses Wortes?" Er antwortete ihnen: „Der Grundstein ist der Nächste, daß du ihn gewinnst. Das muß am Anfang stehen, davon hängen alle anderen Weisungen des Herrn ab" (Mt 22, 39f).

Kein Zorn – keine Rache

Abbas Neilos sprach: „Alles, was du aus Rache gegen deinen Bruder tust, der dich beleidigt hat, wird in der Stunde des Gebets in deinem Herzen auftauchen."

Makarios sagte: „Wenn du einen zu tadeln hast und dabei in Zorn gerätst, dann befriedigst du deine eigene Leidenschaft. Statt daß du andere rettest, verdirbst du dich selbst."

Urteilen

Richte niemanden

Der Altvater Poimen bat den Altvater Joseph: „Sage mir, wie ich Mönch werde." Er antwortete: „Wenn du Ruhe finden willst, hier und dort, dann sprich bei jeder Handlung: ‚Ich – wer bin ich?', und richte niemanden!"

Der Altvater Xantias sprach: „Der Schächer hing am Kreuz, und wegen eines einzigen Wortes wurde er gerechtfertigt (Lk 23, 42).

Judas ward unter die Apostel gezählt, und in einer einzigen Nacht verlor er alle Mühen, und vom Himmel herab stieg er in den Hades (Mt 27, 1–10 und Apg 1, 16). Darum soll keiner, der sich in guter Verfassung befindet, sich rühmen; denn alle, die auf sich selbst vertrauen, sind gefallen."

Richte dich selbst

Wiederum sagte er: „Wer gelobt wird, muß an seine Sünden denken und sich eingestehen, daß er des Lobes nicht würdig ist."

Ein Bruder in der Sketis war gefallen. Man hielt eine Versammlung ab und schickte zu Abbas Moses. Der aber wollte nicht kommen. Daraufhin sandte ihm der Priester den Auftrag: „Komm, denn das Volk erwartet dich!" Moses erhob sich und kam. Er nahm einen durchlöcherten Korb, füllte ihn mit Sand und nahm ihn auf die Schulter. Die Brüder gingen ihm entgegen und sagten zu ihm: „Was ist das, Vater?" Da sprach der Greis zu ihnen: „Das sind meine Sünden. Hinter mir rinnen sie heraus, und ich sehe sie nicht, und nun bin ich heute gekommen, um fremde Sünden zu richten." Als sie das hörten, sagten sie nichts mehr zu dem Bruder, sondern verziehen ihm.

Die richtige Unterscheidung

Drei Greise kamen einmal zum Altvater Achilas, von denen einer in üblen Ruf stand. Da sagte der erste von den drei Alten: „Vater, mache mir ein Netz!" Der aber antwortete: „Ich mache es nicht!" Da bat der andere: „Mache es aus Liebe, damit wir in unserer Wohnung ein Andenken an dich haben!" Auch diesem erwiderte er: „Ich habe keine Zeit!" Da sprach zu ihm der Dritte – der mit dem schlechten Ruf: „Mache mir ein Netz, damit ich etwas aus deinen Händen habe!" Auf der Stelle sagte er zu und sprach: „Ich mache es für dich!" Da fragten ihn die zwei ersten Greise insgeheim: „Wir haben dich so inständig gebeten, und du wolltest es uns nicht machen. Zu dem da aber hast du gesagt: ‚Für dich mache ich es!'" Der Alte erklärte es ihnen: „Ich sagte: ich mache es euch nicht, und ihr wart darüber nicht traurig, weil ihr saht, daß ich keine Zeit habe. Wenn ich es aber für diesen auch nicht gemacht hätte, dann hätte er gesagt: Wegen meiner Sünde, von der der Alte gehört hat, will er es nicht machen. Damit hauen wir auf der Stelle das Seil ab. Ich weckte also seine Seele auf, damit er nicht von Traurigkeit ertränkt würde."

Die Bedeutung des Betens

Einmal fragten die Brüder Abbas Agathon und sprachen: „Welche Tugend verlangt im frommen Wandel die größere Anstrengung?" Er erwiderte ihnen: „Verzeiht mir, aber ich denke, es gibt keine größere Mühe als das Beten zu Gott. Überall, wo der Mensch beten will, wollen ihn die Heilsfeinde abhalten. Denn sie wissen, daß ihnen von keiner Seite her mehr Behinderung droht als vom Gebet zu Gott. Was immer für einen Wandel der Mensch sich wählt, wenn er dabei aushält, dann gewinnt er Ruhe. Das Beten aber verlangt Kampf bis zum letzten Atemzug."

Abbas Neilos sagte: „Das Gebet ist das Schutzmittel gegen Traurigkeit und Mutlosigkeit."

Einige fragten den Altvater Makarios: „Wie müssen wir beten?" Der Greis antwortete ihnen: „Es ist nicht notwendig, viele Worte zu machen (Mt 6, 7), sondern man muß die Hände ausstrecken und sprechen: ‚Herr, wie du willst und weißt, erbarme dich!' Wenn aber eine Anfechtung kommt, dann: ‚Herr, hilf!' Denn er weiß, was förderlich ist und wirkt an uns Erbarmen."

Voraussetzungen des Gebets

Abbas Moses sagte: „Wenn die Tat nicht mit dem Gebet zusammenklingt, dann müht man sich vergebens." Da sprach der Bruder: „Was ist das, Einklang von Tat und Gebet?" Der Greis darauf: „Das ist, daß wir das, worum wir bitten, nicht mehr selbst tun. Wenn nämlich der Mensch seinen Willen aufgibt, dann versöhnt sich Gott mit ihm und nimmt sein Gebet an."

Abbas Neilos sagte: „Wolle nicht, daß deine Angelegenheiten so gehen, wie du es für gut findest, sondern so wie es Gott gefällt. Und du wirst ohne Verwirrung und voll Dank in deinem Gebet sein."

Ein Altvater sprach: „Die Augen der Schweine sind so gebildet, daß sie aus Notwendigkeit sich ständig auf die Erde richten, ohne jemals zum Himmel aufblicken zu können. So ist es auch mit der Seele dessen, der sich an den Freuden der Wollust ergötzt: Denn wenn sie einmal in die Pfütze der Unzucht versunken ist, kann sie nur mehr schwer wieder zu Gott aufschauen oder an etwas Gotteswürdigem Geschmack finden."

Versuchungen und Leidenschaften

„Freut euch, wenn ihr unter Anfechtung zu leiden habt" (1 Petr 1, 6).
Die Altväter lehrten: „Wenn wir versucht werden, sind wir demütiger. Denn Gott sieht dann unsere Schwachheit und schützt uns. Wenn wir uns aber rühmen, nimmt er seinen Schutz von uns und wir verderben."

Abbas Enagrios sagte: „Nimm die Versuchung hinweg, und es wird niemand gerettet."

Abbas Jesaja sagte: „Wenn Gott sich einer Seele erbarmen will, sie aber die Zügel abstreift und es nicht erträgt, sondern ihren eigenen Willen tut, dann läßt er es zu, daß sie leidet, was sie nicht will, damit sie auf diese Weise ihn suche."

Ein Bruder befragte sich beim Altvater Agathon wegen der Unzucht. Er erklärte ihm: „Wohlan, wirf dein Unvermögen vor Gott, und du wirst Ruhe finden."

Kämpfen

Abbas Poimen fragte einmal den Altvater Joseph: „Was soll ich tun, wenn die Leidenschaften an mich herankommen? Soll ich ihnen widerstehen oder sie eintreten lassen?" Der Greis sagte zu ihm: „Laß sie eintreten und kämpfe mit ihnen!" In die Sketis zurückgekehrt, setzte er sich hin. Und es kam einer von den Thebäern in die Sketis und sagte zu den Brüdern: „Ich fragte den Abbas Joseph: ‚Wenn die Leidenschaften mir nahekommen, soll ich widerstehen oder sie einlassen?' Und er sagte mir: ‚Laß sie ganz und gar nicht hereinkommen, sondern haue sie auf der Stelle aus!' Der Altvater Poimen hörte, daß der Abbas Joseph so zum Thebäer gesprochen hatte. Er machte sich auf und ging zu ihm nach Panepho und sagte zu ihm: „Vater, ich habe dir meine Gedanken anvertraut und siehe, du hast zu mir so gesprochen, aber anders zu dem Thebäer." Der Greis gab zur Antwort: „Weißt du nicht, daß ich dich liebe?" Er sagte: „Ja!" Der Alte: „Sagtest du nicht zu mir: Wie zu dir selber, so sprich zu mir?" Er antwortete: „So ist es!" Da sprach der Greis: „Wenn die Leidenschaften eintreten, und du ihnen gibst und von ihnen nimmst, so werden sie dich bewährter machen. Ich habe aber zu dir gesprochen, wie zu mir selbst! Es gibt aber andere, denen es nicht frommt, daß die Leidenschaften an sie herankommen. Sie haben es nötig, sie auf der Stelle abzuschneiden."

Man erzählte von einem Altvater: Fünfzig Jahre verbrachte er, ohne Brot zu essen oder Wein zu trinken, wenn es leicht ging. Und er bekannte: „Die Buhlerei habe ich umgebracht und die Habsucht und den eitlen Ruhm.“ Da kam zu ihm der Altvater Abraham und sagte zu ihm: „Hast du wirklich dieses Wort gesagt?“ Er antwortete: „Ja.“ Da sprach zu ihm der Altvater Abraham: „Sieh, du hast also die Leidenschaft nicht getötet, sondern sie lebt noch in dir! Sie ist nur gefesselt. Wiederum: Wenn du herumgehst, Steine und Tonscherben siehst, und mittendrin Gold – kann dein Verstand es anschauen wie das andere?“ Er sagte: „Nein – aber ich kämpfe mit dem Gedanken, es aufzuheben.“ Da sprach der Greis: „Sieh, auch die Habsucht lebt also, wenn sie auch gebunden ist!“ Wiederum sagte der Altvater Abraham: „Sieh, du hörst von zwei Brüdern: Der eine liebt dich, der andere haßt dich und macht dich schlecht. Wenn sie nun zu dir kommen, hältst du die zwei einander gleich?“ Er antwortete: „Nein, aber ich kämpfe mit meinem Denken, um Gutes zu tun meinem Hasser wie dem, der mich liebt.“ Da sagte zu ihm der Altvater Abraham: „Folglich leben die Leidenschaften, nur von den Heiligen werden sie gebunden.“

Augustinus

Augustinus ist der einzige westliche Kirchenvater, den man mit dem schillernden Namen eines Genies auszeichnen könnte. Wie ein großer Fluß, in den sich unzählige kleine Flüsse und Bäche ergießen, hat er alles in sich aufgenommen: das Streben nach klarer Erkenntnis und die Sehnsucht nach mystischer Vereinigung mit dem Einen, wie es die platonische Philosophie lehrte, den düsteren Pessimismus der Manichäer mit ihrer Verachtung aller Leiblichkeit, die Botschaft vom begnadenden und rettenden Gott des christlichen Glaubens. Alles findet sich bei Augustinus, und wer diesen Kirchenvater studiert, hat den inneren Nerv des abendländischen Christentums katholischer wie protestantischer Provenienz aufgedeckt. Nietzsche hat nach der Lektüre der Confessiones Augustins seinem Freund Overbeck geschrieben, er habe dem Christentum „in den Bauch geschaut". Nicht allein dem Christentum, dem gesamten Abendland gilt dieses Urteil.

Am 13. 11. 354 wurde Augustinus als Sohn kleinbürgerlicher Eltern in der nordafrikanischen Stadt Thagaste, dem heutigen Souk Ahras in Algerien, geboren. Sein heidnischer Vater Patricius blieb ohne bestimmenden Einfluß auf seinen Sohn. Anders verhielt es sich mit seiner frommen christlichen Mutter Monnica. Wie sehr er sie geschätzt hat, läßt sich beispielsweise an der literarischen Gestaltung seines bekanntesten Werkes, den Confessiones, ablesen. Äußere Nähe oder Ferne zu seiner Mutter sind gleichzeitig Zeichen von Augustins innerer Nähe oder Ferne zum christlichen Glauben. Nach den üblichen Studien in Thagaste, Madaura und Karthago wurde er 376 Professor der Rhetorik in Karthago. In diese Zeit fallen zwei wichtige Ereignisse. Während der Studien stößt er auf den „Hortensius", eine Schrift Ciceros, die zur Suche nach Weisheit mahnt und in Augustin die Sehnsucht nach Wahrheit und Weisheit entzündet. Binnen kürzester Zeit wandte er sich den Manichäern zu, weil er bei ihnen eine besondere Hochform des Christentums zu finden glaubte. Neun Jahre, prägende Jahre seines Lebens, hat er in dieser Sekte verbracht. Sicher rührt sein Pessimismus und seine melancholische Stimmung aus dieser Zeit.

Am Ende dieser neun Jahre steht die Enttäuschung über die wirren Mythen und die geringe Bildung der manichäischen Führer. Er wendet sich innerlich von ihnen ab, ohne sie bereits formell zu verlassen, und geht nach Rom, kurz darauf nach Mailand. In Mailand macht er auch die Entdeckung der „platonischen Bücher", in denen er zum ersten Mal versteht, was „Geist" ist. Damit gelingt ihm nun endgültig die Abwendung vom Materialismus der Manichäer und die Hinwendung zum Christentum. Als Professor der Rhetorik hört Augustin aus rein beruflichem Interesse die Predigten des

Bischofs Ambrosius von Mailand. Er bewundert dessen rhetorische Kunstfertigkeit, und gleichsam nebenher macht dieser ihn mit der Auslegung der Schrift bekannt. Zwar kommt zwischen den beiden unterschiedlichen Persönlichkeiten kein näherer Kontakt zustande, aber Ambrosius ist es, der Augustin in der Osternacht 387 tauft. Bereits vor der Taufe hatte er sich mit gleichgesinnten Freunden zurückgezogen, um sich auf einem Landgut in Muße philosophischen Fragen widmen zu können. Dieses Leben will er nun, nach der Taufe, in Afrika fortsetzen.

Das Ideal des Weisen und Asketen steht ihm vor Augen, und er ist darum sorgfältig bemüht, sich vom Getriebe dieser Welt, auch von der Übernahme eines kirchlichen Amtes, fernzuhalten. Er vermeidet darum jede Stadt, in der ein Bischofssitz vakant ist. Als er durch Hippo reist, um ein neues Mitglied für seine Gemeinschaft zu gewinnen, hört er die Predigt des dortigen Bischofs Valerius. Dieser war griechischer Abstammung und der Landessprache nicht genügend kundig und bittet deshalb die Gemeinde um einen Mitbischof. So wird Augustinus, ähnlich wie Ambrosius, von der Gemeinde genötigt, ihr Priester zu werden. 391 erfolgt die Priester-, 395 die Bischofsweihe. Nun wird Hippo Regius für den Rest seines Lebens, bis 430, sein Wirkungsfeld. Er verläßt seine Gemeinde nur noch, wenn überregionale Aufgaben oder Konzilien ihn dazu nötigen.

Augustins äußeres Wirken hat so seinen Ort gefunden, aber ebenso ist sein inneres Streben an seinen Ort gelangt: den Dienst in der Gemeinde. Fortan ist er nur noch Bischof, nach heutigen Maßstäben wohl eher Pfarrer seiner Kirche von Hippo. Wenn er daneben noch große theologische Werke schrieb und Irrlehrer niederkämpfte (Manichäer, Donatisten, Pelagianer), so diente diese Tätigkeit ebenfalls dem Ziel, Einheit und Frieden der Kirche zu bewahren.

Sein Biograph Possidius beschließt die Lebensbeschreibung Augustins mit der Bemerkung, daß diejenigen, die ihn als Prediger und Liturgen und im Umgang mit anderen Menschen beobachten konnten, am meisten von ihm hätten profitieren können. Augustin muß ein wahres Genie der Freundschaft gewesen sein, ein Mann von einfangendem Charme. Sein persönliches Streben ging vornehmlich dahin, sich selbst zurückzustellen, und in dieser Lebensform der Demut sah er auch eine „Kurzformel" des Glaubens. Einem heidnischen Gesprächspartner schreibt er auf die Frage nach dem Wesen des Christentums: „Wenn du mich fragen würdest, worin das Christentum besteht, so würde ich dir antworten, in der Demut. Wenn du mich wieder fragen würdest, würde ich wiederum antworten: die Demut. So oft du mich auch fragen würdest, immer gäbe ich dir nur diese Antwort: die Demut." Von sich selbst hat er bekannt, er sei in dem Augenblick Christ geworden, als er erkannte, daß die unendliche Erhabenheit Gottes in Demut auf ihn zugekommen sei. Dies ist *sein* Thema, und je mehr er sich darin versenkt, um so tiefer wird die Erfahrung, daß der Mensch sich nur

noch demütig und unwissend unter den unverfügbaren Willen Gottes beugen kann. Es ist ein Gott, der für ihn immer unbegreiflicher wird, da er die Menschen ohne eigenes Verdienst aus Gnade rettet, – aber auch verdammt. So kehrt er im Pessimismus und in der Düsterkeit der letzten Jahre seines Lebens zurück zum manichäischen Pessimismus der Jugend. Vom Optimismus der Jahre nach seiner Bekehrung ist nichts mehr übrig geblieben, alles ist in einen düsteren Ernst verwandelt.
Augustins Bedeutung und Einfluß schildern zu wollen, ist müßig. Er ist im abendländischen Denken allgegenwärtig.

Über die Eucharistie (Sermo 272)

Augustin hat seine Predigt über die Eucharistie zwischen 405 und 411 neugetauften Christen vorgetragen. Den Taufbewerben war nach altkirchlichem Brauch die Teilnahme an der gesamten Eucharistiefeier verwehrt. Sie mußten nach dem „Wortgottesdienst" die Kirche verlassen. Erst in der Osternacht empfingen sie mit der Taufe auch zum ersten Mal die volle Teilnahme an der Eucharistiefeier, die Kommunion. Die Spannung auf dieses Ereignis war sicher groß. Aber was erhielten sie? Ein Stückchen Brot, einen Schluck Wein. Sollte das alles gewesen sein? Das, worauf sie sich in langer und strenger Katechumenenzeit vorbereitet hatten? Augustin scheint die mögliche Enttäuschung gespürt zu haben, und so versucht seine Predigt, dem zu begegnen. Im Mittelpunkt seiner Darlegungen steht nicht, wie wir es vielleicht erwarten, der Gedanke der Wesensverwandlung der Gaben, sondern die Überzeugung von der Einheit und Frieden stiftenden Funktion der Eucharistie. Wenn Augustin dies darum den Neugetauften und „Erstkommunikanten" vorträgt , dann gehört sie sicher zum Kern seiner Eucharistievorstellungen.
Ausgehend von der bekannten Aussage, daß Brot und Wein Christi Leib und Blut seien, bringt er den Doppelsinn von „Leib Christi" mit den Worten des Apostels Paulus ins Spiel. Leib Christi: Das ist auch die Gemeinde. Zwischen Christi Leib und dem Leib Christi waltet eine geheime Identität. Wer den Leib Christi auf dem Altar sieht, sieht das Geheimnis des menschlichen Lebens auf dem Altar versinnbildet. Die menschliche Gemeinschaft ist zusammengefügt aus vielen einzelnen Menschen, so wie Brot und Wein aus vielen Körnern und Beeren gewonnen sind. Im Empfang von Brot und Wein empfängt der Mensch also sein eigenes Geheimnis. Er wird daran erinnert, daß

niemand alleine lebt, niemand alleine stirbt (Röm 14, 7). Wie die Körner gemahlen ein Brot ergeben, so hat der Christ in der Gemeinschaft der Kirche ein Stück seiner eigenen Identität abgegeben, er hat seine Verletzungen und Mühen, aber auch seine Freude und Liebe an die Gemeinschaft übertragen.
Eucharistie ist darum im wahren Sinne communio, Erfahrung der Verbundenheit und Einheit mit dem Nächsten. Feier der Eucharistie heißt nicht, daß der einzelne Christ sich dem ihm begegnenden Herrn zuwendet – das auch, aber nicht in erster Linie –, sondern daß in der Gemeinschaft, im Frieden und in der Übereinstimmung mit dem anderen die Güte Gottes erfahren wird. Wie wenig solche Liturgie menschliches Tun ist, wie sehr hierbei die Initiative bei Gott liegt, verrät das Gebet, mit dem Augustin die Predigt abschließt.

Was ihr auf dem Altare Gottes jetzt seht, das habt ihr auch in der vergangenen Nacht gesehen. Doch was das sein soll, was es bedeutet, von welch großer Sache es ein Zeichen ist, das habt ihr noch nicht vernommen. Was ihr also da seht, ist Brot und ein Kelch. Das sagen euch schlicht eure Augen. Was aber der Glaube erst noch lernen muß, ist dieses: Das Brot ist der Leib Christi, der Kelch enthält das Blut Christi. Dies ist kurz und bündig gesagt, und vielleicht begnügt sich der Glaube damit. Aber der Glaube verlangt auch nach Unterweisung. Deshalb sagt ja der Prophet: Glaubt ihr nicht, so werdet ihr nicht einsehen (Jes 7, 9 LXX). Ihr könntet mir ja sagen: „Du hast uns etwas zu glauben vorgelegt, erkläre es nun, damit wir es einsehen." Es könnte auch einem von euch etwa folgender Gedanke kommen: „Woher unser Herr Jesus seinen Leib empfangen hat, das wissen wir: von der Jungfrau Maria. Er wurde als Kind gesäugt, genährt, er wuchs heran, gelangte zu voller Manneskraft. Er erlitt von den Juden Verfolgung, wurde ans Holz des Kreuzes geschlagen, starb am Kreuz, wurde vom Kreuz herabgenommen und ist begraben worden. Am dritten Tage, dem Tag, an dem er es so wollte, erstand er von den Toten und fuhr auf in den Himmel. Dorthin erhob er seinen Leib, von dort wird er auch wiederkommen, zu richten Lebende und Tote. Dort sitzt er zur Rechten des Vaters. Wie kann also dieses Brot sein Leib sein? Wie kann dieser Kelch oder das, was der Kelch enthält, sein Blut sein?"
Diese Dinge, meine Brüder, heißen deshalb Sakramente, weil wir etwas an ihnen sehen, aber etwas anderes an ihnen einsehen. Was

wir sehen, hat körperliche Gestalt. Was wir einsehen, birgt in sich geistliche Frucht. Wenn Du also verstehen willst, was der Leib Christi ist, dann höre auf den Apostel. Der sagt den Gläubigen: „Ihr aber seid Christi Leib und Glieder“ (1 Kor 12, 27). Wenn ihr selbst also Leib Christi und seine Glieder seid, dann liegt euer eigenes Geheimnis auf dem Altar: Ihr empfangt also euer eigenes Geheimnis. Auf das, was ihr seid, antwortet ihr „Amen“. Und durch diese Antwort leistet ihr eine Unterschrift. Du hörst nämlich: „Leib Christi“, und du antwortest: „Amen“. Sei darum ein Glied des Leibes Christi, damit dein Amen wahr ist.
Warum geschieht dies im Zeichen des Brotes? Wir wollen dazu keine eigenen Gedanken vortragen, sondern, wie vorhin, einfach den Apostel selbst hören Da er nämlich von diesem Sakrament spricht, sagt er: „Ein Brot, ein Leib sind wir, die vielen“ (1 Kor 10, 17). Versteht es, freuet euch. Hier ist: Einheit, Wahrheit, Frömmigkeit, Liebe, „Ein Brot.“ Was ist dieses eine Brot? „Ein Leib sind die vielen.“ Erinnert euch daran, daß ein Brot nicht von einem einzigen Korn gebacken wird, sondern aus vielen. Als über euch der Exorzismus gesprochen wurde, da wurdet ihr gleichsam gemahlen. Als man euch getauft hat, da hat man euch mit Wasser gleichsam getränkt. Als ihr das Feuer des Heiligen Geistes empfingt, da seid ihr gleichsam gebacken worden. Seid also das, was ihr seht, und empfangt das, was ihr seid: Leib Christi. Das sagt der Apostel vom Brot.
Und wie wir den Kelch zu verstehen haben, das zeigt er zur Genüge, ohne ausdrücklich davon zu sprechen. Was nämlich für die sichtbare Brotsgestalt gilt, daß viele Körner zu einem Teig zusammengemengt werden, das gilt auch von den Gläubigen. Von ihnen sagt nämlich die Schrift: „Sie waren ein Herz und eine Seele in Gott“ (Apg 4, 32). Und so verhält es sich mit dem Wein. Erinnert euch, Brüder, wie Wein gemacht wird. Viele Beeren hängen an der Traube, aber der Saft der Beeren fließt zur Einheit zusammen. So hat der Herr Jesus damit auch uns bezeichnet. Er hat gewollt, daß wir ihm angehören. Das Geheimnis unseres Friedens und unserer Einheit hat er auf seinen Altar gelegt. Wer nun das Geheimnis der Einheit empfängt, das Band des Friedens dagegen nicht festhält, der erhält nicht ein Geheimnis für sich, sondern ein Zeugnis gegen sich. Wir wollen uns zu Gott dem Herrn und allmächtigen Vater hinwenden und, soweit wir es in

unserer Armseligkeit vermögen, im höchsten Maße und wahrhaftig Dank sagen. Wir bitten aus tiefstem Herzen seine einzigartige Güte, daß er unsere Bitten in seinem Wohlwollen erhöre. Er möge auch den bösen Feind von unseren Werken und Gedanken in seiner Macht vertreiben. Er vermehre unseren Glauben, er lenke unseren Sinn, er schenke uns geistliche Gedanken und führe uns zu seiner Glückseligkeit durch Jesus Christus seinen Sohn. Amen.

Brief 130 an Proba

Augustinus war ein unermüdlicher Briefschreiber. Von vielen Seiten wurde er um seine Meinung angegangen, und er war sich trotz seines hohen Ranges und trotz seiner vielfältigen Arbeitsüberlastung nicht zu schade, die an ihn gerichteten Anfragen oft sehr ausführlich zu beantworten. So wurden seine Briefe unter der Hand oft zu kleinen Abhandlungen. Eine solche Abhandlung über das Gebet stellt der Brief 130 an die Witwe Proba dar. Die Witwe Proba war, auf der Flucht vor Alarichs Goten, die 410 Rom erobert hatten, nach Afrika gekommen und hatte sich an Augustinus mit der Bitte gewandt, sie über das Gebet zu belehren. Einfühlsam greift Augustinus die äußere Situation der reichen Römerin auf und nimmt den „Kulturschock", den die Eroberung Roms ausgelöst hat, zum Anlaß, um vor der Kulisse der Trostlosigkeit der politischen Lage die allgemeine Trostlosigkeit des Christen in dieser Welt aufzuweisen: Kein Genuß, kein Reichtum kann die tief im Menschen steckende Sehnsucht nach Glück erfüllen. Aus der äußeren Fülle entspringt allenfalls Linderung der oberflächlichen Bedürfnisse oder leichtfertiges Sich-Täuschen. Da die Sehnsucht des Menschen auf Gott selbst geht, kann sie sich auch nicht mit etwas Geringerem zufriedengeben.

Einleitung

Der Bischof Augustinus, Diener Christi und Diener der Diener Christi, grüßt im Herrn Frau Proba, die fromme Dienerin Gottes.
I. Da ich mich an Deine Bitte und an mein Versprechen erinnere, Dir etwas über das Gebet zu Gott zu schreiben, will ich nun endlich meine Schuld abtragen und Deinem frommen Wunsch in der Liebe Christi nachkommen. Derjenige, zu dem wir beten, hat mir dazu gerade auch Zeit und Kraft gegeben.

Das Ungetröstetsein in dieser Welt

Augustinus schildert die Situation einer Witwe, die allein in dieser Welt lebt. Am lateinischen Wort desolatum anknüpfend, das sowohl „verlassen" wie „trostlos" heißen kann, weitet er das Ungetröstetsein, die „Trostlosigkeit" der Witwe auf die Trostlosigkeit der menschlichen Existenz in der Welt aus.

Wie sehr mich Deine Bitte gefreut hat, kann ich kaum mit Worten ausdrücken. Denn an diesem Wunsch erkenne ich, wieviel Dir an dieser bedeutsamen Sache liegt. Kann es für Dich als Witwe denn etwas Wichtigeres geben als nach der Mahnung des Apostels Tag und Nacht im Gebet zu verharren? Er sagt nämlich: „Die Frau, die wahrhaft Witwe und ungetröstet ist, hat ihre Hoffnung auf den Herrn gesetzt und verharrt im Gebet Tag und Nacht" (1 Tim 5, 5). In den Augen dieser Welt bist Du vornehm, reich und Mutter einer angesehenen Familie. So bist Du zwar Witwe, doch nicht ohne Trost. Darum könnte es einigermaßen verwunderlich erscheinen, daß das Interesse für das Gebet Dich so sehr ergriffen und für sich eingenommen hat. Doch sehr richtig hast Du erkannt, daß niemand in dieser Welt und in diesem Leben in Sicherheit sein kann. Er, der Dir diese Gedanken eingegeben hat, wird Dir sicherlich auch die Antwort geben, die er seinen Jüngern wundersam und barmherzig zugesagt hat. Diese Jünger waren nämlich betrübt und verzweifelten angesichts der Frage, ob überhaupt irgend jemand gerettet werden könnte, nicht allein ihretwegen, sondern wegen des ganzen Menschengeschlechtes. Denn sie hatten vorher von ihm gehört, leichter gehe ein Kamel durch ein Nadelöhr, als ein Reicher in das Himmelreich (Mt 19, 24–26; Lk 18, 25). Ihnen antwortete er, bei Gott sei leicht, was Menschen unmöglich sei. Es ist Gott, bei dem es leicht ist, daß auch ein Reicher in das Himmelreich eingeht, und dieser Gott hat Dir die heilsame Unruhe, wie Du beten sollst, eingegeben, und so hast Du gemeint, mich darüber befragen zu sollen. Er hat ja auch, als er noch hier im Fleische weilte, den reichen Zachäus ins Himmelreich aufgenommen und, nachdem er durch seine Auferstehung und Himmelfahrt verherrlicht war, hat er durch die Austeilung des Heiligen Geistes bewirkt, daß viele Reiche die Welt verachtet haben. Er hat sie dadurch reicher gemacht, daß er ihrem Streben nach Reichtum ein

Ende setzte. Und auch Du – wie könntest Du Dich um das Gebet zum Herrn bemühen, wenn Du nicht auf ihn hofftest? Wie könntest Du Deine Hoffnung auf ihn setzen, wenn Du auf unsicheren Reichtum vertrautest und das heilsame Gebot des Apostels verachtetest: „Den Reichen dieser Welt gebiete, nicht hochmütig zu leben und ihre Hoffnung nicht auf unsicheren Reichtum zu setzen, sondern auf den lebendigen Gott, der uns alles im Überfluß zum Genießen schenkt. Sie sollen reich sein an guten Werken, gerne geben und schenken. So sollen sie sich einen Schatz sammeln als guten Grund für die Zukunft und das wahre Leben finden" (1 Tim 6, 17–19).

II. Darum mußt Du Dich aus Liebe zu diesem wahren Leben in dieser Welt als ungetröstet betrachten, so groß auch Dein Wohlstand sein mag, denn nur jenes Leben ist wahres Leben. Im Vergleich dazu kann dieses Leben, so sehr man es lieben, so angenehm und langandauernd es auch sein mag, nicht einmal Leben genannt werden. Entsprechend gibt es auch nur einen wahren Trost: den Trost, den der Herr mit den Worten des Propheten verheißt: „Ich werde ihnen wahren Trost geben, Frieden über Frieden" (Jes 57, 18f). Ohne diesen Trost erfährt man in allen irdischen Tröstungen eher Trostlosigkeit als Trost. Denn welchen Trost bergen Reichtum, eine hohe Stellung und andere Dinge, worin Menschen, die das wahre Glück nicht kennen, ihr Glück suchen? Wer all das nicht nötig hat, ist schließlich glücklicher als der, der es im Überfluß hat. Hat er es nämlich erreicht, so quält ihn die Sorge, es zu verlieren, mehr noch als vorher die Begierde, es zu erlangen. Durch solche Güter werden die Menschen nicht gut. Erst wenn sie auf andere Weise gut geworden sind, dann machen sie durch den rechten Gebrauch solcher Güter, daß diese gut sind. In ihnen selbst liegt kein wahrer Trost. Der liegt nur dort, wo das wahre Leben ist. Denn der Mensch muß dadurch glücklich werden, wodurch er auch gut wird.

Gute Menschen aber sieht man schon in diesem Leben reichen Trost spenden. Denn wenn Armut bedrängt, wenn Trauer niederdrückt, wenn körperlicher Schmerz die Ruhe raubt, wenn Heimatlosigkeit traurig macht oder irgendein anderes Unglück quält, dann sind gute Menschen zur Stelle, die sich nicht bloß mit den Fröhlichen freuen, sondern die auch mit den Weinenden weinen und ihnen Trost und Zuspruch geben können. Oft wird so die

Härte gemildert, das Schwere erleichtert, das Widerwärtige überwunden. Denn Gott, der durch seinen Geist das Gute bewirkt, wirkt dieses Gute in und durch gute Menschen. Umgekehrt aber: Wenn man im Überfluß lebt und kein Mangel sich bemerkbar macht, wenn man gesund ist und ungefährdet in seiner Heimat lebt, doch von bösen Menschen umgeben ist, von solchen, denen man nicht vertrauen kann oder von denen man nichts als Hinterlist, Betrug, Zorn, Zwietracht, Nachstellungen zu erdulden oder wenigstens zu befürchten hätte – wird dann all das nicht bitter und hart, ohne Freude und Lust? So ist in allen menschlichen Situationen dem Menschen nichts freundlich ohne einen Freund. Doch wo wird ein Freund gefunden, über dessen Gesinnung und Charakter in diesem Leben schon volle Gewißheit zu erlangen ist? Niemand kennt einen anderen doch so wie sich selbst, und auch sich selbst kennt niemand so, daß er seines morgigen Handelns sicher sein könnte. Zwar erkennt man viele an ihren Früchten; die einen erfreuen durch ihr gutes Leben ihre Mitmenschen, die anderen betrüben sie durch ihre schlechte Lebensweise. Doch wegen der Verborgenheit und Unsicherheit des menschlichen Herzens ermahnt uns der Apostel zu Recht, nicht vor der Zeit über irgend etwas zu richten, bis der Herr kommt, „der das in der Dunkelheit Verborgene erleuchtet und die Gedanken des Herzens offenbar macht. Dann wird jedem sein Lob von Gott zuteil" (1 Kor 4, 5).

Die Suche nach irdischem Glück

In dieser Welt kann es keine letzte Erfüllung geben. Alles Streben des Menschen richtet sich auf ein hinreichendes Auskommen für sich und seine Freunde.

In der Dunkelheit dieses Lebens, in der wir im Glauben und nicht in der Schau fern vom Herrn wandeln, soll sich die christliche Seele als ungetröstet betrachten, damit sie nicht aufhöre zu beten. Auch muß sie das Auge des Glaubens auf das Wort der göttlichen und heiligen Schriften richten, die „wie eine Leuchte aufgestellt sind an einem dunklen Ort, bis daß der Tag hereinbricht und der Morgenstern aufgeht in unseren Herzen" (2 Kor 5, 6f; 1 Petr 1, 19). Die unergründliche Quelle dieser Leuchte ist jenes Licht, welches so in der Finsternis leuchtet, daß die Finsternis es nicht begreifen konnte (Joh 1, 5). Denn zuvor mußten die Herzen durch den Glauben gereinigt werden, damit sie es sehen konnten. „Selig, die reinen Herzens sind, denn sie werden Gott schauen" (Mt 5, 8). Und: „Wir wissen, daß wir ihm ähnlich sein werden, wenn er erscheint, weil wir ihn sehen werden, wie er ist" (1 Joh 3, 2). Darum wird dann nach dem Tode das wahre Leben und nach der Trostlosigkeit der wahre Trost sein. Jenes Leben wird unsere Seele vom Tod, jener Trost unsere Augen von Tränen befreien. Und weil es keine Versuchung mehr geben wird, darum heißt es im Psalm: „Du hast meine Füße vom Fall bewahrt" (Ps 116, 8). Wo es keine Versuchung mehr gibt, dort gibt es auch kein Gebet. Denn dort erwartet man kein verheißenes Gut mehr, dort gibt es nur Schau des empfangenen. Deshalb heißt es: „Ich will dem Herrn gefallen im Lande der Lebendigen" (Ps 116, 9). Dort werden wir dann nicht mehr in der Wüste des Todes sein, wo wir jetzt sind. „Ihr seid gestorben", sagt der Apostel, „und euer Leben ist verborgen mit Christus in Gott; wenn aber Christus, euer Leben, erscheint, werdet auch ihr mit ihm in Herrlichkeit erscheinen" (Kol 3, 3f). Dies ist das wahre Leben, das die Reichen durch gute Werke erlangen sollen, und dort ist der wahre Trost, dessen die ungetröstete Witwe jetzt noch entbehrt. Mag sie auch Söhne und Enkel haben und ihr Haus in Frömmigkeit und all die Ihrigen zur Hoffnung auf Gott führen, so wird sie dennoch im Gebet sprechen: „Nach Dir dürstet meine Seele, und wieviel mehr noch mein Fleisch im verlassenen Land, wegelos und ohne Wasser" (Ps 63, 2f). Gemeint ist dieses unser vom Tod bedrohtes Leben. Denn wenn uns auch vergänglicher Trost gespendet wird, wenn uns auch viele Weggefährten begleiten, wenn wir auch große Vermögen anhäufen – Du weißt, wie unsicher dies alles ist. Und was ist das alles, selbst wenn es nicht so unsicher wäre, im Vergleich zur verheißenen Glückseligkeit?

Dies sage ich Dir, die Du als reiche, angesehene Witwe und als Mutter einer so großen Familie von mir eine Abhandlung über das Gebet verlangt hast.

Denn ich möchte, daß Du Dich in diesem Leben ungetröstet fühlst, auch wenn hier die Deinen um Dich sind und Dir Gehorsam erweisen. Noch hast Du ja jenes Leben nicht erreicht, in dem der wahre Trost liegt, wo das erfüllt wird, was prophetisch vorherverkündet wurde: „Früh am Morgen sind wir gesättigt von Deiner

Barmherzigkeit. Wir haben frohlockt und haben uns gefreut all unsere Tage. Wir haben uns gefreut wegen der Tage, an denen Du uns gedemütigt hast, wegen der Jahre, in denen wir Böses gesehen haben" (Ps 90, 14).

III. Bevor also dieser Trost kommt, denke daran, daß Du ungetröstet bist, gleich, welch großer Reichtum Dich auch umgeben mag. Nur so kannst Du Tag und Nacht im Gebet verharren. Denn nicht jeder Witwe stellt der Apostel die Aufgabe, im Gebet zu verharren, sondern nur der, die wahrhaft Witwe und ungetröstet ist. Von dieser sagt er, daß sie „auf den Herrn ihre Hoffnung gesetzt hat und im Gebet Tag und Nacht verharrt" (1 Tim 5, 5). Vor dem, was weiter gesagt wird, davor hüte Dich: „Diejenige, die sich Vergnügungen schafft, ist lebendig tot" (1 Tim 5, 6). Der Mensch strebt nämlich nach dem, was er liebt. Er begehrt das, wodurch er glücklich zu werden glaubt. Deshalb sagt die Schrift vom Reichtum: „Wenn euch Reichtum zufließt, wendet ihm euer Herz nicht zu" (Ps 61, 11). Dasselbe sage ich Dir hinsichtlich der Lebensfreuden: Wenn Dir solche Lebensfreuden zufließen, so hänge Dein Herz nicht daran. Bilde Dir nichts darauf ein, wenn sie Dir nicht fehlen, ja weil sie sich Dir gar im Überfluß darbieten und gleichsam der Quelle irdischen Glücks überreich entströmen. Dies alles sieh als völlig minderwertig an, verachte es und suche nichts von all dem außer der körperlichen Gesundheit. Die darf man nicht gering schätzen, weil man sie notwendig zum Leben braucht, solange unser sterblicher Leib noch nicht überkleidet ist mit der Unsterblichkeit. Dann haben wir die wahre, vollkommene und ewige Gesundheit, welche nicht durch irdische Schwäche zunichte und durch vergängliche Erholung wiederhergestellt wird, sondern die in himmlischer Festigkeit verbleibt und von ewiger Unvergänglichkeit genährt wird. Sagt doch auch der Apostel: „Sorgt euch nicht um das Fleisch wegen der Begierlichkeit" (Röm 13, 14). Wir tragen zwar Sorge für das Fleisch, aber nur wegen der notwendigen Gesundheit. Denn derselbe Apostel sagt auch: „Niemand hat je sein eigenes Fleisch gehaßt" (Eph 5, 29). Aus dem gleichen Grunde ermahnt er auch den Timotheus, der anscheinend seinen Leib zu sehr in Zucht nahm, daß er ein wenig Wein nehme seines Magens und seiner vielfältigen Krankheiten wegen (1 Tim 5, 23).

Wenn also eine Witwe sich derart Lebensfreude verschafft, daß ihr ganzes Herz daran hängt und sie darin aufgeht, so ist sie lebend tot. Viele Heilige haben sich darum ganz aller Vergnügungen enthalten; sie haben ihren Reichtum, der gleichsam die Mutter aller Vergnügungen ist, durch Verteilen an die Armen weggegeben und sich so dadurch lieber einen Schatz im Himmelreich verschafft. Auch wenn Du, durch Liebespflicht gebunden, dies nicht tust, so ist Dir doch bewußt, daß Du über Deinen Reichtum Gott Rechenschaft geben mußt. Denn „niemand weiß, was im Menschen vorgeht als der Geist des Menschen, der in ihm ist" (1 Kor 2, 11). Wir aber dürfen „nicht vor der Zeit urteilen, bis daß der Herr kommt und das im Finstern Verborgene erleuchtet und die Gedanken des Herzens offenbar macht" (1 Kor 4, 5). „Dann wird jeder sein Lob von Gott empfangen" (Ps 61, 11). Es gehört nämlich zu Deiner Witwenpflicht, Dein Herz nicht den Dir zufallenden Lebensfreuden hinzugeben, damit durch sie nicht verfaule und sterbe, was oben sein muß, um zu leben. Du sollst vielmehr zu der Zahl derer zählen, von denen geschrieben steht: „Ihre Herzen werden leben von Ewigkeit zu Ewigkeit" (Ps 21, 27).

IV. Du hast gehört, in welcher Haltung Du beten sollst. Höre nun auch, was Du zu beten hast. Denn das war es vor allem, worüber Du mich befragen wolltest. Beunruhigt Dich doch das Wort des Apostels: „Um was wir in rechter Weise beten sollen, wissen wir nicht" (Röm 8, 26). Du hast sogar gefürchtet, es könnte Dir eher schädlich sein, in falscher Weise zu beten, als überhaupt nicht zu beten. Dazu läßt sich in Kürze sagen: Bete um ein glückseliges Leben. Das wollen nämlich alle Menschen haben. Denn auch die, welche einen schlechten und verdorbenen Lebenswandel führen, leben nur deshalb so, weil sie glauben, auf diese Weise glücklich zu werden. Bete also um nichts anderes als darum, wonach Gute und Böse streben, wohin aber nur die Guten gelangen.

V. An diesem Punkt könntest Du vielleicht die Frage stellen, worin denn nun das glückliche Leben besteht. An diesem Problem haben viele Philosophen Zeit und Scharfsinn vergeudet. Sie haben aber die richtige Lösung dieser Frage um so weniger gefunden, als sie der Quelle jener Glückseligkeit keine Ehre und keinen Dank erwiesen haben. Überlege darum zuerst, ob jene wohl recht haben, die behaupten, glücklich sei man dann, wenn man so lebt, wie man will. Eine solche Auffassung ist für uns völlig ausgeschlossen. Denn was geschieht, wenn einer böse leben will? Ist er dann nicht um so unglücklicher, je leichter sich sein böser Wille erfüllt? Völlig zu Recht haben auch Philosophen, die den wahren Gott nicht verehren, diese Auffassung abgelehnt. Denn einer ihrer beredtsten Männer sagt: „Sieh, auch Leute, die zwar keine Philosophen sind, wohl aber gerne disputieren, behaupten, alle die seien glücklich, die so lebten, wie sie wollten. Dies ist nun offensichtlich falsch. Denn zu wollen, was sich nicht schickt, ist selbst schon ein sehr großes Unglück. Aber nicht zu erlangen, was man will, ist kein so großes Unglück, wie wenn man begehrt, was sich nicht schickt" (Hortensius). Was denkst Du über diese Ansicht? Sind diese Worte nicht von Gott, der Wahrheit selbst, durch einen Menschen gesprochen? Wir können also hier genau das sagen, was der Apostel von einem Propheten aus Kreta, dessen Satz ihm gefiel, sagte: „Dieses Zeugnis ist wahr" (Tit 1, 13).

Derjenige ist also glücklich, der alles hat, was er will, und nichts will, was sich nicht ziemt. Wenn das so ist, so beachte, was Menschen alles wollen können, ohne daß es unziemlich ist. Der eine will sich vermählen, der andere will, verwitwet, von nun an enthaltsam leben, wieder ein anderer will Enthaltsamkeit selbst in der Ehe. Und wenn auch das eine oder andere besser ist, so kann man bei keinem dieser Fälle sagen, einer wolle etwas Unschickliches. Ebenso verhält es sich mit dem Willen, Kinder als Frucht der Ehe zu bekommen und ihnen Leben und Gesundheit zu wünschen. Diesen Wunsch hegen auch solche, die enthaltsam im Witwenstand leben. Denn wenn sie nun auch keine neue Ehe mehr wollen und folglich auch keine Kinder mehr zu zeugen wünschen, so wollen sie doch, daß die früheren Kinder ein gutes Leben haben. Von all diesen Sorgen ist die Jungfräulichkeit gänzlich frei. Dennoch haben alle Menschen ihre Lieben, denen sie ohne jede Unschicklichkeit zeitliches Wohlergehen wünschen. Wenn sie nun selbst und ihre Lieben dieses Wohlergehen erlangt haben, können wir sie dann schon glücklich nennen? Gewiß, sie besitzen etwas, was sie nicht unziemlich gewollt haben. Wenn sie aber nicht andere, größere, bessere und an Nutzen und Anerkennung reichere Güter besitzen, dann sind sie vom glücklichen Leben noch weit entfernt.

VI. Ist es nun zulässig, daß man über das zeitliche Wohlergehen hinaus auch für sich und die Seinen Ehrenämter und Macht wünscht? Gewiß ziemt es sich, dies zu wünschen, wenn es geschieht, um Verantwortung zu übernehmen für diejenigen, die einem untergeordnet sind, und wenn man dabei nicht diese Ämter selbst im Auge hat, sondern sie um dessentwillen anstrebt, von dem alles Gute kommt. Wenn es aber aus eitler Ruhmsucht oder um überflüssigen, nichtigen und sogar schädlichen Prunkes willen geschieht, so ziemt es sich nicht. Ebenso verhält es sich auch mit Wünschen, welche die notwendigen Dinge des täglichen Lebens betreffen. Dazu sagt der Apostel: „Frömmigkeit gepaart mit Bescheidenheit ist ein großer Gewinn. Nichts haben wir in diese Welt hineingebracht, nichts können wir von hier mitnehmen. Haben wir Nahrung und Kleidung, so laßt uns damit zufrieden sein. Denn die reich werden wollen, fallen in Versuchungen und Fallstricke und in viele törichte und schädliche Begierden, welche den Menschen in Untergang und Verderben stürzen. Die Wurzel aller Übel ist die Habsucht. Ihr ergeben, sind einige vom Glauben abgefallen und in viele Qualen gestürzt" (1 Tim 6,6–10). Wer also nur ein hinreichendes Auskommen und nicht mehr als das will, will nichts Unziemliches. Sonst wohl. Dieses wünschte sich und darum bat der, welcher sagte: „Schenk mir weder Reichtum noch Armut. Gib mir das Notwendige in hinreichendem Maß, damit ich nicht übersättigt Lügen rede und sage: Wer sieht mich? Oder aus Armut zum Dieb werde und beim Namen meines Gottes falsch schwöre" (Spr 30, 8). Du siehst deutlich, daß dieses hinreichende Auskommen nicht seiner selbst wegen angestrebt wird, sondern um der körperlichen Gesundheit und einer bescheidenen Lebensführung willen. Denn die Lebensführung soll denen, mit denen man aus ehrbarer Zuneigung und Verpflichtung zusammenzuleben hat, angemessen sein.

In all diesen Dingen sind es also das persönliche Wohlergehen und die Freundschaft, die um ihrer selbst willen angestrebt werden. Das hinreichende Auskommen sucht man nicht um seiner selbst willen, sondern wegen der zwei übergeordneten Güter, solange man nach ihnen in geziemender Weise verlangt. Wohlergehen aber schließt dieses Leben, Gesundheit, Unversehrtheit der Seele und des Leibes ein. Ebenso darf man Freundschaft nicht zu eng fassen. Sie begreift alle ein, denen man Zuneigung und Liebe schuldet, auch wenn man sich zum einen mehr und zum anderen weniger hingezogen fühlt. Sie reicht sogar bis zu den Feinden, da wir gehalten sind, auch für sie zu beten. So gibt es niemanden in der

Menschheit, dem man nicht Liebe schuldig wäre, wenn nicht auf Grund gegenseitiger Zuneigung, so doch wegen der allen gemeinsamen Natur. Aber die, welche uns in heiliger und selbstloser Weise wiederlieben, die erfreuen uns zu Recht am höchsten. Wenn man solche Freunde besitzt, sollte man beten, daß man sie behält; wenn man sie nicht besitzt, darum, daß man sie erhält.

Gott als Ziel allen Glücksstrebens

Alles ist preiszugeben um des Einzigen willen, der menschliche Sehnsucht erfüllen kann. Diese Sehnsucht drängt zum „unablässigen Gebet", das uns für das „Eine Notwendige" öffnet.

VII. Ist das nun alles, worin das glückselige Leben besteht? Oder lehrt die göttliche Wahrheit noch anderes, was all dem Genannten vorzuziehen ist? Schließlich muß man das hinreichende Auskommen, selbst das Wohlbefinden, das eigene wie das der Freunde, wie lange es auch in dieser Zeit währt, am Ende preisgeben, um das ewige Leben zu erlangen. Nein, wenn man die ewigen Güter den zeitlichen nicht vorzieht, mag man vielleicht den Leib, keinesfalls aber die Seele für gesund ansehen. Nutzbringend lebt man in dieser Zeit nur, um Verdienste zu erwerben zum Leben in der Ewigkeit. Auf jenes eine Leben, das mit Gott und von Gott her gelebt wird, ist zweifelsohne alles, was man sich nutzbringend und geziemend wünscht, zu beziehen. Dann lieben wir uns wirklich selbst, wenn wir Gott lieben, und wir lieben – gemäß dem anderen Gebot – wahrhaft den Nächsten wie uns selbst, wenn wir ihn, soweit das in unseren Kräften steht, zu einer gottähnlichen Liebe hinführen. Gott also lieben wir um seiner selbst willen, uns und den Nächsten aber seinetwegen. Wenn wir jedoch jetzt schon so leben, dann dürfen wir nicht meinen, wir ständen schon im glückseligen Leben, und es gäbe eigentlich nichts mehr, worum wir beten sollten. Denn wie können wir jetzt schon glückselig leben, da uns ja noch jenes eine (Gott) fehlt, wodurch wir allein gut zu leben vermögen.

VIII. Warum also verlieren wir uns an das Viele und fragen, was wir eigentlich beten sollen? Aus Furcht etwa, wir könnten vielleicht nicht so beten, wie es sein soll? Warum sprechen wir nicht besser einfach mit dem Psalm: „Eins nur habe ich vom Herrn erbeten, danach verlangt mich: wohnen zu dürfen im Hause des

Herrn alle Tage meines Lebens, daß ich die Freundlichkeit Gottes betrachte und seinen heiligen Tempel besuche“ (Ps 26, 4). Dort nämlich gibt es kein Kommen und Gehen der Tage, sie alle kennen weder Anfang noch Ende. Alle sind ohne Ende gleichzeitig da, und das Leben, dessen Tage sie sind, hat kein Ende. Um dieses glückselige Leben zu erlangen, lehrt uns Gott, Er, das wahre Leben, nicht mit vielen Worten zu beten, so als könnten wir es um so eher erlangen, je zungenfertiger wir sind. Wir beten doch zu dem, der – nach den Worten des Herrn – weiß, was uns not tut, bevor wir es noch von ihm erbeten haben. Es mag darum verwunderlich erscheinen, daß der Herr, der doch weiß, wessen wir bedürfen, noch ehe wir ihn darum bitten, trotz des Verbotes vieler Worte uns folgendermaßen ermahnt: „Man muß allezeit beten und darf davon nicht ablassen“ (Lk 18, 1–8). Dabei stellt er das Beispiel einer Witwe heraus, die gegen ihren Widersacher her Recht bekommen wollte und durch ihr beständiges Drängen den ungerechten Richter schließlich bewog, sie anzuhören. Dieser wurde dazu nicht vom Recht oder von der Barmherzigkeit bewegt, sondern einfach vom Überdruß. Daran sollen wir erkennen, wie sicher uns der barmherzige und gerechte Gott erhören wird, wenn wir unablässig beten. Denn schließlich konnte der ungerechte und gottlose Richter dem dauernden Drängen der Witwe nicht widerstehen. Wenn schon jene ihr Ziel erreichen, welche an ihren Feinden Rache nehmen wollen, um wieviel lieber und bereitwilliger erfüllt Gott die guten Wünsche derer, von denen er weiß, daß sie anderen ihre Beleidigungen verzeihen. Auch der Mann, zu dem unerwartet ein Freund auf der Reise gekommen war, ist hier als Beispiel anzuführen. Er hatte ihm nichts vorzusetzen und ging zu einem anderen Freund, um drei Brote zu leihen. Vielleicht ist darin die Dreifaltigkeit des einen Wesens angedeutet. Er ging also zu dem, der mit seinem ganzen Hausgesinde schon schlief und weckte als höchst dringlicher und lästiger Bittsteller ihn auf, so daß der ihm das Gewünschte gab. Er tat es mehr, weil er sich der Störung entledigen, als daß er ihm einen Gefallen tun wollte. An diesem Beispiel sollten wir erkennen, um wieviel wohlwollender der gibt, der den Schlaf nicht kennt, wenn schon der, der unwillig von einem Bittsteller aus dem Schlaf geweckt wird, zum Geben gezwungen ist. Gott ist es auch, der uns Schlafende zum Beten aufweckt.

An derselben Stelle heißt es auch „Bittet und ihr werdet empfangen, suchet und ihr werdet finden, klopfet an und euch wird aufgetan werden. Denn jeder, der bittet, empfängt, wer sucht, der findet, wer klopft, dem wird aufgetan. Denn wer von euch gibt seinem Sohn, der ihn um Brot bittet, einen Stein? Oder wenn er ihn um einen Fisch bittet, wird er ihm eine Schlange reichen? Oder wenn er ihn um ein Ei bittet, wird er ihm einen Skorpion reichen? Wenn nun schon ihr, die ihr böse seid, euren Kindern gute Gaben zu geben wißt, um wieviel mehr wird euer himmlischer Vater denen, die ihn darum bitten, Gutes geben!" (Lk 11, 9– 3). Hier sind die drei vom Apostel empfohlenen Tugenden versinnbildlicht. Der Fisch steht für den Glauben im Hinblick auf das Wasser der Taufe, aber auch weil er sich in den Fluten dieser Zeit unversehrt hält. Ihm entgegengesetzt ist die Schlange, die es mit giftiger List und Überredungskunst dahin brachte, daß der Mensch Gott nicht mehr glaubte. Die Hoffnung wird durch das Ei versinnbildlicht, weil das Küchlein im Ei noch kein Leben hat, sondern es erst erhalten wird. Sein Leben kann man noch nicht sehen, es nur erhoffen – „die Hoffnung nämlich, die man sieht, ist keine Hoffnung" (Röm 8, 24). Ihr entgegengesetzt ist der Skorpion. Denn wer auf ein ewiges Leben hofft, vergißt, was hinter einem liegt und streckt sich aus nach dem, was vor einem ist. Es ist schädlich, rückwärts zu blicken, wie auch beim Skorpion das Hinterteil zu fürchten ist, wo er seinen Stachel und sein Gift hat. Die Liebe aber wird durch das Brot versinnbildlicht. Denn die Liebe ist das Größte von diesen. Auch unter den Speisen überragt das Brot alle durch seinen Nutzen. Ihm entgegensetzt ist der Stein. Denn harte Herzen sind für die Liebe unempfänglich. Vielleicht könnte man den einen oder anderen Begriff passender oder anders deuten. Doch der, der seinen Kindern gute Gaben zu geben weiß, treibt uns durch diese Worte an, zu bitten, zu suchen und anzuklopfen. Warum lenkt er uns zum Gebet? Er weiß doch, was für uns notwendig ist, noch ehe wir ihn darum bitten. Wir können es wohl nur so verstehen, daß unser Herr und Gott nicht etwa unseren Willen kennenlernen will, der ihm ja nicht unbekannt sein kann. Vielmehr soll durch das Gebet unser Verlangen gestärkt werden, damit wir in der Lage sind aufzunehmen, was Gott uns zu geben beabsichtigt. Denn seine Gabe ist sehr groß, wir aber sind klein und eng im Annehmen. Daher sagt er uns: „Macht euch weit, damit ihr nicht mit den Ungläubigen zusammen unter dem gleichen Joch zieht“ (2 Kor 6, 13f). Je treuer wir daran glauben, je fester wir es erhoffen, je inniger wir es ersehnen, um so fähiger werden wir sein, jenes höchste Gut zu genießen, das nicht mit Augen gesehen wird, da es keine Farbe ist, das nicht mit Ohren gehört wird, da es kein Schall ist, das in keines Menschen Herz gedrungen ist, da das Herz des Menschen zu ihm aufsteigen muß.

IX. Indem wir glauben, hoffen und lieben, beten wir in ununterbrochener Sehnsucht. Daneben aber beten wir in festgesetzten Zeitabständen auch mit Worten zu Gott, damit wir uns im Aussprechen dieser Worte bewußt werden und uns Gewißheit darüber verschaffen, wie weit unsere Sehnsucht sich vertieft hat, und damit wir uns selbst stärker anspornen, dieses Verlangen zu vermehren. Je glühender nämlich etwas ersehnt wird, um so sicherer ist die Wirkung. Was anderes will das Wort des Apostels „Betet ohne Unterlaß“ sagen, als daß man das glückselige Leben, nämlich das ewige Leben, ohne Unterlaß von dem ersehnen soll, der es als einziger zu geben vermag. Laß es uns also immer vom Herrn ersehnen, laß uns darum beten. Gerade deswegen müssen wir uns zu bestimmten Zeiten die Verpflichtung zum Gebet wachrufen, weil jene Sehnsucht leicht in den alltäglichen Sorgen und Geschäften gleichsam abkühlen kann. Wir sollen uns durch die Gebetsworte selbst ermahnen, auf das zu achten, was wir ersehnen, damit nicht vollends erkalte, was schon begonnen hat sich abzukühlen, und damit nicht völlig ausgelöscht werde, was im Gegenteil öfter hätte angeflammt werden müssen. Daher auch das Wort des Apostels: „Eure Bitten mögen kund werden vor Gott“ (Phil 4, 6). Das ist aber nicht so zu verstehen, als müßten sie Gott zur Kenntnis gebracht werden. Er kennt sie, noch bevor sie ausgesprochen sind. Sie sollen uns vielmehr kundgemacht werden durch unsere Geduld vor Gott, nicht durch Prahlerei vor den Menschen. Vielleicht sollen sie auch den Engeln, die vor Gott stehen, kundgemacht werden, damit sie dieselben Gott gleichsam darbringen und erfragen, was nach Gottes Befehl damit zu geschehen habe, und dann seinen Willensratschluß uns heimlich oder offen überbringen. Denn es sprach ein Engel zu einem Menschen: „Gerade jetzt, als du mit Sara betetest, habe ich euer Gebet vor das Angesicht der Herrlichkeit Gottes gebracht“ (Tob 12, 12)

X. Wenn es sich so verhält, so ist es weder tadelnswert noch nutzlos, wenn man viel Zeit dem Gebet widmet, falls dadurch nicht

andere gute und notwendige Aufgaben verhindert werden. Aber auch bei diesen Betätigungen muß man in jenem – schon erwähnten – Verlangen allzeit beten. Wenn man länger betet, so heißt das nicht, wie einige meinen, daß man mit vielen Worten betet. Vielrednerei ist eines, dauernde Andacht ein anderes. Vom Herrn selbst steht ja geschrieben, daß er die Nacht im Gebet verbrachte und daß er sehr inständig gebetet hat. Hat er uns nicht so ein Beispiel gegeben? Er hat in der Zeit in rechter Weise gebetet, während er in der Ewigkeit zusammen mit dem Vater Gebete erhört.
Wie man erzählt, verrichten die Brüder in Ägypten sehr oft Gebete. Die sind allerdings sehr kurz und gleichsam wie ein Pfeil, damit die bewußt erweckte Sammlung, die für den Beter unbedingt notwendig ist, nicht durch allzu lange Dauer dahinschwindet und an Kraft verliert. Dadurch zeigen sie auch zur Genüge, daß man in dieser Sammlung nicht einfach durchhalten soll, wenn sie nicht anzudauern vermag, daß man sie aber auch nicht plötzlich abbrechen soll, solange sie andauert. Viele Worte halte fern vom Gebet; das inständige Bitten aber darf nicht fehlen, wenn die glühende Sammlung andauert. Denn Vielrederei beim Gebet heißt: die eine notwendige Sache mit überflüssigen Worten vortragen. Man bittet dagegen inständig, wenn man sich in dauernder und frommer Gesinnung des Herzens an den wendet, zu dem man betet. Denn diese Aufgabe wird meist besser mit innerer Gemütsbewegung als mit Reden, besser mit Tränen als mit Worten erfüllt. Der alles durch sein Wort erschaffen hat und nicht Verlangen trägt nach menschlichen Worten, nimmt unsere Tränen vor sein Angesicht, unser Flehen ist ihm nicht verborgen (Ps 55, 9).

Das Vater-Unser – die Summe des Betens

Seitdem Jesus die Bitte der Jünger: „Herr, lehre uns beten", erfüllt hat, ist das Vater-Unser die Summe allen Betens. Nicht erst Gebetsdürre und Gebetsnot, sondern die Ahnung vom Reichtum dieses Gebets sollen den Menschen dazu führen, sich selbst und all seine Anliegen in diesem Gebet auszusprechen.

XI. Für uns sind also Worte notwendig, damit wir durch sie uns selbst ermahnen und auf den Inhalt des Gebetes achten. Wir sollten aber nicht meinen, Gott müsse dadurch belehrt oder erweicht werden. Wenn wir also sprechen: „Geheiligt werde Dein Name", so wecken wir in uns den Wunsch, daß sein immer heiliger Name auch von den Menschen heilig gehalten werde, daß er nicht verunehrt werde. Dies gereicht allerdings nicht Gott, sondern uns zum Nutzen. Wenn wir sprechen: „Zu uns komme Dein Reich", so wird dieses Reich, ob wir es wollen oder nicht, in jedem Fall kommen. Durch diese Bitte aber erwecken wir unsere Sehnsucht nach diesem Reich, damit es für uns kommt und damit wir verdienen, in diesem Reich mitzuherrschen. Wenn wir sprechen: „Dein Wille geschehe wie im Himmel so auf Erden", so erbitten wir von Gott eigentlich den Gehorsam, daß sein Wille so von uns erfüllt werde, wie im Himmel von den Engeln. Wenn wir sagen: „Unser tägliches Brot gib uns heute", so meint „heute" in dieser Welt, in der wir um ein hinreichendes Auskommen bitten. Dies bezeichnen wir mit dem Namen Brot, da das Brot dessen vorzüglichster Teil ist. Man kann darunter auch die Eucharistie, das Sakrament der Gläubigen verstehen, das in dieser Zeit notwendig ist, nicht um das zeitliche, wohl aber um das ewige Glück zu erlangen. Wenn wir sprechen: „Vergib uns unsere Schuld, wie auch wir vergeben unseren Schuldigern", so belehren wir uns selbst darüber, was wir zu erbitten und was wir zu tun haben, damit wir das Erbetene zu empfangen verdienen. Wenn wir sagen: „Und führe uns nicht in Versuchung", so ermahnen wir uns, darum zu bitten, daß wir nicht des göttlichen Beistandes entbehren und dann irgendeiner Versuchung zustimmen oder – von ihr getäuscht – ihr nachgeben. Wenn wir sprechen: „Erlöse uns von dem Übel", ermahnen wir uns, daran zu denken, daß wir noch nicht jenes Gut erreicht haben, wo wir kein Übel mehr erleiden werden. Und dieser Schluß des Herrengebetes ist so tiefgehend, daß der Christ bei jedem Anliegen in diesem Wort seine tiefste Not ausspricht und seine Tränen vergießt. Von diesem Gedanken geht sein Gebet aus, bei ihm verweilt es, in ihm endet es. So soll durch diese Worte die Sache selbst unserem Gedächtnis eingeprägt werden.

XII. Und wenn wir auch mit anderen Worten beten – sei es, daß diese der Andacht des Beters vorangehen, um sie erst hervorzurufen, sei es, daß diese der Andacht folgen, um sie zu vertiefen – ,so sagen wir nichts anderes, als was im besagten Gebet des Herrn steht, vorausgesetzt, wir beten in rechter und angemessener Weise.

Jeder aber, der auf eine Weise betet, die mit dieser Gebetsvorschrift des Evangeliums unvereinbar ist, betet zwar nicht unerlaubt, wohl aber in fleischlicher Weise. Ich weiß freilich nicht, ob man es nicht doch unerlaubt nennen müßte, da die aus dem Geist Wiedergeborenen in geistiger Weise beten sollen. Wer beispielsweise sagt: „Verherrliche Dich bei allen Völkern, wie Du verherrlicht bist bei uns" (Sir 36, 4); und: „Deine Propheten sollen treu erfunden werden" (Sir 36, 18), was sagt der anderes als: „Geheiligt werde Dein Name." Wer spricht: „Gott der Mächte, stelle uns wieder her, zeige uns Dein Angesicht und wir werden gerettet" (Ps 79, 4), was sagt der anderes als: „Dein Reich komme." Wer betet: „Leite meine Wege nach Deinem Wort, damit in mir nicht Bosheit herrsche" (Ps 118, 133), was sagt der anderes als: „Dein Wille geschehe wie im Himmel so auf Erden." Wer sagt: „Gib mir weder Armut noch Reichtum" (Spr 30, 8), was sagt der anderes als: „Unser tägliches Brot gib uns heute." Wer sagt: „Gedenke Herr, Davids und all seiner Milde" (Ps 131, 1), oder: „Herr, wenn ich dies getan habe, wenn Unrecht an meinen Händen ist, wenn ich denen vergolten, die mir Übles getan haben" (Ps 7, 4f), was sagt er dann anderes als: „Vergib uns unsere Schuld, wie auch wir vergeben unseren Schuldigern." Wer sagt: „Nimm von mir die Völlerei und laß die Fleischeslust mich nicht ergreifen" (Sir 23, 6), was sagt der anderes als: „Führe uns nicht in Versuchung." Wer sagt: „Rette mich vor meinen Feinden, Gott, befreie mich von denen, die sich über mich erheben" (Ps 58, 2), was sagt der anderes als: „Erlöse uns vom Übel." Wenn Du nun alle heiligen Gebetsformeln durchgehst, so wirst Du, wie ich glaube, nichts finden, was das Herrengebet nicht enthält und einschließt. Darum steht es zwar frei, mit diesen oder jenen Gebetsworten das Herrengebet zu verrichten. Nicht aber steht es frei, etwas anderes zu sagen.

Dieses Gebet soll ohne jeden Zweifel für uns, für unsere Angehörigen, für Freunde, ja sogar für die Feinde verrichtet werden. Natürlich steigt im Herzen des Beters ein Antrieb auf, einmal für diesen, einmal für jenen zu beten, wie es sich von der Dringlichkeit oder Nicht-Dringlichkeit des Anliegens her ergibt. Wer dagegen beispielsweise betet: Herr, vermehre meine Reichtümer, oder: Gib mir so viel, wie du diesem oder jenem gegeben hast, oder: Vermehre meine Ehrenämter, mach mich in diesem Leben mächtig und berühmt, oder irgend etwas Derartiges, und wenn er dies ausspricht aus sündhafter Begierde, nicht um damit den Menschen nach Gottes Willen zu dienen, so glaube ich nicht, daß er im Herrengebet findet, was auf diese Wünsche passen könnte. Er soll sich schämen, um solches zu bitten, wenn er sich schon nicht schämt, danach zu gieren. Wenn er sich aber seiner Begierde schämt und sich doch von ihr überwältigen läßt, so ist es um so notwendiger, daß er um Befreiung von diesem Übel der Begierlichkeit den bittet, zu dem er sagt: „Erlöse uns von dem Übel."

XIII. Du hast nun, wie ich glaube, gehört, nicht nur, wie Du Dich beim Beten verhalten, sondern auch, was Du beten sollst. Dies habe nicht ich Dich gelehrt, sondern der, der sich gewürdigt hat, uns alle zu belehren. Das glückselige Leben muß man suchen, muß es vom Herrn erflehen. Was das glückliche Leben ist, haben schon viele auf vielerlei Weise erörtert. Aber wozu sollen wir zu allen möglichen Menschen gehen? Kurz und wahr heißt es in der Schrift so: „Glücklich das Volk, dessen Herr Gott selbst ist" (Ps 143, 15). Damit wir zu seinem Volk gehören, damit wir zu seiner Anschauung gelangen und mit ihm ohne Ende leben können, verlangt das Gesetz „die Liebe aus reinem Herzen, aus reinem Gewissen und aus ungeheucheltem Glauben" (1 Tim 1, 5). In diesen drei Bezeichnungen steht das reine Gewissen für die Hoffnung. Glaube, Hoffnung und Liebe führen also den Beter, d.h. denjenigen, der glaubt, hofft, liebt und der erwägt, was er vom Herrn im Herrengebet erbittet, zu Gott. Das Fasten und die Enthaltsamkeit von anderen sonst erlaubten sinnlichen Genüssen, besonders aber Almosen helfen beim Gebet, so daß wir sagen können: „Am Tag meiner Trübsal habe ich Gott mit meinen Händen gesucht, des Nachts stand ich vor ihm und bin nicht getäuscht worden" (Ps 76, 3). Denn wie könnte man den unkörperlichen und ungreifbaren Gott mit Händen suchen, wenn mit „meinen Händen" nicht die guten Werke gemeint wären.

Es Gott überlassen

Nicht zu wissen, um was man beten soll, kann eine Tugend sein, und zwar dann, wenn man es vertrauensvoll Gott selbst überläßt, uns das zu schenken, was uns gebührt. Denn wir neigen alle beim Beten dazu, uns selbst und unsere eigenen Interessen in den Vordergrund zu rücken und uns gleichzeitig dies nicht einzugestehen. Es gibt kaum subtilere Weisen der Selbsttäuschung als im Gebet. Deshalb überläßt das gläubige Gebet es Gott, das für uns Richtige zu schicken.

XIV. Vielleicht möchtest Du aber noch fragen, warum der Apostel sagt: „Um was wir in geziemender Weise beten sollen, wissen wir nicht" (Röm 8, 26). Denn es ist doch wohl kaum zu glauben, daß ihm selbst oder denjenigen, zu denen er sprach, das Gebet des Herrn unbekannt gewesen sein soll. Was kann also der Grund dieses doch wohl nicht unbedachten oder gar falschen Wortes gewesen sein? Sicherlich wollte er damit sagen, daß die Nöte und Bedrängnisse dieser Zeit meist nützlich sind, um uns vom Stolz zu heilen oder in der Geduld zu prüfen und zu bewähren. Denn aus der Bewährung erwächst ein schönerer und reicherer Lohn. Vielleicht meinte er auch, daß durch die Bedrängnisse Sünden bestraft und weggenommen werden sollten, und daß wir, ohne es zu wissen, wozu das alles nütze, einfach wünschen möchten, von aller Bedrängnis befreit zu werden. Von dieser Art Unwissenheit war der Apostel selbst nicht frei. Oder wußte er etwa, worum er in geziemender Weise beten sollte, als ihm jener Stachel des Fleisches, ein Engel Satans, gegeben wurde, der ihn schlug, damit er wegen der Größe der Offenbarungen sich nicht überhebe? Dreimal bat er deswegen den Herrn, daß er ihn davon befreie. Er wußte also nicht, worum er in rechter Weise beten müßte. Endlich hörte er von Gott die Antwort, warum nicht erfüllt werde, um was ein so großer Mann bat, und warum die Erfüllung nicht hilfreich sei: „Es genügt dir meine Gnade. Denn die Kraft wird in der Schwachheit vollendet" (2 Kor 12, 7–9).
Bei all diesen Bedrängnissen, die nützen oder schaden können, wissen wir nicht, wie wir in rechter Weise beten sollen. Und doch, da sie beschwerlich, lästig und unserer Schwachheit zuwider sind, beten wir wie jeder Mensch, daß sie von uns weggenommen werden. Wir schulden aber dem Herrn, unserem Gott, so viel Vertrauen, daß wir nicht glauben, von ihm nicht beachtet zu werden, wenn er sie nicht wegnimmt. Vielmehr gilt es, in frommer Geduld die Übel zu ertragen und auf größere Güter zu hoffen. So nämlich kommt „die Kraft in der Schwachheit zur Vollendung" (2 Kor 12, 9). Gelegentlich hat Gott, der Herr, voll Zorn einigen Ungeduldigen gewährt, um was sie baten, während er es dem Apostel voll Erbarmen verweigerte. So lesen wir auch von den

Israeliten, was und wie sie baten und was und wie sie es erhielten (Num 11, 1–34). Nachdem aber ihre ungeduldige Begierde gestillt war, wurden sie schwer gezüchtigt. Er gab ihnen auch, als sie darum baten, einen König – wie geschrieben steht –, jedoch nicht nach seinem, sondern nach ihrem Herzen (1 Kön 8, 5–7). Er gab auch nach, als der Teufel verlangte, seinen Diener versuchen zu dürfen (Ijob 1, 12; 2, 6). Er erhörte auch die Bitten der unreinen Geister, mit einer Legion Dämonen in eine Schweineherde zu fahren (Mt 8, 30–32; Lk 8, 32). Das alles ist aufgeschrieben, damit niemand sich etwas darauf einbildet, wenn sein ungestümes Gebet Erhörung findet, obwohl es besser gewesen wäre, er hätte erst gar nicht darum gebeten. Dies ist aber auch geschrieben, damit niemand den Mut verliert oder an der göttlichen Barmherzigkeit zweifelt, wenn seine Bitten nicht erhört werden. Vielleicht würde ihn die Erhörung nur noch stärker in Bedrängnisse bringen, oder er würde, vom Glück auf Abwege gebracht, vollends zugrunde gehen. In all diesen Dingen wissen wir also nicht, warum wir beten sollen. Wenn darum etwas eintrifft, was gegen unseren Gebetswunsch ist, so müssen wir es geduldig ertragen. Für alles sollen wir Dank sagen und nicht daran zweifeln, daß das besser ist, was in Gottes und nicht in unserem Willen gelegen hat. Denn dafür gab uns der Mittler selbst ein Beispiel, als er sagte: „Vater, wenn es möglich ist, gehe dieser Kelch an mir vorüber." Sofort aber änderte er seinen Willen, den er auf Grund der Menschwerdung besaß, und fügte hinzu: „Aber nicht wie ich will, sondern wie du willst, Vater" (Mt 26, 39). Deshalb werden zu Recht „durch den Gehorsam des Einen viele gerechtfertigt" (Röm 5, 19).

XV. Wer also immer jenes Eine vom Herrn erbittet und verlangt, bittet mit Sicherheit und Gewißheit und braucht nicht zu fürchten, die empfangene Gabe könne ihm zum Schaden gereichen. Ohne jenes Eine nützt nichts, selbst wenn man es durch ein rechtes Gebet erlangt haben sollte. Ich meine das einzig wahre und allein glückselige Leben, daß wir die Freude des Herrn in unsterblichem und unverderblichem Leib und Geist in Ewigkeit schauen. Dieses Einen wegen wird alles andere gesucht und in rechter Weise erstrebt. Wer es hat, hat alles, was er nur will. Er wird dort nichts anderes mehr haben wollen, weil er dort nichts mehr haben kann, was nicht recht ist. Dort ist der Quell des Lebens, von dem zu trinken wir nun im Gebete dürsten müssen, solange wir in der

Hoffnung leben und das, was wir erhoffen, noch nicht unter dem Schutze seiner Flügel sehen. Zu ihm geht all unsere Sehnsucht, damit wir trunken werden von der Fülle seines Hauses und getränkt vom Strom seiner Wonne. Denn bei ihm ist der Quell des Lebens (Ps 35, 10), in seinem Licht werden wir das Licht schauen. Dort wird unsere Sehnsucht mit Gütern gestillt; wir werden nichts mehr unter Schmerzen suchen, sondern in Freude besitzen. Da dies aber der Friede ist, der alles Begreifen übersteigt (Phil 4, 7), darum wissen wir nicht, worum wir in rechter Weise beten sollen, wenn wir nach ihm im Gebet verlangen. Das, was wir nicht so denken können, wie es wirklich ist, kennen wir offensichtlich auch nicht. Darum verwerfen wir das, was unserer Vorstellungskraft entspricht, wir weisen es zurück, halten es für untauglich, weil wir wissen, daß es nicht das ist, was wir suchen, obwohl wir andererseits noch nicht wissen, wie das Gesuchte beschaffen ist.

XVI. Es findet sich also in uns eine belehrte Unwissenheit (docta ignorantia), so möchte ich es einmal nennen, belehrt durch den Geist Gottes, der unserer Schwachheit zu Hilfe kommt. Denn nachdem der Apostel gesagt hat: „Wenn wir erhoffen, was wir noch nicht sehen, so erwarten wir es in Geduld", fügt er hinzu: „So kommt auch der Geist unserer Schwachheit zu Hilfe. Denn um was wir in rechter Weise beten sollen, wissen wir nicht. Aber der Geist selbst bittet für uns mit unaussprechlichen Seufzern. Der die Herzen durchforscht, weiß, was der Geist will. Denn in gottgefälliger Weise bittet er für die Heiligen" (Röm 8, 25–27). Dies darf man allerdings nicht so verstehen, als wäre der Heilige Geist Gottes, der in der Dreifaltigkeit unwandelbarer Gott mit dem Vater und dem Sohn ist, nicht Gott gleich und bitte so für die Heiligen. Es heißt vielmehr: Er bittet für die Heiligen, weil er die Heiligen zum Bitten antreibt, wie geschrieben steht: „Es versucht euch der Herr, euer Gott, damit er wisse, ob ihr ihn liebt" (Dtn 13, 3), d.h. damit er es euch wissen lasse. Er bewirkt also, daß die Heiligen mit unaussprechlichen Seufzern beten, indem er ihnen das Verlangen einflößt nach jenem noch unbekannten Gut, das wir in Geduld erwarten. Doch wie könnte man davon sprechen, was man ersehnt, wenn man es nicht kennt? Andererseits, wie könnte man sich nach etwas sehnen, was vollkommen unbekannt wäre? Und umgekehrt, würde man es sehen, so würde man sich nicht danach sehnen und es nicht mit innerstem Verlangen suchen.

Überlege Dir dies alles, auch das, was Dir der Herr darüber hinaus noch sagen wird, was mir entweder nicht einfiel oder auszuführen wohl zu weitschweifig ist. Kämpfe im Gebet, um diese Welt zu besiegen. Bete in der Hoffnung, bete gläubig und voll Liebe, bete fest und geduldig, bete wie eine Witwe Christi. Zwar sollen alle Glieder seines Leibes, also die, die an ihn glauben und mit seinem Leib vereinigt sind, so beten, wie er es gelehrt hat. Doch ist in der Heiligen Schrift besonders eindringlich den Witwen die Sorge um das Gebet übertragen. Zwei Frauen namens Anna werden in ihr ehrenvoll erwähnt. Die eine war eine verheiratete Frau, sie gebar den heiligen Samuel (1 Kön 1, 2–28). Die andere war Witwe, sie erkannte den Heiligen der Heiligen, als er noch Kind war (Lk 2, 36–38). Auch die verheiratete Frau hat in ihrem Seelenschmerz und in der Bedrängnis des Herzens gebetet. Denn sie hatte keine Kinder. Daraufhin wurde ihr Samuel geschenkt, und sie weihte ihn Gott, wie sie es in ihrem Gebet gelobt hatte. In welcher Beziehung aber ihr Gebet zum Herrengebet steht, ist nicht ohne weiteres zu sagen. Vielleicht gehört es zum Abschnitt: „Erlöse uns vom Übel." Denn offensichtlich ist es kein kleines Übel, verheiratet zu sein und doch die Frucht der Ehe zu entbehren, da doch die Ehe allein der Kinderzeugung wegen gerechtfertigt ist. Sieh aber auch, was von der Witwe Anna geschrieben steht: „Sie ging nicht vom Tempel weg und diente Gott mit Fasten und Beten Tag und Nacht" (Lk 2, 37). Aus demselben Grund sagte der Apostel, was ich schon oben angeführt habe: „Die Frau, die wahrhaft Witwe ist und ungetröstet, die hat ihre Hoffnung auf den Herrn gesetzt und verharrt im Gebet Tag und Nacht" (1 Tim 5, 5). Und da der Herr uns ermahnt, immer zu beten und darin nicht nachzulassen, führt er als Beispiel eine Witwe an, die durch ihr beständiges Drängen einen ungerechten, gottlosen, Gott und die Menschen verachtenden Richter dazu bewog, sich ihrer Sache anzunehmen. Daß also Witwen mehr als andere sich dem Gebet widmen sollen, geht hinlänglich daraus hervor, daß allen Menschen das Beispiel einer Witwe vorgehalten wird, um sie zum Eifer im Gebet zu ermahnen. Wodurch aber ist eine Witwe für diese Aufgabe besonders ausgestattet als durch Hilflosigkeit und Verlassenheit? Wenn sich nun jeder Mensch als hilflos und verlassen in dieser Welt erkennt, solange er fern vom Herrn pilgert, so empfiehlt jeder Mensch ohne Zweifel in dauerndem und inständigem Gebet seine „Witwenschaft" Gott als deren Beschützer. Bete darum wie eine Witwe Christi, da Du noch nicht zur Anschauung dessen gelangt bist, von dem Du Hilfe erflehst. Und wenn Du auch noch so reich bist, bete wie eine Arme. Du hast nämlich noch nicht die wahren Güter der zukünftigen Welt erlangt, wo Du keinen Verlust fürchten mußt. Bete, wie ich schon sagte, wie eine ungetröstete Frau, auch wenn Du Söhne, Enkel und eine zahlreiche Verwandtschaft hast. Unsicher ist alles Zeitliche, selbst wenn es uns bis zum Ende dieses Lebens als Trost verbleibt. Wenn Du aber nach dem suchst, was oben ist, so suchst Du Ewiges und Unvergängliches. Solange Du diese Güter noch nicht besitzest, mußt Du Dich für ungetröstet erachten, auch wenn alle Deine Angehörigen und Dein Haushalt gesund sind. Dies gilt auch, wenn Deine Schwiegertochter und andere heilige Witwen und Jungfrauen, durch Dein frommes Beispiel angespornt, unter Deiner Leitung sicher leben. Je größer Eure Sorge für Euer Haus ist, um so eifriger müßt Ihr Euch dem Gebet widmen und von der Sorge um die alltäglichen Dinge nicht überwältigen lassen, es sei denn aus Gründen der Mildtätigkeit. Denke bitte auch daran, für uns eifrig zu beten! Denn wir wollen nicht, daß Ihr uns aufgrund unseres Amtes Ehre, die wir für gefährlich halten, erweist und daß Ihr uns deshalb die Hilfe, die wir nötig haben, entzieht. Von der Familie Christi wurde gebetet für Petrus und für Paulus (Apg 12, 5; 13, 3). Wir freuen uns, daß auch Ihr zu dieser Familie gehört, aber unvergleichlich mehr als Petrus und Paulus bedürfen wir der Gebetshilfe unserer Geschwister. Betet in heiligem, einträchtigem Wettkampf. Hierbei kämpft Ihr nicht gegeneinander, sondern gegen den Teufel, den Feind aller Heiligen. In Fasten, Wachen und jeder Abtötung des Leibes – durch all dies wird das Gebet besonders gefördert – soll jede von Euch tun, was sie kann. Was die eine nicht vermag, das tue sie in der anderen, die es kann, wenn sie nämlich in der anderen das liebt, was sie selbst aus mangelnder Kraft nicht zustande bringt. Deshalb hindere diejenige, die weniger vermag, nicht jene, die mehr kann. Und die mehr kann, bedränge nicht die weniger Starke.

Euer Gewissen seid Ihr allein Gott schuldig. „Untereinander aber bleibt niemandem etwas schuldig außer der gegenseitigen Liebe" (Röm 13, 8). Es erhöre Dich der Herr, „der die Macht besitzt, mehr zu tun, als wir erbitten oder begreifen" (Eph 3, 20).

Johannes Cassianus

Vom Leben Cassians ist nicht viel bekannt. Er dürfte um 360 in der römischen Provinz Scythia minor (der heutigen Dobrutscha) geboren sein. Um 382 trat er mit seinem Freund Germanus in ein Kloster zu Betlehem ein. Doch schon bald begab er sich nach Ägypten, in das Heimatland des Mönchtums. Dort weilte er ungefähr zehn Jahre und suchte die bekanntesten Einsiedler auf, um ihre Lebensformen, ihre Lehre und Weisung kennenzulernen. Im Jahre 399 empfing er in Konstantinopel vom damaligen Bischof, dem hl. Johannes Chrysostomus (vgl. S. 107f) die Weihe zum Diakon. Nach der Verbannung dieses Heiligen reiste er 404 als Anwalt des Verbannten zu Papst Innozenz I. nach Rom und empfing dort auch die Priesterweihe.

Von da an liegt sein Leben völlig im Dunkeln Es steht nur fest, daß er um das Jahr 415 in Marseille je ein Kloster für Männer und Frauen gründete. Als Abt des Männerklosters lebte er hier bis zu seinem Tode 435 und verfaßte seine Werke. Die Kirche von Marseille feiert ihn noch heute am 23. Juni als Heiligen, die griechische Liturgie begeht sein Andenken am 28. Februar. Die römische Gesamtkirche hat ihn wegen einiger einseitiger bzw. übertreibender Auffassungen in der Gnadenlehre nie zur Ehre der Altäre erhoben.

Der nachfolgende Text ist aus den Collationes Patrum (= Gespräche mit den Vätern), einer der drei großen Schriften Cassians, genommen. In diesem Werk gibt Cassian Unterredungen mit den angesehensten Anachoreten wieder, die er mit seinem Begleiter Germanus in Ägypten geführt hat. Die einzelnen Unterredungen tragen eigene Titel und den Namen des Mönchsvaters, von dem Lehre und Weisung stammt. Versuchte Cassian in seinem ersten Werk „De institutione monachorum" (= Über Leben und Ordnung der Mönche), die allzu harte Lebensweise der ägyptischen Mönche zu mäßigen und an die klimatischen und gesellschaftlichen Verhältnisse in Gallien anzupassen, so greift er in den Collationes auf die unverfälschte Lehre der ägytischen Eremiten zurück (vgl. S. 121–128). So zählt Johannes Cassianus zu den großen Vermittlern östlicher Spiritualität und Theologie in die lateinische Kulturwelt hinein. Seine Schriften zählten das ganze Mittelalter hindurch bis hin zur Neuzeit zu den meistgelesensten Büchern des Abendlandes. Nicht zuletzt deshalb standen seine Werke in solch hohem Ansehen, weil Benedikt sie in seiner Mönchsregel empfiehlt (Kap. 42 und 73). Auch Ignatius von Loyola, Theresa von Avila, Johannes vom Kreuz und Franz von Sales sind in ihrer Spiritualität beeinflußt von diesem „ersten, bedeutenden wissenschaftlichen Werk, das je über das geistliche Leben geschrieben worden ist" (C. Butler).

Aus den „Gesprächen mit den Vätern“

Der Text scheint das Ideal des Mönches und seines geistlichen Weges zu zeichnen. Doch darf man nicht vergessen, daß die alte Kirche im Mönch das Leitbild des Christen schlechthin sah, so daß das Gesagte für jeden Getauften, wenn auch auf unterschiedliche Weise, gilt. Wie Israel aus der Sklaverei Ägyptens in die Freiheit und das Glück des verheißenen Landes zog, so hat jeder Christ diesen Weg nachzugehen. Sein Ziel, die Freiheit, erlangt man jedoch nur auf dem Wege einer dreifachen Entsagung:

1. ist die Loslösung von der Verhaftetheit, ja vom Versklavtsein an die Dinge und Güter dieser Welt gefordert,

2. muß dieser äußeren Entsagung die innere Loslösung entsprechen, in der der Mensch die inneren Fehlhaltungen und falschen Affekte des Herzens aufgibt, so daß

3. als Frucht der Relativierung der Welt die ungeteilte Hingabe an Gott, das Blicken auf die künftige Vollendung, Freiheit und Liebe sich entwickeln können.

Die Sprach- und Vorstellungswelt, in der diese drei Wegetappen beschrieben werden, mögen uns gelegentlich befremden, so befremden wie die Sprache der altchristlichen Meßoration: „Laßt uns das Irdische verachten und das Himmlische lieben.“ Ähnlich wie diese Oration nach der Liturgiereform neu gefaßt wurde in die Worte: „Lehre uns, die Welt im Licht Deiner Weisheit zu sehen und das Unvergängliche mehr zu lieben als das Vergängliche“, so muß auch der Text beim Leser gleichsam in ein neues Verstehen umgesetzt werden: Es geht nicht darum, ohne spontane Affekte und eingefahrene Verhaltensweisen zu leben, sondern uns nicht von ihnen bestimmen und beherrschen zu lassen; es geht nicht darum, sich in stoischem Gleichmut von allem Irdischen fernzuhalten und wegzubewegen – was auch gar nicht möglich ist –, sondern die richtige Wertordnung einzuhalten, in welcher die Welt uns nicht fesseln und von Gott abhalten darf, sondern gerade zu ihm hinführen soll. Weil die Sünde im Menschen und in der Welt herrscht, ist die Hinordnung des Irdischen auf das Künftige nicht mehr einfach gegeben, sondern oft ins Gegenteil verkehrt, wie es auch im ersten Johannesbrief im folgenden Vers überdeutlich wird: „Liebt die Welt nicht und was in der Welt ist! Wer die Welt liebt, hat die Liebe zum Vater nicht in sich. Denn alles, was in der Welt ist, wie das Begehren des Fleisches, das Begehren der Augen und das Prahlen mit dem Besitz, kommt nicht vom Vater, sondern von der Welt. Die Welt vergeht und ihre Begierde; aber wer den Willen Gottes tut, bleibt in Ewigkeit" (1 Joh 2, 15–17). Darum gibt es keinen Weg in die Freiheit ohne Entsagung, d.h ohne daß wir uns befreien von dem, was uns von Gott und seinem Heil fernhält.

Drei „Entsagungen" auf dem Weg zum Heil

VI. Wir haben jetzt über die Entsagungen* zu sprechen. Nach der Überlieferung der Väter und der Autorität der Heiligen Schrift sind es drei, die jeder von uns mit ganzem Eifer verwirklichen soll. Die erste besteht darin, daß wir alle äußeren Reichtümer und Güter dieser Welt verachten; mit der zweiten lassen wir die früheren Verhaltensweisen, Sünden und Leidenschaften des Geistes und Fleisches hinter uns; die dritte ruft unseren Geist aus all dem heraus, was die gegenwärtige und sichtbare Welt betrifft, und läßt uns nur noch auf die künftige blicken und nach dem uns sehnen, was unsichtbar ist.

Daß wir alle drei Entsagungen zugleich verwirklichen sollen, hat der Herr – wie wir lesen – schon dem Abraham aufgetragen, als er zu ihm sprach: „Zieh fort aus deinem Land und aus deiner Sippe und aus deinem Vaterhaus" (Gen 12, 1).

Das erste „Zieh fort aus deinem Land" meint: Entsage den Gütern dieser Welt und dem irdischen Reichtum.

Das zweite „Zieh fort aus deiner Sippe" bedeutet: Entsage den Verhaltensweisen und Sünden der früheren Zeit. Denn diese gehören seit unserer Geburt so zu uns wie Schwäger und Blutsverwandte.

Das dritte „Zieh fort aus deinem Vaterhaus" heißt: Entsage in deinem Bewußtsein jeder Anhänglichkeit und jedem Rückblick auf diese Welt, die sich den Blicken der Augen darbietet. [Wenn hier vom „Vaterhaus" die Rede ist, so müssen wir bedenken:] Wir haben zwei Väter, einen, den wir lassen, und einen, den wir anstreben sollen. Von diesen beiden singt David – und er vertritt dabei die Person Gottes –: „Höre, Tochter, und schau und neige dein Ohr; vergiß dein Volk und das Haus deines Vaters" (Ps 44, 11).

---

* Lat. abrenuntiatio, was auch mit „Widersagung" übersetzt werden könnte und damit deutlich auf die „Widersagung" bei der Taufe anspielt.

Der da spricht: „Höre Tochter", ist auf jeden Fall der Vater. Jener aber, dessen Haus und Volk vergessen werden sollen, wird ebenso als der Vater seiner Tochter vorgestellt. Dieses „Vergessen" geschieht dadurch, daß wir, mit Christus den Mächten dieser Welt gestorben, nicht mehr – wie der Apostel sagt – auf die Dinge, die man sieht, unseren Blick richten, sondern auf die, die man nicht sieht. „Denn das, was man sieht, ist zeitlich, was man aber nicht sieht, ist ewig" (2 Kor 4, 18). So ziehen wir mit dem Herzen fort aus diesem zeitlichen und sichtbaren Haus und richten unsere Augen und unser Sinnen auf jenes Haus, in dem wir für immer bleiben werden. Dies wird sich dann erfüllen, wenn wir zwar im Fleische, aber nicht auf fleischliche Weise leben, und für den Herrn zu kämpfen begonnen haben. So rufen wir in Tat und Wahrheit einen Satz des heiligen Paulus aus: „Unsere Heimat aber ist im Himmel" (Phil 3, 20) ...

VII. Es wird nicht viel nützen, die erste Entsagung hingebungsvoll und gläubig zu verwirklichen, wenn wir die zweite Entsagung nicht mit gleichem Eifer und gleicher Begeisterung ausführen. Und erst wenn wir auch diese in die Tat umgesetzt haben, werden wir zu jener dritten gelangen können. In ihr verlassen wir das Haus unseres früheren Vaters, der seit unserer Geburt „dem alten Menschen nach", da „wir, wie die übrigen, der Natur nach Söhne des Zornes waren" (Eph 2, 3), unser Vater gewesen ist, und richten unseren ganzen Sinn nach dem Himmlischen aus. Über diesen Vater wird ... im Evangelium gesagt: „Der Vater, dessen Kinder ihr seid, ist der Teufel; und ihr wollt die Lüste eures Vaters tun" (Joh 8, 44).

Wenn wir ihn verlassen haben und vom Sichtbaren zum Unsichtbaren hinübergeschritten sind, können wir mit dem Apostel sprechen: „Wir wissen aber, daß, wenn unser irdisches Haus hier unten abgebrochen wird, wir eine Wohnung von Gott empfangen, ein nicht mit Händen errichtetes ewiges Haus im Himmel" (2 Kor 5, 1).

Und auch das vorher von Paulus erwähnte Wort können wir sprechen: „Unsere Heimat aber ist im Himmel; und von dort her erwarten wir auch unseren Retter, den Herrn Jesus Christus. Er wird den Leib unserer Niedrigkeit umwandeln, daß er gleichgestaltet ist mit dem Leib seiner Herrlichkeit" (Phil 3, 20), und auch das Wort des David: „Ein Fremder bin ich auf Erden, und ein

Ausländer, wie alle meine Väter“ (Ps 118, 19; 38, 13). Wir werden denen gleich sein, über die der Herr zum Vater im Evangelium sprach: „Sie sind nicht von dieser Welt, so wie auch ich nicht von dieser Welt bin“ (Joh 17, 16). Ein anderes Mal sprach er zu den Aposteln: „Wenn ihr von dieser Welt wäret, würde die Welt das Ihrige lieben. Weil ihr aber nicht von dieser Welt seid, sondern ich euch aus dieser Welt erwählt habe, deshalb haßt euch die Welt“ (Joh 15, 19).

Diese dritte Entsagung werden wir nur dann auf wahrhaft vollkommene Weise verwirklichen können, wenn wir unser Herz nicht von fleischlicher Trägheit angesteckt und dadurch abgestumpft haben, sondern wenn wir durch weise Einschränkung und Enthaltsamkeit von jedem sinnlichen Affekt und von jeglicher irdischen Prägung gereinigt sind und durch unentwegte Betrachtung der göttlichen Dinge und durch geistliches Schauen zu dem übergehen, was unsichtbar ist. Und dies so sehr, daß wir – ständig bedacht auf das Himmlische und Übersinnliche – nicht mehr das Bewußtsein haben, vom gebrechlichen Fleisch umkleidet und von der Befindlichkeit unseres Leibes beeinflußt zu sein. Unser Herz ist dann so hingerissen, daß es keine Stimmen mehr mit dem sinnlichen Gehör wahrnimmt und sich nicht mehr bei den wechselnden äußeren Vorstellungsbildern aufhält. Mehr noch: Es blickt nicht einmal auf die bedeutendsten und gewichtigsten Dinge, die sich den leiblichen Augen gleichsam aufdrängen.

Die Wahrheit und den inneren Gehalt dieser Aussagen begreift nur der, den die eigene Erfahrung über das Gesagte belehrt hat, das heißt, dessen innere Augen der Herr so sehr von allen irdischen Dingen weggerufen hat, daß er nicht nur weiß, daß wir sie einmal hinter uns lassen *werden*, sondern daß sie schon gleichsam hinter ihm gelassen *sind* und sich für ihn gleich einem leeren Rauch ins Nichts aufgelöst haben. Ein solcher wandelt gleich Henoch mit Gott; der normalen menschlichen Lebensweise und ihrem Verhalten entrückt, wird er nicht mehr in der Eitelkeit dieser Welt gefunden. Das, was bei Henoch leibhaftig geschehen ist, beschreibt der Genesisbericht so: „Henoch wandelte mit Gott, dann wurde er nicht mehr gefunden; denn Gott hatte ihn entrückt“ (Gen 5, 24). So auch der Apostel: „Durch den Glauben wurde Henoch entrückt, daß er den Tod nicht sähe“ (Hebr 11, 5). Von diesem Tod sagt der Herr im Evangelium: „Jeder, der lebt und an mich glaubt, wird in Ewigkeit nicht sterben" (Joh 11, 26). Wenn wir also die wahre Vollkommenheit ersehnen, müssen wir uns bemühen, unsere Eltern, die Heimat, die Reichtümer dieser Welt und alle Sinnenlust nicht nur nach außen hin gering zu achten, sondern dies alles auch innerlich zu verlassen und nicht mehr mit unserem inneren Begehren zu dem zurückzukehren, was wir gelassen haben. So sind ja auch jene, die durch Mose aus Ägypten herausgeführt wurden, zwar von außen gesehen nicht nach dorthin zurückgekehrt, wohl aber haben sie sich mit dem Herzen nach Ägypten zurückgewandt, wie berichtet wird: Nachdem sie Gott, der sie mit kraftvollen Zeichen herausführte, verlassen hatten, verehrten sie die Götzen Ägyptens, die sie vorher verachtet hatten, wie die Schrift sagt: „Sie wandten sich in ihrem Herzen wieder Ägypten zu und sagten zu Aaron: ‚Mach uns Götter, die vor uns herziehen'" (Apg 7, 39f). Mit ihnen, die während ihres Wüstenaufenthaltes nach der Speisung mit dem himmlischen Manna die stinkenden Abfälle der Laster und die Kost armseliger Wertlosigkeit begehrt haben, können auch wir in gleicher Weise verurteilt werden. Denn auch wir scheinen gleich ihnen zu murren: „In Ägypten ging es uns so gut, als wir vor den Fleischtöpfen saßen und uns sattgegessen haben an Zwiebel und Knoblauch, Gurken und Melonen!" (Num 11, 5; vgl. auch Num 11, 18; Ex 16, 3). Obwohl dies damals bei jenem Volk in symbolischen Vorzeichen geschehen ist, sehen wir es sich dennoch auch jetzt noch tagtäglich in unserem Stand und Beruf erfüllen. Denn jeder, der nach der Absage an diese Welt zu den alten Neigungen und früheren Leidenschaften zurückkehrt, gibt in Tat und Gesinnung dasselbe wie jene kund: „Gut ging es mir in Ägypten!" Ja, ich fürchte, das es so viele davon gibt wie damals die ungläubigen Scharen unter Mose, von denen die Schrift berichtet. Denn während 603 000 bewaffnete Männer beim Auszug aus Ägypten gezählt wurden, betraten nicht mehr als zwei von ihnen das Land der Verheißung. Daher sollen wir uns bemühen, unser Handeln am Vorbild der Wenigen, ja der Ausnahmen zu orientieren, zumal auch das Evangelium in Übereinstimmung mit dem erwähnten symbolischen Vorzeichen sagt, daß „zwar viele berufen, aber nur wenige auserwählt sind" (vgl. Mt 22, 14). Nichts wird uns also eine bloß äußere Entsagung nutzen, gleichsam ein nur örtlicher Auszug aus Ägypten, wenn wir uns nicht zugleich um die innere Entsagung bemüht haben, die höher steht und wichtiger ist. Von der besagten äußeren Entsagung spricht der Apostel: „Wenn ich all meine Habe zur Speisung den Armen verteile und meinen Leib zum Verbrennen hingebe, habe aber die Liebe nicht, so nützt es mir nichts“ (1 Kor 13, 2). Dies hat der heilige Apostel nur deshalb gesagt, weil er im Geist das Künftige voraussah, daß nämlich einige nach der Verteilung all ihrer Güter zur Speisung für die Armen dennoch die evangelische Vollkommenheit und den steilen Gipfel der Liebe nicht erreichen können. Denn von Stolz oder von Ungeduld bestimmt, behalten sie die früheren Fehler und die unbeherrschte Lebensweise in ihrem Herzen zurück und geben sich keinerlei Mühe, sich davon zu reinigen. So ist es ganz und gar unmöglich, zur niemals versiegenden Gottesliebe zu gelangen. Wahrlich, wer den zweiten Grad der Entsagung nicht erreicht, wird um so weniger zum dritten Grad kommen, der ganz gewiß eine höhere Stufe einnimmt. Erwägt aber sorgfältig auch, daß der Apostel nicht einfach gesagt hat: „Wenn ich meine Habe verteile.“ Denn dann könnte es so scheinen, er habe von jemandem gesprochen, der noch nicht den evangelischen Rat erfüllt und sich von seinen Gütern noch etwas zurückbehalten hat, wie es einige Lauherzige tun. Nein, der Apostel sagt: „Wenn ich *all* meine Habe zur Speisung den Armen verteile“, und das heißt: auch wenn ich vollständig den Gütern dieser Welt entsagt habe. Und dieser Entsagung fügt er noch Größeres hinzu: „Und wenn ich meinen Leib zum Verbrennen hingäbe, habe aber die Liebe nicht, so bin ich nichts“, wie wenn er sagen wollte: Wenn ich zur Speisung der Armen all meine Güter verteilte nach der Weisung des Evangeliums: „Wenn du vollkommen sein willst, dann geh, verkaufe alles, was du hast, und gib es den Armen, und du wirst einen Schatz im Himmel haben“ (Mt 18, 21), das heißt, wenn ich also so sehr entsage, daß ich von allen meinen Gütern mir ganz und gar nichts zurückbehalte, und wenn ich dem Verteilen meines Besitzes noch das Martyrium durch Verbrennen meines Leibes hinzufüge, so daß ich meinen Leib für Christus dahingäbe, bin dennoch aber ungeduldig oder jähzornig oder neidisch oder stolz oder über Ungerechtigkeit von seiten anderer gereizt oder suche meine Interessen oder denke Schlechtes oder nähme nicht alles, was mir an Übel zugefügt werden kann, geduldig und willig an, so wird mir die äußere Entsagung und Verbrennung nichts nützen, solange der innere Mensch noch in jenem früheren Fehlverhalten verstrickt ist. Der Grund für diese Nutzlosigkeit ist klar: Nachdem ich in der Begeisterung der ersten Umkehr die Dinge dieser Welt, die in ihrem Sein weder gut noch böse, sondern ambivalent sind, verachtet habe, trage ich keine Sorge darum, die schädlichen Strebungen des sündigen Herzens abzulegen und die göttliche Liebe zu erlangen. Diese ist „geduldig" und „gütig", „nicht eifersüchtig", sie „prahlt nicht", „ist nicht aufgebracht", sie „handelt nicht verkehrt", „sucht nicht ihren Vorteil", „denkt nichts Schlechtes", sie „trägt alles" und „erduldet alles" und läßt schließlich den, der ihr anhängt, „niemals in die Fallstricke der Sünde fallen".

VIII. Mit allem Nachdruck müssen wir uns also bemühen, daß auch unser innerer Mensch die Fülle seiner Fehlhaltungen, die er sich in seinem früheren Lebenswandel zugezogen hat, ablegt. Mit unserem Leib und mit unserer Seele zusammengekettet, gehören sie uns zu eigen. Wenn wir sie nicht abwerfen und uns von ihnen lossagen, solange wir leben, werden sie auch nach unserem Tod uns ständig verbunden sein. Wie nämlich die Tugenden, zumal die Liebe, die ihrer aller Quelle ist, zu Lebzeiten erworben werden, aber auch nach dem Ende dieses Lebens dem, der sie geübt hat, eine leuchtend schöne Gestalt verleihen, so lassen die Fehlhaltungen den Menschen mit einem gleichsam durch häßliche Farben gedunkelten und befleckten Geist zur ewigen Wohnung hinübergehen.

Die Schönheit oder Häßlichkeit der Seele erwächst aus der Art und Weise ihrer Tugenden bzw. ihrer Fehlhaltungen. Die Verfassung, die sie daraus gewinnt, gibt ihr entweder eine solch glänzende Gestalt, daß sie das prophetische Wort zu hören verdient: „Auch der König verlangt nach deiner Schönheit" (Ps 44, 12), oder aber ihre Gestalt wird so häßlich, abscheulich und pervertiert, daß sie selbst ihre eigene Widerlichkeit und Häßlichkeit eingestehen muß und sagt: „Es faulen und verwesen meine Wunden ob all meiner Torheit" (Ps 37, 6). Der Herr selbst sagt zu ihr: „Warum wird die blutige Narbe der Tochter meines Volkes nicht verbunden?" (Jer 8, 22).

Darum ist dies unser eigentlicher Reichtum, der der Seele niemals verlorengeht, den uns kein König und kein Feind weder beschaffen noch fortnehmen kann. Dies ist unser eigentlicher Reichtum, den selbst der Tod nicht von der Seele trennen kann. Durch ihn können wir durch Entsagung zur Vollkommenheit gelangen oder durch sklavisches Festhaltenwollen mit dem ewigen Tod bestraft werden ...

X. ... Die erste Entsagung besteht also in der Absage an die Güter dieser Welt, die uns ohnehin nicht gehören. Deshalb kann sie von sich allein her den Entsagenden die Vollkommenheit nicht verschaffen, es sei denn, sie gelangt zur zweiten Entsagung, die wahrhaft eine Absage dessen ist, was uns gehört (nämlich eine Entsagung unserer Fehlhaltungen). Wenn wir die zweite Entsagung durch die Vertreibung aller Fehlhaltungen erlangt haben, können wir darangehen, die Höhe der dritten Entsagung zu besteigen. In ihr geht es darum, nicht nur alles weltliche Getriebe und all das, was der Mensch zu eigen hat, sondern auch die Fülle all dessen, was man für großartig hält, zu übersteigen, weil all das der Eitelkeit unterworfen ist und bald vergehen wird. Darum verachten wir dies alles von ganzem Herzen und haben gemäß dem Apostelwort unseren Blick gerichtet „nicht auf das Sichtbare, sondern auf das Unsichtbare; denn das Sichtbare ist vergänglich, das Unsichtbare dagegen ewig“ (2 Kor 4, 18). So werden wir schließlich jenes wichtigste Wort zu hören verdienen, das zu Abraham gesagt wurde: „Komm in das Land, das ich dir zeigen werde“ (Gen 12, 1).

Hierin wird deutlich, daß nur der, der die drei genannten Entsagungen mit allem Eifer erreicht hat, auch zum vierten gelangen kann, was dem völlig Entsagenden als Vergeltung und Belohnung zuteil wird, daß er es nämlich verdient, in das Land der Verheißung einzutreten, wo überhaupt keine Dornen und Disteln der Fehlhaltungen mehr wachsen. Es ist das Land, das man nach der Vertreibung aller Leidenschaften besitzt, wenn in diesem Leib ein reines Herz wohnt. Es ist das Land, das nicht auf Grund menschlicher Tugenden, Tüchtigkeit oder Leistung, sondern vom Herrn selbst verheißen ist, wenn er sagt: „Komm in das Land, das ich dir zeigen werde“ (Gen 12, 1). Damit ist deutlich erwiesen, daß sowohl der Anfang unseres Heils sich der Berufung von Seiten des Herrn verdankt, der sagt: „Zieh fort aus deinem Land“ (Gen 12, 1), wie auch ebenso die Vollendung der Vollkommenheit und Reinigung, da er spricht: „Geh in das Land, das ich dir zeigen werde“ (Gen 12, 1). Das heißt, das du nicht von dir selbst her kennen und durch deine Leistung nicht erwerben kannst, das ich dir vielmehr zeigen werde, weil du es nicht nur nicht kennst, sondern auch nicht suchst. Aus all dem wird deutlich, daß wir sowohl durch die Eingebung des Herrn gerufen, den Weg des Heils einschlagen, als auch durch seine Weisungen und Erleuchtungen zur Vollkommenheit höchsten Glücks gelangen.

Cyrill von Alexandrien

Als Sohn einer angesehenen Familie in Alexandrien gegen Ende des vierten Jahrhunderts geboren, zog er sich in früher Jugend eine Zeitlang in die Wüste zurück, um dort bei den Einsiedlern zu leben. Als sein Onkel, der Patriarch Theophilus von Alexandrien, im Jahre 412 verstarb, wurde Cyrill schon nach wenigen Tagen zu seinem Nachfolger gewählt. Die Zeit seines Patriarchats ist ausgezeichnet durch vielfältige Auseinandersetzungen mit verschiedenen theologischen Richtungen, vor allem mit irrigen Lehrmeinungen über das wahre Wesen Jesu Christi. Die Wahrheit von Jesus Christus ist auch die Mitte seines großen und weit gestreuten schriftstellerischen Werkes. Höhepunkt seiner Auseinandersetzungen war das Konzil von Ephesus (431). Hier verteidigt Cyrill die Bezeichnung „Gottesmutter" gegen Nestorius. Nestorius sah in Jesus Christus den einzigartigen Menschen, mit dem der göttliche Logos sich verband. Darum konnte Maria, als Mutter dieses einzigartigen Menschen, nur der Titel „Mutter Christi" zukommen. Cyrill dagegen betont die Einheit der Person Jesu Christi, in der sich menschliche und göttliche Natur aufs engste miteinander verbinden, so daß Maria wirklich auch „Mutter *Gottes*" genannt werden kann. Denn derselbe, der vor der Zeit als Gottessohn vom Vater gezeugt wurde, wird in der Zeit als Mensch aus der Jungfrau geboren. In Ephesus hält Cyrill auch verschiedene Predigten über Maria, vor allem gegen die Irrlehre des Nestorius. Aus der vierten Homilie ist der folgende kurze Textauszug genommen. Er gibt in gedrängter Form wichtige Gedanken der Vätertheologie über Maria wieder.

Vierte Homilie von Ephesus

Maria wird in hymnischer Steigerung mit höchsten Titeln angeredet. Dahinter steht die Überzeugung, daß der Glaube Mariens die entscheidende „Einbruchstelle" Gottes in die Welt ist. In ihrem Ja-Wort, in ihrem Offensein Gott gegenüber wird sie zum Gefäß des Unfaßbaren und zur irdischen Wohnstatt des überweltlichen Gottes. Aber mehr noch: Maria erscheint in den Aussagen dieser Predigt mehr als nur einzelner (Privat-)Mensch, der sich Gott öffnet, ihm im Glauben Raum gibt und so zur Durchführung seines Heilswerkes in dieser Welt mithilft. Maria ist auch die Verkörperung der Kirche; sie wird – im letzten Satz – ausdrücklich mit ihr gleichgesetzt. Dies ist nicht nur eine bildhaft-symbolische Identifizierung. Maria i s t wirklich das, was

Kirche zutiefst ausmacht: gläubiges und liebendes Hören auf Gott, Ort der Gegenwart des Gottessohnes in der Welt, hoffendes Zeugnis für Gottes Reich. Deshalb läßt sich sagen, daß unser „Kirche“-Sein darin besteht, daß wir uns Maria anschließen, ja, daß wir selbst Maria werden (wie Gregor von Nyssa später ausdrücklich sagen wird).
Noch mehr steht hinter einigen Formulierungen der Predigt: Als Verkörperung der Kirche ist Maria zugleich die „reine Schöpfung“, die Gott von Anbeginn in Jesus Christus geplant hat. Insofern steht Maria als Urplan der Schöpfung in Ewigkeit vor Gott, alles, was er schafft und wirkt, dient der Verwirklichung des Urplans der Schöpfung, der „Maria“ heißt. Sie ist die „zweite Eva“, d.h die eigentliche, gültige, unverfälschte Eva und als solche die Mutter allen wahren Lebens. Darum heißt „im Leben stehen“ soviel wie Anteil an „Maria“ haben. Auf diesem Hintergrund werden solche Formulierungen Cyrills verständlich wie: „Durch dich (Maria) haben die Propheten geweissagt“ usw. Auch Prophet ist man nur, indem man Anteil an der reinen Schöpfung hat, die stets vor Gott stand und die in Maria ihre reinste geschichtliche Verwirklichung findet. So können die Propheten, wie auch die Apostel, Gottes Wort „durch Maria“ verkünden.
Kurz: Maria ist für Cyrill wie für den größten Teil der Vätertheologie nicht nur die reine und unverfälschte Vermittlung Gottes in die Welt und der Welt zu Gott, sondern auch die eigentliche Verwirklichung alles Geschaffenen.

Eine festliche Versammlung von Heiligen (= Christen) erblicke ich vor mir, die sich alle hier voller Eifer eingefunden haben, gerufen von der heiligen Gottesmutter und Jungfrau Maria ... Nun erfüllt sich unter uns das treffliche Wort des Psalmisten David: „Seht, was ist schöner und lieblicher, als wenn Brüder beisammen wohnen in Eintracht“ (Ps 132, 1).
Darum sei uns gegrüßt, du heilige, geheimnisvolle Dreifaltigkeit, die du uns alle hier in diese Kirche der Gottesmutter Maria zusammengeführt hast.
Gruß dir, Maria, Gottesmutter,
ehrwürdiger Schatz der ganzen Welt,
unauslöschliches Licht,
Krone der Jungfräulichkeit,
Zepter der Rechtgläubigkeit,
unzerstörbarer Tempel,

Gefäß des Unfaßbaren,
Mutter und Jungfrau,
durch dich wird in den heiligen Evangelien hochgelobt, der da kommt, im Namen des Herrn.

Gruß dir, die du den Unfaßbaren im heiligen, jungfräulichen Schoß geborgen,
durch dich wird die Dreifaltigkeit gepriesen und angebetet,
durch dich wird das Kreuz ehrwürdig genannt und verehrt auf der ganzen Welt,
durch dich frohlockt der Himmel,
durch dich freuen Engel sich und Erzengel,
durch dich werden die bösen Geister in die Flucht gejagt,
durch dich ist der Versucher, der Teufel, aus dem Himmel gestürzt,
durch dich wird das gefallene Geschöpf in den Himmel erhoben,
durch dich ist die ganze Schöpfung, in Götzenwahn gefangen, zur Erkenntnis der Wahrheit gelangt,
durch dich wird den Gläubigen die heilige Taufe zuteil,
durch dich das Öl der Freude,
durch dich sind Kirchen gegründet auf der ganzen Welt,
durch dich werden die Völker zur Umkehr geführt.

Doch was braucht es viele Worte:
durch dich ist der einzig geborene Sohn Gottes als Licht aufgestrahlt denen, die in Finsternis und Todesschatten sitzen,
durch dich haben die Propheten geweissagt,
durch dich verkünden die Apostel den Völkern das Heil,
durch dich werden die Toten erweckt,
durch dich herrschen die Könige,
durch die heilige Dreifaltigkeit.

Ja, wer von den Menschen vermag Maria, die allen Lobes wert ist, gebührend zu benennen – sie, die Mutter und Jungfrau zugleich ist. Welches Wunder! Hingerissen bin ich von ihm. Wer hat es je vernommen, daß ein Baumeister daran gehindert war, den selbst erbauten Tempel zu betreten? Wer wird dafür getadelt, daß er die eigene Magd zur Mutter erwählt? Darum seht, wie alles frohlockt!*

* Hier folgt nun eine größere Auseinandersetzung mit den irrigen Lehren des Nestorius.

Uns aber möge werden, daß wir die göttliche Einheit zitternd verehren, der gottgeliebten Obrigkeit untertan sind, den himmlischen Mächten und Gewalten uns unterordnen, die ungeteilte Dreifaltigkeit fürchten und verehren. Lobpreisen wollen wir die allzeit jungfräuliche Maria, nämlich die heilige Kirche, und deren Sohn und makellosen Bräutigam. Ihm sei Ruhm in alle Ewigkeit. Amen.

Petrus Chrysologus

Petrus Chrysologus wurde um 380 in Imola, in der heutigen italienischen Landschaft Emilia Romagna geboren, vor 431 wurde er Erzbischof von Ravenna und starb im Jahr 450. Dieses dürre chronologische Gerüst ist das, was man sicher von seinem äußeren Leben weiß. Er scheint sich nicht durch große kirchenpolitische Aktionen hervorgetan zu haben. Er hielt engen Kontakt zu Papst Leo dem Großen und ließ dem konstantinopolitanischen Mönch Eutyches einen Brief zu dessen einseitiger Auffassung über die Person Christi zukommen. Sein Beiname „Chrysologus" (= Goldredner) weist ihn unter die großen Prediger, die als Bischöfe einer Gemeinde ihre vornehmlichste Aufgabe in der Verkündigung des Wortes Gottes sahen. Von seinen Predigten sind noch etwa 180 erhalten. In ihnen versucht er, oft möglichst knapp und sentenzenhaft, seiner Gemeinde die Glaubenswahrheiten einprägsam zu vermitteln.

Über das Gebet des Herrn

Was unangenehm ist, hält man sich gerne auf Distanz. Was unsere Kreise stören könnte, meiden wir. Irgendwann ist jeder erwachsen und will sein eigenes Leben leben. Ewig ein Kind zu sein, widerspricht unserem Lebensgefühl.
Zu Gott Vater sagen zu können, mag in gewissen Situationen angehen. Vater sagen zu müssen, verletzt unseren Stolz zutiefst. Aber es deckt auf, daß der Mensch immer ein Kind bleibt. Nicht das verkitschte Bild des „Gotteskindes" ist angesprochen, sondern die tiefgehende Abhängigkeit des erlösungsbedürftigen Geschöpfs vom Schöpfer und Erlöser. Erst wenn der Mensch wieder Kind sein will und ohne Hemmung Vater sagen kann, hat er diese Abhängigkeit begriffen.
Aber auch: Trotz der Schuld Adams zu Gott wieder Vater sagen zu dürfen, das Band nicht endgültig zerschnitten zu sehen, ist „ein Wunder". Es jagt „dem Menschen Furcht und Schrecken ein".

Gottes Worte und Taten sind Wunder. Sie jagen dem Menschen Furcht und Schrecken ein, selbst die Engel zittern darüber. Was ihr aber heute von uns hört, ist so gewaltig, daß kein Erstaunen im Himmel, keine Furcht auf der Erde und kein Erschrecken der ganzen Schöpfung größer ist als dies: Der Sklave wagt es, seinen

Herrn „Vater" zu nennen, der Schuldige nennt den Richter seinen Erzeuger, die gesamte Schöpfung erklärt sich selbst als Kind Gottes. Das Geschöpf, das den Anspruch, auf dieser Erde zu leben, verwirkt hat, darf sich für den Erben Gottes halten. Wir wagen dies, weil es keine Anmaßung ist, das zu sagen, was Gottes Wille uns zu sagen gebietet. Denn er selbst, der uns beten gelehrt hat, will, daß wir heute so sprechen. Wundert es uns, daß er die Menschen zu Söhnen Gottes erhob, wenn er sich selbst zum Menschensohn erniedrigte? Die Natur des Fleisches öffnete sich seiner göttlichen Natur, als Gott einen Menschen annahm. Dadurch, daß er am Irdischen teilnahm, setzte er uns zu Miterben des Himmels ein. Was an Liebe, was an Gnade konnte er den Menschen vorenthalten, da er doch sogar Sünde und Tod auf sich nahm? Er hat mit den Leiden der Menschen mitleiden wollen, wie sollte er dann den Menschen die Freude der Seligkeit vorenthalten? Mensch, kehre um zu Gott, der dich so sehr geliebt hat. Verherrliche ganz den, der sich der Schmach ausgeliefert hat. Nenne ihn voll Vertrauen „Vater". Denn du bist überzeugt, du weißt, du erkennst, mit welcher Liebe er dich ins Dasein gerufen hat.

„Vater unser"

Niemand braucht sich zu wundern, daß auch der noch nicht Wiedergeborene den Namen Vater sagen darf. Denn vor Gott ist das, was erst noch geboren wird, bereits geboren, und was noch geschehen wird, das ist schon vollbracht. „Was sein wird, ist bei ihm schon gewesen" (Sir 3, 15). Darum konnte auch Johannes im Mutterleib seinen Schöpfer erkennen (Lk 1, 41) und seiner Mutter die Botschaft bringen, noch bevor er in dieses Leben getreten war. Ebenso heißt es von Jakob, daß er sich schon regte, bevor er geboren war, daß er schon siegte, bevor er lebte (Gen 25, 22ff). Wer von Anbeginn der Welt von Gott erwählt ist, steht immer schon vor Gott, selbst wenn er noch nicht existiert.

„Der du bist im Himmel"

Gott ist auch auf der Erde. Du aber sollst dich (in diesem Wort) als Kind des Himmels erkennen. Und wenn du bekennst, Kind Gottes zu sein, dann lebe auch so! Entsprich in Handel und Wandel sowie in tugendhaftem Eifer deinem erhabenen Vater!

„Geheiligt werde dein Name"

Weil du von Christus her den Namen „Christ" trägst, bittest du, daß dieser Name, der dich auszeichnet, auch an dir geheiligt werde. Der Name Gottes ist an und für sich schon heilig. Unser (gutes) Leben aber heiligt ihn, unsere Schuld kann ihn lästern bei den Ungläubigen.

„Zu uns komme dein Reich"

Er selbst sagt: „Das Reich Gottes ist in eurer Mitte" (Lk 17, 21). Wenn es schon da ist, wozu darum bitten, daß es kommt? Es ist schon da: im Glauben, in Hoffnung, in Erwartung. Wir bitten darum, daß es auch in voller Wirklichkeit komme. Für uns selbst möge es kommen. Nicht für Christus, der von Ewigkeit her mit dem Vater herrscht. Er möge uns seine Herrschaft zukommen lassen. „Kommt, ihr Gesegneten meines Vaters. Nehmt das Reich in Besitz, das euch von Anbeginn der Welt bereitet ist" (Mt 25, 34). Wenn wir also beten: „Zu uns komme dein Reich", dann meinen wir, daß Gottes Reich in uns herrschen soll und daß die Macht des Teufels und der Sünde ein Ende findet. Denn es heißt: „Der Tod herrscht von Adam bis Moses" (Röm 5, 14), oder: „Die Sünde soll in eurem sterblichen Leib nicht weiterhin herrschen" (Röm 6, 12).

„Dein Wille geschehe wie im Himmel, so auf Erden"

Hier auf dieser Erde geschieht vieles durch die Macht des Teufels, wegen der übermäßigen Bosheit der Welt, nach den Gelüsten des Fleisches. Im Himmel geschieht alles nach dem Willen Gottes. Wir bitten demnach, daß der Teufel überwunden, daß Welt und Leib erneuert und daß die Herrschaft des Todes zerstört wird. Wir bitten, daß die Tyrannei der Sünde vernichtet wird und daß letztendlich der eine und unveränderliche Wille Gottes im Himmel und auf Erden, bei Gott und den Menschen walte.

„Unser tägliches Brot gib uns heute"

Nach der Bitte um das himmlische Reich bitten wir hier nicht eigentlich um das irdische Brot. Er hat es uns ja mit seinen eigenen Worten verboten, wenn er sagt: „Seid nicht besorgt um euer Leben, was ihr essen oder was ihr trinken werdet" (Mt 6, 31). Nein, er selbst ist das „Brot, das vom Himmel herabgestiegen ist" (Joh 6, 58). Um ihn bitten und flehen wir: daß wir ihn als Brot empfangen dürfen, daß wir von ihm täglich, das heißt ohne Unterbrechung bis in Ewigkeit leben, daß wir heute, das heißt in diesem Leben, beim Mahl des Altares ihn zur Stärkung des Leibes und der Seele empfangen.

„Und vergib uns unsere Schuld, wie auch wir vergeben unseren Schuldiger"

Wenn du so betest, Mensch, dann setzt du dir selbst das Ausmaß der Vergebung. Du bittest, daß dir vom Herrn ebensoviel vergeben wird, wie du deinem Mitknecht erläßt. Vergib also dem Bruder, der sich gegen dich verfehlte, vollkommen, wenn du schuldlos vor dem Herrn sein willst. Wenn du dem strafenden Urteil entkommen willst, dann vergib dir selbst in deinem Bruder.

„Und führe uns nicht in Versuchung"

Es steht geschrieben: „Gott versucht niemanden" (Jak 1, 13). Es kann daher nur gemeint sein, daß er diejenigen, die sich selbst hartnäckig in den Fallstricken der Versuchung verstrickt haben, ihrem Schicksal überläßt. So geriet Adam in die Nachstellungen des Versuchers, als er die Weisungen des Schöpfers mißachtete. Woher diese Versuchungen des Menschen ihren Ursprung haben, zeigen die nächsten Worte:

„Sondern erlöse uns von dem Bösen"

Die Versuchungen stammen vom Teufel, der Ursache und Quelle jedes Bösen. Seiner Natur nach war der Teufel himmlisch, jetzt ist er ein Geist der Bosheit. Er ist älter als diese Welt und durchtrieben im Anstiften von Schaden. Er ist ungeheuer schlau in seinen verletzenden Künsten und deshalb ist er genau gesprochen nicht der Böse, sondern das Böse, weil von ihm alles Böse herstammt. Deshalb kann sich der Mensch auch nicht mehr mit eigener Kraft aus diesen Banden des Fleisches erlösen. So müssen wir bitten, daß Gott, der Christus zur Besiegung des Satans auf die Erde sandte, uns vom Teufel befreit. Der Mensch muß also rufen, zu Gott flehen und beten: „Erlöse uns von dem Bösen“, damit wir endlich durch den einzigen Sieger Christus von solchem Übel befreit werden.

„Vater unser, der du bist im Himmel“

Gott selbst, den du anrufen sollst, hat dir das Thema deines Betens, den Inhalt deiner Bitten und die Richtschnur deines demütigen Flehens geschenkt. Schöpfe daraus den Geist des Gebetes, eigne dir das Verständnis der Bitten an, nimm daher das Maß deines Verlangens. In dieser gedrängt zusammengefaßten Unterweisung kannst du eine umfassende Kenntnis des Gebets erlangen. Außerdem hat der Herr selbst als Beweis der Liebe das Amt eines Fürsprechers übernommen. Die Bitte, die er erhören will, hat er dir in den Mund gelegt. Es gibt daher keinen Grund zu zögern und nicht zu bitten. Du darfst sicher sein, erhört zu werden, weil der Gebetene sein eigenes Wort in der Bitte wiederfindet. Darum gibt es auch keine Furcht mehr. Denn der Sohn erbittet vom Vater, so wie es die Liebe ihm eingibt, nur das was heilig ist.

Diadochus von Photike

Über das Leben des Bischofs von Photike wissen wir nur wenig. Er ist um das Jahr 400 in Epirus, Griechenland, geboren und gegen 486 gestorben. Er lebte in einer Epoche nicht nur der großen Glaubensstreitigkeiten – Diadochus nahm an dem für die Christologie so wichtigen Konzil von Chalkedon (451) teil – sondern auch der lebhaften Auseinandersetzungen über Fragen des geistlichen Lebens.
In dieser Zeit verfaßte Diadochus einige Schriften, die nicht so sehr theoretisch spekulativen Charakter tragen, sondern die in einfacher Sprache das geistliche Leben auf der Linie der östlichen Mönchstradition beschreiben und zum Nachvollzug auffordern. Vor allem wendet sich Diadochus gegen die zeitgenössischen Irrtümer der Messalianer. Diese um 350 entstandene Sekte trug stark enthusiastisch-spiritualistische Züge. Sie glaubte, daß der Getaufte das Böse jetzt schon in seinem Leben *ganz* überwinden und zur unangefochtenen Gnadenerfahrung kommen könne. Dabei galt als einziges Heilmittel das Gebet; das Bemühen um rechtes Handeln galt als unnütz oder wurde mindestens gewaltig unterbewertet. So überspielten die Messalianer gleichsam den Wegcharakter des christlichen Lebens: nämlich das Angefochtensein des Glaubens und den geistlichen Kampf. Eben dies stellt Diadochus vor allem in seinem Hauptwerk „Hundert Kapitel über die geistliche Vollkommenheit" heraus: Die Taufgnade bedarf der ständigen Erneuerung durch ein Leben, das bestimmt ist vom Bemühen um Vervollkommnung. Kraft des Willens und seiner Freiheit muß der Mensch die Leidenschaften und Versuchungen des Bösen bekämpfen, um zum Ziel des geistlichen Lebens zu gelangen: der Vereinigung mit Gott. Das Ziel des geistlichen Lebens besteht nicht darin, unangefochten zu sein und zu bleiben, sondern vom Bösen nicht überwunden zu werden. Deshalb können die Prüfungen, Versuchungen und Leiden in Ermangelung des blutigen Martyriums gleichsam als ein „zweites Martyrium" gelten. So tritt in einer Zeit des äußeren Kirchenfriedens an die Stelle des Märtyrers gleichrangig das Glaubenszeugnis des Menschen, der in Leid und Versuchung sich selbst abgestorben ist und in letzter Demut sich in allem der Kraft und Gnade Gottes anvertraut.

Aus den „Hundert Kapiteln über die geistliche Vollkommenheit"

Es gibt nicht zwei verschiedene Arten von Christen: erstens solche, die ihren Glauben buchstäblich bis aufs Blut leben und bezeugen –

von den Märtyrern der Urkirche angefangen bis zu den verfolgten Christen der Gegenwart – und zweitens solche, deren Glauben sich unangefochten mit einem bürgerlich normalen Leben verbindet und gleichsam dessen „Überhöhung" ist. Christsein heißt immer Kampf „bis aufs Blut". Wer Christ ist, ist nicht unangefochten. Daran hat Christus selbst keinen Zweifel gelassen: „Der Jünger steht nicht über seinem Meister ... Ein Jünger muß zufrieden sein, wenn es ihm ergeht wie seinem Meister" (Mt 10, 24). „Wer nicht sein Kreuz auf sich nimmt und mir nachfolgt, ist meiner nicht wert" (Mt 10, 38). „Haben sie mich verfolgt, werden sie auch euch verfolgen" (Joh 15, 20). Aber dieser Kampf des Glaubens kann sich auf verschiedene Weise abspielen: Durch blutiges Martyrium oder durch das unblutige Austragen der Anfechtungen des Glaubens. Davon handelt der folgende Text.

Das Leben des Glaubens – eine Art Martyrium

Wer mit dem geistlichen Leben beginnt, dem erscheint anfangs der Weg des rechten Tuns sehr hart und abstoßend zu sein, nicht weil er es in Wirklichkeit ist, sondern weil der Mensch aufgrund seiner Veranlagung vom ersten Augenblick seines Lebens an der Welt der Vergnügungen zugewandt ist. Wer dagegen über die Hälfte des rechten Weges hinter sich bringen konnte, dem erscheint dieser Weg als verlockend und befreiend. Die bösen Gewohnheiten verschwinden, wenn sie durch ständiges Bemühen den guten unterworfen sind; dann denkt man auch nicht mehr an die Begierden und Vergnügungen, die wider die rechte Vernunft streiten, zurück. Von jetzt an geht der Mensch mit Freude auf allen Wegen des rechten Tuns. Deswegen spricht auch der Herr, da er uns auf den Weg des Heils führen will: „Schmal und eng ist der Weg, der zum Reich führt, und nur wenige sind es, die ihn beschreiten" (Mt 7, 14). Denen aber, die sich mit ihrem ganzen Wollen bemühen, seine heiligen Gebote zu halten, sagt er: „Mein Joch ist sanft, und meine Bürde ist leicht" (Mt 11, 30).

Deshalb ist es erforderlich, von Anfang allen geistlichen Bemühens an, mit entschiedenem Willen die heiligen Gebote Gottes zu erfüllen. Dann wird auch der Herr, der unser zielgerichtetes Mühen sieht, in seiner Güte den Willen und die Bereitschaft schenken, mit großer Freude seinen herrlichen Weisungen zu dienen. Denn wahrhaftig, „es ist der Herr, der unseren Willen bereit macht" (Spr

8, 35), damit wir in großer Freude unentwegt das Gute tun. Dann werden wir wirklich erfahren, daß Gott es ist, der „in uns das Wollen und das Vollbringen nach seinem Wohlgefallen bewirkt" (Phil 2, 13).

XCIV. Es ist so wie mit Wachs. Wenn es nicht erwärmt oder durch langes Kneten weich gemacht wurde, kann es keinen Siegelabdruck aufnehmen. Ähnlich verhält es sich mit dem Menschen: Wenn er nicht durch Mühen und Schwachheiten auf die Probe gestellt wird, kann er nicht das Siegel der Kraft Gottes empfangen. Deshalb sagt der Herr zum begnadeten Paulus: „Es genügt dir meine Gnade; denn meine Kraft kommt in der Schwachheit zur Vollendung" (2 Kor 12, 9). Der Apostel selbst rühmt sich mit den Worten: „Sehr gern will ich mich also mehr meiner Schwachheiten rühmen, auf daß die Kraft Christi mich erfüllt" (ibid.). Und im Buch der Sprichwörter steht geschrieben: „Gott weist den zurecht, den er liebt; er züchtigt jedes Kind, mit dem er es gut meint" (3, 12). Schwachheiten sind für den Apostel Attacken der Feinde des Kreuzes Christi, die ihn und alle Christen ständig treffen, damit sie nicht überheblich werden angesichts der – wie Paulus es formuliert – „überreichen Offenbarung Gottes". Sie sollen vielmehr gerade wegen der erfahrenen demütigenden Schwachheiten im Streben nach Vollkommenheit aushalten und durch alle Anfechtungen hindurch das göttliche Geschenk heilig bewahren. Solche Schwachheiten sind für uns die versucherischen Gedanken und die Beschwerden des Leibes. Früher war der Leib der Christen, wenn sie gegen die Sünde kämpften, tatsächlichen tödlichen Schlägen und vielerlei anderen Qualen ausgesetzt. Deshalb standen diese Christen gleichsam auch schon weit über den Anfechtungen, die aus der von der Sünde infizierten menschlichen Natur kamen. Nachdem aber jetzt der Herr den Gemeinden überreichen Frieden geschenkt hat, muß bei denen, die sich um das geistliche Leben bemühen, der Leib immer wieder durch zahlreiche Mühsale auf die Probe gestellt und die Seele durch verführerische Gedanken geprüft werden. Das gilt vor allem für die, die sich in ihrem Wissen ganz und vollkommen sicher fühlen. Sie besonders werden auf die Probe gestellt, damit alle Eitelkeit und eingebildete Gedanken von ihnen fern bleiben. Aufgrund ihrer vielen Demütigungen sollen sie, wie ich schon sagte, das Siegel der göttlichen Schönheit empfangen. Von diesem Siegel steht geschrieben: „Das Licht deines

Angesichts laß über uns leuchten, Herr" (Ps 4, 7). Mit Freude und Dank sollen wir deshalb den Willen des Herrn annehmen. Denn uns wird das Ertragen von Krankheiten und der Kampf gegen quälende Gedanken und Vorstellungen wirklich als eine Art „zweites Martyrium" angerechnet. Denn der, der damals den heiligen Märtyrern durch gottlose Richter sagte: „Verleugnet Christus, strebt nach den Herrlichkeiten dieses Lebens!", der stürzt sich auch heute auf die Diener Gottes, um ihnen das Gleiche ohne Unterlaß einzureden. Der damals durch die teuflische Gesinnung seiner Diener den Leib der Heiligen folterte und die ehrenvollen Lehrer bis zum äußersten beleidigte, der überhäuft auch heutzutage die Gläubigen mit vielerlei Leiden, Widerwärtigkeiten und Schmähungen, besonders dann, wenn sie kraftvoll den Armen und Leidenden um der Ehre des Herrn willen zu Hilfe kommen. Deswegen ist es nötig, unbeirrt und geduldig das Zeugnis, ja das „Martyrium" unseres guten Gewissens vor Gott abzulegen. „Ich habe gehofft, ja gehofft habe ich auf den Herrn, und er erhörte mich" (Ps 39, 2).

Benedikt von Nursia

Der hl. Benedikt wurde um 480 in Nursia (dem heutigen Norcia) geboren. Zum Studium nach Rom geschickt, gab er dieses schon bald auf, um sich einer asketischen Gemeinschaft in Affile anzuschließen. Von dort begab er sich in eine Höhle bei Subiaco, und führte hier einige Jahre ein Leben der Einsamkeit vor Gott. Er versammelte bald Eremiten um sich herum, so daß aus seiner Einsiedelei mit der Zeit eine Ansiedlung von zwölf kleinen Klöstern wurde. 529 zieht er mit einigen Gefährten nach Monte Cassino und gründet dort jenes Kloster, das zur Hochburg des abendländischen Mönchtums werden sollte. Er dürfte um 547 gestorben sein.
Nach einem Wort von Gregor d. Gr. „konnte Benedikt nicht anders lehren, als er lebte", und er lebte nicht anders, als er lehrte. So wirft die von ihm überkommene Regel zugleich das tiefste Licht auf ihn selbst, der als „Vater des Abendlandes" bezeichnet wurde. Gewiß, die uns überlieferte Benediktusregel hat ihre heutige Gestalt weder in einem einzigen Wurf erhalten, noch geht sie ganz auf Benedikt selbst zurück. Die sogenannte „regula magistri" eines uns unbekannten Mönchsvaters war eine seiner Hauptquellen. Hinzu kamen Basilius, Augustinus und vermutlich auch die Lebensformen und -erfahrungen südgallischer Mönche, die ihrerseits wiederum aus den Quellen morgenländischen Mönchtums schöpften. Trotz dieses Verwobenseins in die Tradition atmet die Benediktregel ganz und gar den Geist ihres Verfassers: warme Güte, gewissenhafte Hirtensorge, nüchtern prägnante Anordnungen.
Kaum ein Text hat so Epoche gemacht, wie diese Regel Benedikts. Bis ins dreizehnte Jahrhundert hinein war sie die Klosterregel des Abendlandes und die magna charta des Mönchtums. Manche ihrer Einrichtungen wurden Gemeingut der Kirche, und viele ihrer Anweisungen für das geistliche Leben nahmen Bedeutung für alle Christen an. „Am Ursprung des geistigen Lebens im westlichen und südlichen Deutschland (gemeint ist ebenso Österreich wie die Schweiz) steht die Regel des hl. Benedikt" (Hermann Bahr).

Aus der Regel

Vorwort

Bereits das Vorwort ist ganz vom Buchstaben und Geist der heiligen Schrift durchdrungen. Die Benediktus-Regel will auch im Grunde nichts anderes sein als eine konkrete Übersetzung der Heiligen Schrift in das Leben all derer, die Gott suchen und das ewige Leben erben wollen. So ist sie Ausdruck einer Sehnsucht nach Gott, die sich entschlossen auf den Weg der Nachfolge Christi macht. Vor allem in den letzten Sätzen des Vorworts tritt ein besonderer Wesenszug Benedikts ausdrücklich hervor: das Maß. Nicht abschreckende asketische Bravourstücke wurden verlangt, aber auch nicht Mittelmäßigkeit, sondern der nüchterne Mittelweg zwischen Härte und Nachgiebigkeit, zwischen Anpasssung und Lauheit.

Höre, mein Sohn, auf die Lehren des Meisters und neige das Ohr deines Herzens; nimm die Mahnung des gütigen Vaters willig an und erfülle sie durch die Tat. So wirst du durch die Mühe des Gehorsams zu dem zurückkehren, von dem du dich in der Trägheit des Ungehorsams entfernt hast. So richtet sich denn jetzt mein Wort an dich: an jeden, der dem Eigenwillen entsagen und die starken und herrlichen Waffen des Gehorsams ergreifen will, um dem wahren König, Christus, dem Herrn, zu dienen.
So oft du etwas Gutes zu tun beginnst, bitte zuerst inständig darum, daß er es vollende. Dann braucht er, der uns jetzt gnädig unter seine Söhne aufgenommen hat, nie über unser böses Tun betrübt zu sein. Denn immer müssen wir ihm mit den Gaben, die er uns geschenkt hat, so gehorchen, daß er nie als erzürnter Vater uns, seine Söhne, enterbt oder als strenger Herr, zornig über unsere Sünden, uns wie nichtsnutzige Knechte der ewigen Strafe überantwortet, weil wir ihm zur Herrlichkeit nicht folgen wollten. Stehen wir also endlich einmal auf; die Schrift weckt uns und sagt: „Die Stunde ist gekommen, vom Schlaf aufzustehen“ (Röm 13, 11). Öffnen wir unsere Augen dem göttlichen Licht und hören wir mit erschrecktem Ohr, was die Stimme Gottes, jeden Tag uns mahnend, zuruft: „Wenn ihr heute seine Stimme hört, verhärtet euer Herz nicht!“ (Ps 94, 8). Ferner: „Wer Ohren hat zu hören, der höre, was der Geist den Gemeinden sagt!“ (Offb 2, 7). Und was sagt er? „Kommt, meine Söhne, hört mir zu! Ich will euch in der Furcht des Herrn unterweisen“ (Ps 33, 12). „Lauft, solange ihr noch das Licht des Lebens habt, damit euch nicht die Finsternis des Todes überfällt!“ (Joh 12, 35).
Das ruft der Herr der Volksmenge zu, in der er seinen Arbeiter sucht; er ruft nochmals: „Wer ist der Mensch, der das Leben liebt und gute Tage zu sehen wünscht?“ (Ps 33, 13). Wenn du das hörst

und antwortest: „Ich“, dann sagt Gott zu dir: „Willst du das wahre und ewige Leben haben, so bewahre deine Zunge vor dem Bösen und deine Lippen vor falscher Rede! Meide das Böse und tu das Gute, suche den Frieden und jage ihm nach!“ (Ps 33, 14–15). „Wenn ihr das tut, dann richte ich meine Augen auf euch und höre eure Gebete, und noch ehe ihr mich anruft, sage ich zu euch: Hier bin ich“ (Ps 33, 16). Was könnte uns ... willkommener sein als diese Stimme des Herrn, der uns einlädt? Seht doch, in seiner Güte zeigt uns der Herr den Weg zum Leben (vgl. Ps 15, 10).
Wir wollen uns also „mit dem Glauben umgürten“ (Eph 6, 14–15), in Treue das Gute tun und unter der Führung des Evangeliums die Wege gehen, die der Herr uns zeigt, damit wir ihn schauen dürfen, „der uns in sein Reich gerufen hat“ (vgl. 1 Thess 2, 12). Wenn wir im Zelt seines Reiches wohnen wollen, müssen wir mit guten Taten vorwärts eilen; sonst werden wir nie dorthin gelangen. Aber fragen wir doch den Herrn mit den Worten des Propheten „Herr, wer darf Gast sein in deinem Zelt, wer darf weilen auf deinem heiligen Berg?“ (Ps 14, 1). Brüder, hören wir auf diese Frage die Antwort des Herrn; er zeigt uns den Weg zu seinem Zelt und sagt: Wer makellos lebt und das Rechte tut; wer von Herzen die Wahrheit sagt und mit seiner Zunge nicht verleumdet; wer seinem Freund nichts Böses antut und seinen Nächsten nicht schmäht (Ps 14, 2–3); wer den bösen Teufel, der ihm etwas einflüstert, samt seiner Einflüsterung aus seinem Herzen vertreibt, ihn zunichte macht, seine Gedankenbrut packt und an Christus zerschmettert; wer den Herrn fürchtet und sich wegen seines treuen Dienstes nicht überhebt, sondern überzeugt ist, daß das Gute, das er hat, nicht sein eigenes Werk ist, sondern das Werk des Herrn. Solche Menschen preisen den Herrn, der in ihnen wirkt, und sagen mit dem Propheten: „Nicht uns, Herr, nicht uns, sondern deinem Namen gib die Ehre!“ (Ps 113, 9). So hat auch der Apostel Paulus von seiner Predigt nichts sich selber zugeschrieben; er sagt ja: „Durch die Gnade Gottes bin ich, was ich bin“ (1 Kor 15, 10). Und er sagt auch: „Wer sich rühmt, rühme sich des Herrn!“ (2 Kor 10, 17). Von solchen Menschen sagt der Herr im Evangelium: „Wer diese meine Worte hört und danach handelt, ist wie ein kluger Mann, der sein Haus auf einen Felsen baute. Ein Wolkenbruch kam, Stürme tobten und rüttelten an dem Haus aber es stürzte nicht ein; denn es war auf einen Felsen gebaut“ (Mt 7, 24–25).

So schließt der Herr (die Bergpredigt). Nun erwartet er von uns, daß wir diesen seinen heiligen Mahnungen Tag für Tag durch unsere Taten entsprechen. Deshalb sind uns die Tage dieses Lebens als Gnadenfrist geschenkt, damit wir vom Bösen ablassen und uns bessern. Sagt doch der Apostel: „Weißt du nicht, daß Gottes Langmut dich zur Umkehr führen will?" (Röm 2, 4). In seiner Güte sagt ja der Herr: „Ich habe kein Gefallen am Tod des Schuldigen, sondern daran, daß er umkehrt und am Leben bleibt" (Ez 33, 11).
Brüder, wir haben den Herrn gefragt, wer in seinem Zelt wohnen darf, und wir haben die Einlaßbedingungen gehört. Aber nur, wenn wir die Pflichten eines Bewohners erfüllen, werden wir Erben des Himmelreiches sein.
Nun müssen wir auch die Pflichten eines Bewohners erfüllen! Wir wollen also unser Herz und unseren Leib für den Dienst bereiten, für den heiligen Gehorsam gegen die Gebote! Weil wir das aber mit unserer natürlichen Kraft nicht zustande bringen, wollen wir vom Herrn die Hilfe seiner Gnade erbitten. Wenn wir den Höllenstrafen entrinnen und zum ewigen Leben gelangen wollen, müssen wir jetzt, solange noch Zeit ist und wir in diesem Leib wohnen, jetzt, da wir noch das Licht dieses Lebens schauen und Zeit haben, das alles zu erfüllen, müssen wir jetzt vorwärts eilen und tun, was uns für die Ewigkeit nützt.
Wir wollen also eine Schule für den Dienst des Herrn gründen. Bei dieser Gründung ist es unsere Absicht, nichts Hartes, nichts Schweres anzuordnen. Sollten jedoch Vernunft und Billigkeit zur Besserung von Fehlern und zur Bewahrung der Liebe da und dort etwas strengere Anforderungen stellen, so verlaß nicht gleich voll Angst und Schrecken den Weg des Heils, der am Anfang nun einmal eng sein muß. Sobald man aber im klösterlichen Leben und im Glauben Fortschritte macht, weitet sich das Herz und man geht den Weg der Gebote Gottes in unsagbarer Freude der Liebe. Wir wollen uns also nie der Leitung dieses Meisters entziehen, sondern im Kloster bis zum Tod an seiner Lehre festhalten und in Geduld am Leiden Christi teilnehmen, damit wir auch verdienen, Anteil zu haben an der Herrlichkeit seines Reiches (vgl. 1 Petr 4, 13; 8, 17). Amen.

Die Demut

Das folgende Kapitel über die Demut ist ein kurz gefaßter Aufriß der gesamten Lehre Benedikts vom geistlichen Leben. Das Bild der Leiter bzw. die Idee vom stufenförmigen Aufstieg zur Vollkommenheit ist seit Origenes (65ff) bekannt. Von den zwölf Stufen, die Benedikt nennt, stammen die ersten drei und die letzte von ihm selbst, die andern aus den Schriften Cassians (197ff). Der Mensch kann das Ziel seines Lebens, die vollkommene Liebe zu Gott, nur stufenweise, schrittweise erreichen, nicht aber in einem ersten schnellen Anlauf. Dies ist freilich nicht so zu verstehen, als ob man mit dem Erreichen einer höheren Stufe die unteren ein für allemal bewältigt hätte. Vielmehr geht der Christ einen Weg, bei dem er auf allen Stufen immer auch „Anfänger" bleibt.
Benedikt bezeichnet diesen Weg als „Demut". Er versteht darunter nicht Kriecherei oder äußeres Getue, sondern eine tiefere innere Haltung (die sich dann freilich auch im Äußeren kundgibt). Sie besteht darin, daß der Christ von seinem eigenen Unvermögen überzeugt ist und seine totale Abhängigkeit von Gott anerkennt, nicht nur in Wort und Gedanken, sondern in der praktischen Lebensführung. Die zwölf Stufen der Demut sind Entfaltung und konkrete Formen der Übereignung des Lebens an Gott. So ist Demut nur ein anderes Wort für das, was biblisch „Glauben" heißt. Demut ist die Zusammenfassung aller christlichen Tugenden, Anfang und Ende allen Strebens nach Vollkommenheit. Ziel des Weges ist jene Haltung, die „alles aus Liebe zu Christus" tut.

Brüder, die göttliche Schrift ruft uns zu: „Jeder, der sich erhöht, wird erniedrigt, und wer sich erniedrigt, wird erhöht werden" (Lk 14, 11; 18, 14; Mt 23, 12). Mit diesen Worten zeigt uns die Schrift, daß jede Erhöhung eine Art Stolz ist. Davor hütet sich der Prophet, wie seine Worte zeigen: „Herr, mein Herz ist nicht stolz, meine Augen blicken nicht überheblich. Ich habe keine großartigen Pläne und befasse mich nicht mit Dingen, die mir zu hoch und zu wunderbar sind" (Ps 130, 1). Aber was geschieht, wenn meine innere Haltung nicht demütig ist, wenn ich meine Seele stolz werden lasse? Dann behandelst du meine Seele, „wie man ein Kind behandelt, das man (gewaltsam) von der Mutterbrust wegnimmt" (Ps 130, 2).

Brüder, wenn wir den höchsten Gipfel der Erniedrigung erreichen und rasch zu dieser Erhöhung im Himmel gelangen wollen, zu der man durch die Erniedrigung in diesem Leben aufsteigt, dann müssen wir durch unseren Aufstieg in der Tugend jene Leiter errichten, die dem Jakob im Traum erschien und „auf der er Engel herab- und hinaufsteigen" (vgl. Gen 28, 12) sah. Dieses Herab- und Hinaufsteigen hat für uns ganz sicher keinen anderen Sinn, als daß man durch Erhöhung herab und durch Erniedrigung hinaufsteigt. Die aufgerichtete Leiter ist unser irdisches Leben, das der Herr himmelwärts aufrichtet, wenn sich unser Herz erniedrigt. Die Holme der Leiter deuten wir auf unseren Leib und unsere Seele. In diese Holme hat der göttliche (Gnaden-)Ruf die verschiedenen Stufen der Demut und der Tugend eingefügt, die wir ersteigen sollen.

Auf der ersten Stufe der Demut hält sich der Mensch immer „die Gottesfurcht vor Augen" (Ps 35, 2) und hütet sich sehr, sie zu vergessen. Stets denkt er an alle Gebote Gottes und erwägt immer in seinem Herzen, daß die Gottesverächter wegen ihrer Sünden das Feuer der Hölle brennen wird, daß aber die Gottesfürchtigen das ewige Leben erwartet. Jederzeit soll sich der Mensch freihalten von Sünden und Fehlern – von Gedankensünden, von Sünden der Zunge, der Hände, der Füße und des Eigenwillens, aber auch von den Begierden des Fleisches, und es soll ihm bewußt sein: Gott schaut immer vom Himmel her auf ihn herab, Gottes Auge sieht überall sein Tun und Lassen, und die Engel erstatten allezeit über ihn Meldung (vgl. Ps 13, 2).

Darauf weist der Prophet uns hin und zeigt, daß unsere Gedanken vor Gott stets offenliegen; er sagt: „Gott prüft Herz und Nieren" (Ps 7, 10). Und: „Der Herr kennt die Gedanken der Menschen" (Ps 93, 11). Und er sagt auch: „Du durchschaust meine Gedanken von fern" (Ps 138, 3). Und: „Das Denken des Menschen ist dir bekannt" (Ps 75, 11). Um aber seine verkehrten Gedanken gewissenhaft zu überwachen, soll der gute Bruder in seinem Herzen ständig das Wort wiederholen: Nur dann „bin ich untadlig vor ihm, wenn ich mich in acht nehme vor meiner Schlechtigkeit" (Ps 17, 24). Den eigenen Willen zu tun, verwehrt uns die Schrift, wenn sie sagt: „Wende dich ab von den Regungen deines eigenen Willens!" (Sir 18, 30). Auch flehen wir zu Gott im Gebet, daß „sein Wille an uns geschehe" (Mt 6, 10). Mit gutem Grund werden wir also

belehrt, nicht unseren eigenen Willen zu tun. So beachten wir die Mahnung der Heiligen Schrift: Es gibt Wege, die den Menschen recht erscheinen, die aber am Ende zur Tiefe der Hölle hinabführen. Wir zittern auch vor dem Wort, das über die Nachlässigen gesagt ist: „Verwerflich und abscheulich sind sie geworden, weil sie ihrem Willen gehorcht haben" (Ps 13, 1).
Daß aber auch die Begierden des Fleisches vor Gott immer offen zutage liegen, glauben wir deshalb, weil der Prophet zum Herrn sagt: „All mein Begehren liegt offen vor dir" (Ps 38, 10). Hüten wir uns also vor dem bösen Begehren; denn der Tod lauert an der Schwelle der Lust. Deshalb gebietet die Schrift: „Geh deinen Begierden nicht nach!" (Sir 18, 30).
Wenn also die Augen des Herrn die Guten und die Bösen beobachten, wenn der Herr immer „vom Himmel auf die Menschen herabschaut, um zu sehen, ob noch ein Verständiger da ist, der Gott sucht" (Ps 13, 2), und wenn die Engel, die uns zugeteilt sind, dem Herrn täglich, bei Tag und Nacht, unser Tun und Lassen melden, dann müssen wir in jedem Augenblick auf der Hut sein, damit uns Gott nicht irgendeinmal, wie der Prophet im Psalm sagt, „abtrünnig und verdorben" (Ps 13, 3) sehen muß. Er soll nicht, weil er uns in seiner Güte jetzt schont und auf unsere Bekehrung und Besserung wartet, dereinst zu uns sagen müssen: „Das hast du getan, und ich habe geschwiegen" (Ps 49, 21; Sir 2, 13).
Auf der zweiten Stufe der Demut liebt der Mönch seinen eigenen Willen nicht und findet keinen Gefallen daran, seine Wünsche zu erfüllen, sondern richtet sich in seinem Tun nach den Worten des Herrn, der sagt: „Ich bin nicht gekommen, um meinen Willen zu tun, sondern den Willen dessen, der mich gesandt hat" (Joh 6, 38). Ebenso heißt es in einer Schrift: Eigenwille bringt Strafe, Gebundenheit (an fremden Willen) erwirbt die Krone.
Auf der dritten Stufe der Demut unterwirft sich der Mönch seinem Oberen aus Liebe zu Gott in vollkommenem Gehorsam. So ahmt er den Herrn nach, von dem der Apostel sagt: „Er war gehorsam bis zum Tod" (Phil 2, 8). Auf der vierten Stufe der Demut übt der Mönch den Gehorsam in der Weise, daß er auch bei harten Aufträgen und bei solchen, die ihm zuwider sind, ja sogar bei Kränkungen aller Art still bleibt und bewußt die Geduld bewahrt. Er erträgt das alles, ohne sich entmutigen zu lassen oder wegzulaufen; denn er denkt an das Wort der Schrift: „Wer bis zum Ende stand-

haft bleibt, der wird gerettet" (Mt 10, 22), und an das andere Wort: „Hab festen Mut und ertrage den Herrn!" (Ps 26, 14). Um zu zeigen, daß der Getreue für den Herrn auch alles Widrige ertragen muß, legt die Schrift denen, die leiden, diese Worte in den Mund: „Um deinetwillen werden wir hingemordet Tag für Tag und wie Schafe behandelt, die zum Schlachten bestimmt sind" (Ps 43, 22; Röm 8, 36). Weil sie aber zuversichtlich auf Gottes Vergeltung hoffen, fügen sie freudig die Worte hinzu: „Doch all das überwinden wir durch den, der uns geliebt hat" (Röm 8, 37). Und anderswo sagt die Schrift: „Gott, du hast uns geprüft, du hast uns im Feuer geläutert, wie man das Silber im Feuer läutert; du hast uns in die Schlinge geraten lassen, hast drückende Lasten auf unsere Schultern gelegt" (Ps 65, 10f). Und um zu zeigen, daß wir unter einem Oberen stehen müssen, fügt sie hinzu: „Du hast uns in die Gewalt von Menschen gegeben" (Ps 65, 12). Sie erfüllen aber auch das Gebot des Herrn durch ihre Geduld bei Unrecht und Kränkung: Wenn „sie auf eine Wange geschlagen werden, halten sie auch die andere hin; dem, der ihnen das Hemd wegnimmt, überlassen sie auch den Mantel; werden sie gezwungen, eine Meile mitzugehen, dann gehen sie zwei mit" (Mt 5, 39ff). Wie der Apostel Paulus ertragen sie „falsche Brüder und Verfolgung" (2 Kor 11, 26) und „segnen die Menschen, die sie verfluchen" (1 Kor 4, 12). Auf der fünften Stufe der Demut bekennt der Mönch seinem Abt demütig, und ohne etwas zu verbergen, alle bösen Gedanken, die in seinem Herzen aufsteigen, und alles Böse, das er heimlich getan hat. Dazu mahnt uns die Schrift mit den Worten: „Offenbare dem Herrn deinen Weg und vertraue ihm!" (Ps 36, 5). Sie sagt auch: „Bekennt dem Herrn; denn er ist gütig; denn ewig währt sein Erbarmen" (Ps 105, 1; 117, 1). Und der Prophet sagt: „Ich bekannte dir meine Sünde, und mein Unrecht verhehlte ich nicht. Ich sagte: ‚Ich will mich anklagen und vor dem Herrn mein Unrecht gestehen. Da hast du alle Schuld meines Herzens verziehen' (Ps 31, 5).

Auf der sechsten Stufe der Demut ist der Mönch mit dem Allergeringsten und Schlechtesten zufrieden, und bei jedem Auftrag, den er erhält, betrachtet er sich als schlechten und untauglichen Arbeiter. Er sagt sich mit dem Propheten: „Ich bin zunichte geworden und war ohne Verstand. Wie ein dummes Tier bin ich vor dir. Und doch bleibe ich stets bei dir" (Ps 72, 22f). Auf der siebenten Stufe der Demut bekennt sich der Mönch nicht nur mit

Worten als den Niedrigsten und Geringsten von allen, sondern ist davon auch im innersten Herzensgrund überzeugt. Er demütigt sich und sagt mit dem Propheten: „Ich bin ein Wurm und kein Mensch, der Leute Spott, vom Volk verachtet“ (Ps 21, 7). „Ich habe mich erhoben, da wurde ich erniedrigt und beschämt“ (Ps 87, 16). Und wieder: „Es war gut für mich, daß du mich gedemütigt hast; so lernte ich deine Gebote“ (Ps 118, 71.73).

Auf der achten Stufe der Demut tut der Mönch nur das, wozu die gemeinsame Regel des Klosters und das Beispiel der Ältesten mahnen.

Auf der neunten Stufe der Demut hält der Mönch seine Zunge vom Reden zurück, bleibt still und redet nicht, bis er gefragt wird (vgl. Ps 33, 14). Lehrt doch die Schrift, daß man beim vielen Reden der Sünde nicht entgeht und daß „der Schwätzer auf der Erde keine Richtung hat“ (Ps 139, 12).

Auf der zehnten Stufe der Demut ist der Mönch nicht leicht zum Lachen bereit, weil geschrieben steht: „Nur der Tor bricht in schallendes Gelächter aus“ (Sir 21, 23).

Auf der elften Stufe der Demut spricht der Mönch, wenn er redet, freundlich und ohne zu lachen, bescheiden und gesetzt; er sagt wenige und überlegte Worte und macht kein Geschrei, wie es in einer Schrift heißt: Den Weisen erkennt man an der Kürze seiner Rede.

Auf der zwölften Stufe der Demut ist der Mönch nicht nur im Herzen demütig; auch an seinem ganzen äußeren Verhalten kann man seine Demut jederzeit erkennen: beim Gottesdienst, im Oratorium, im Kloster, im Garten, unterwegs, auf dem Feld, kurz überall; mag er sitzen, gehen oder stehen, senkt er stets den Kopf und richtet den Blick auf den Boden. Wegen seiner Sünden hält er sich jederzeit für schuldig und denkt, er sei bereits vor das schreckliche Gericht Gottes gestellt. Ständig wiederholt er in seinem Herzen die Worte des Zöllners im Evangelium, der den Blick auf den Boden richtete und sagte: „Herr, ich Sünder bin es nicht wert, meine Augen zum Himmel zu erheben“ (Lk 18, 13). Und mit dem Propheten sagt er: „Gebeugt bin ich und tief gedemütigt“ (Ps 37, 9).

Hat nun der Mönch alle diese Stufen der Demut erstiegen, dann gelangt er bald zu jener Gottesliebe, „die vollkommen ist und die Furcht vertreibt“ (1 Joh 4, 18). In der Kraft dieser (Liebe) beginnt er, alle Vorschriften, die er bisher nur aus Angst beobachtete, jetzt ohne Mühe, infolge der Gewöhnung wie von selbst zu erfüllen, nicht mehr aus Furcht vor der Hölle, sondern aus Liebe zu Christus, und weil das Gute ihm zur Gewohnheit, die Tugend zur Freude geworden ist. Diesen Zustand der Vollendung wird der Herr durch den Heiligen Geist huldvoll an seinem Arbeiter offenbar machen, der frei geworden ist von Fehlern und Sünden (vgl. Röm 5, 5).

Maximus Confessor

Maximus Confessor ist der wohl bedeutendste Theologe des 7. Jahrhunderts. Im Jahr 580 vermutlich in Konstantinopel geboren, erhielt er eine glänzende, ihn für die politische Laufbahn befähigende Ausbildung. Doch nur kurze Zeit war er Sekretär des oströmischen Kaisers Herakleios. Schon um 613/14 schlug er den Weg des Mönchtums ein. Von Kleinasien mußte er wegen des Vordringens der Perser erst nach Kreta und Zypern, dann nach Afrika fliehen. Hier wurde er in die Auseinandersetzungen mit dem sogenannten Monotheletismus verwickelt. Diese christologische Häresie vertrat die Auffassung, daß es in Jesus Christus nur einen Willen, nur eine Tätigkeit, nur eine „Energie", nämlich die göttliche, gibt. Damit wurde das volle Menschsein Jesu (sein menschlicher Wille, sein menschliches Tun, seine menschliche Freiheit) mindestens verdunkelt. Demgegenüber vertrat Maximus die volle Menschlichkeit Jesu, setzte sich für sie in Wort und Schrift ein und nahm auch an der römischen Lateransynode von 649 teil, wo der Monotheletismus verurteilt wurde. Wegen der damaligen Verwicklung von Theologie, Kirchen- und Staatspolitik wurde er vom oströmischen Kaiserhof zunächst verbannt, dann wegen erneuten Ungehorsams gegen den Kaiser zur Verstümmelung der Zunge und der rechten Hand verurteilt und mußte schließlich erneut ins Exil, wo er am 13. 8. 662 als Zeuge des wahren Christus-Bekenntnisses starb.
Zirka neunzig Schriften sind uns von ihm überkommen, in deren Mitte Christus als innerster Bezugspunkt seines Denkens steht. Formal gesehen haben wir in ihnen die in jener Zeit bedeutendste Synthese von östlicher und westlicher Theologie und Spiritualität vorliegen.

Aus den „Viermal hundert Sprüchen über die Liebe"

Die „Viermal hundert Sprüche über die Liebe" sind das wohl „liebenswürdigste und leichteste Werk" des Maximus, das sich „beinah von selbst erklärt" (H.U. v. Balthasar). Literarisch übernahm Maximus die Hundert-Sprüche-Form von Euagrios Pontikos, dem großen Mönchstheologen des 4. Jahrhunderts, von dessen Denken und Spiritualität er auch sonst stark geprägt ist. Die „Viermal hundert Sprüche" werden bei Maximus zu einem praktischen Spiegel des christlichen Lebens, an dessen Grund die Liebe steht. Liebe besagt dabei den absoluten Vorrang Gottes, die innere Freiheit von irdischen Dingen und Zuständen, die Aufgabe des Egoismus und den selbstlosen Einsatz für den Nächsten, für Freund und Feind.

Die im folgenden nach Themenkreisen geordneten ausgewählten 63 Sprüche eignen sich kaum zu einer durchlaufenden Lektüre. Viel eher ist jeder von ihnen (ähnlich wie die „Apophthegmata Patrum") eine Einladung zum stillen Nachdenken und Meditieren, noch besser: zum Einprägen und Repetieren während des Tages. So wie Maximus in der Liebe, die sich auf vielfältige Weise entfaltet und konkretisiert, die Grundlage allen geistlichen Lebens sieht, so kann die Orientierung an den einzelnen Sprüche dazu helfen, das eigene Leben von der Liebe her prägen zu lassen.

Von der Gottesliebe

Die Liebe ist jene gute Verfassung der Seele, die sie kein Seiendes der Erkenntnis Gottes vorziehen läßt. Unmöglich aber ist es, zu dieser Dauerhaltung der Liebe zu gelangen, solange man einem irdischen Ding verfallen ist.

*

Die Seele wird dann lauter, wenn sie, von ihren Verfallenheiten befreit, sich immerfort an der göttlichen Liebe freut.

*

Die Liebe wird erzeugt von der inneren Freiheit, diese von der Hoffnung auf Gott, diese von Beharrlichkeit und Großmut, diese beiden von wachsamer Selbstzucht, diese von der Furcht Gottes, und diese vom Glauben an Christus, den Herrn.

*

Nicht um eines Bedürfnisses willen hat Gott, der Übervolle, die Dinge ins Sein gebracht, sondern damit sie sich, analog an ihm teilnehmend, erfreuten, er selber aber sich an seinen Werken erfreute, im Anblick ihres Erfreutseins, während sie ewig ohne Überdruß am Nie-Verleidenden sich ersättigen.

*

Wenn alles wirklich durch Gott... geworden ist, Gott aber höher steht als seine Geschöpfe, dann zeigt der Mensch, der Gott, den unvergleichbar Überlegenen, verläßt, um den geringeren Dingen anzuhängen, daß ihm die Geschöpfe wertvoller sind als Gott.

Wer sein Herz fest in Gott eingegründet hält, schätzt alles Sichtbare und den eigenen Leib wie ein Fremdes gering.

*

Ist die Seele wertvoller als der Leib, und unvergleichlich wertvoller als die Welt der sie schaffende Gott, dann unterscheidet sich einer, der den Leib der Seele und die Welt Gott vorzieht, in nichts von den Götzendienern.

*

Wer eine Sache begehrt, will sie auch haben. Von allen guten und begehrenswerten Dingen ist Gott das unvergleichlich beste und erstrebenswerteste. Welchen Eifer sollten wir deshalb zeigen, das wesenhaft Gute und Begehrenswerte zu erreichen.

*

Selig der Mann, der sich an kein vergängliches, vorübergehendes Ding und Geschäft hängt.

*

Keines der Dinge, die Gott uns zum Gebrauch geschenkt hat, verbietet uns die Heilige Schrift, sie tadelt nur die Maßlosigkeit und stellt das Unvernünftige daran zurecht. Sie verbietet zum Beispiel nicht zu essen, nicht Kinder zu zeugen, nicht Vermögen zu besitzen und es auf rechte Art zu verwalten, sie verbietet nur die Völlerei, die Unzucht und so fort. Sie verbietet übrigens auch nicht, an diese Dinge zu denken (sie sind da, um bedacht zu werden), sondern nur, von Leidenschaft getönte Gedanken darauf zu verwenden.

*

Von den Dingen, die wir im Hinblick auf Gott tun, werden die einen nach dem Gebot getan, die andern nicht nach dem Gebot, sondern sozusagen in freiwilliger Darbringung. Zum Gebot gehört etwa: Gott lieben und den Nächsten, die Feinde lieben, nicht ehebrechen, nicht morden und dergleichen. Übertreten wir es, so. verfallen wir dem Gericht. Nicht unter das Gebot fällt: jungfräulich sein, Ehelosigkeit, Besitzlosigkeit, zurückgezogenes mönchisches Leben und dergleichen. Diese Dinge haben den Charakter von Geschenken, so daß, wenn wir gewisse Gebote aus Schwäche nicht zu halten vermochten, wir durch Geschenke uns den guten Herrscher versöhnen.

*

Alle Tugenden helfen dem Geist zum göttlichen Eros* hin, mehr als alle aber das lautere Gebet. Auf den Schwingen desselben zu Gott hin entfliehend, gelangt er aus allem Geschöpflichen heraus.

*

Wenn durch die Liebe der Geist von der Gottes-Einsicht weggeraubt wird und, außerhalb aller Dinge geraten, die göttliche Grenzenlosigkeit zu erfüllen beginnt, dann wird er, wie der göttliche Jesaja, überwältigt der eigenen Niedrigkeit sich bewußt und wiederholt mit Überzeugung die prophetischen Worte: „Weh mir! Ich bin verloren! Denn ich bin ein Mensch mit unreinen Lippen, ich wohne inmitten eines Volkes mit unreinen Lippen und habe doch mit meinen Augen den König, den Herrn der Heerscharen, gesehen!“ (Jes 6, 5)

*

Wer Gott aufrichtig liebt, der betet auch wahrhaftig ohne Zerstreuung, und wer wahrhaft ohne Zerstreuung betet, der liebt auch aufrichtig Gott. Wer nicht unzerstreut betet, der ist an irgend etwas Irdisches gekettet, so liebt denn auch der Gott nicht, der an irgendein Irdisches seinen Geist gekettet behält.

*

Was einer liebt, daran hängt er sich auch; er setzt sich über alle trennenden Hindernisse hinweg, um es nicht vermissen zu müssen. So auch, wer Gott liebt: Er müht sich um lauteres Gebet, und alle Verfallenheit, die ihm hindernd entgegentritt, wirft er aus sich hinaus.

*

Ein Sperling, am Fuß eingeklemmt, kann, auch wenn er will, nicht auffliegen, weil die Fessel ihn an der Erde zurückhält. So der Geist,

* = liebendem Streben nach Gott

der die innere Freiheit noch nicht gewann: Er möchte zur Erkenntnis der himmlischen Dinge auffliegen und wird, von den Leidenschaften gefesselt, auf Erden zurückgehalten.

*

Ist der Geist von aller Verfallenheit frei geworden, so strebt er unverwandt auf dem Weg der Beschauung der wirklichen Dinge voran, der Einsicht der Heiligen Trinität entgegen.

*

Wir sind zahlreich, die da reden, wenige, die da handeln. Es soll aber keiner Gottes Wort durch eigene Saumseligkeit verfälschen, vielmehr die eigene Schwäche bekennen und dabei Gottes Wahrheit nicht verhüllen, damit wir nicht nach Übertretung der Gebote auch noch der Verdrehung des Gotteswortes uns schuldig machen.

*

Wer die Schwäche der menschlichen Natur erkennt, hat gleichzeitig die Erfahrung der göttlichen Kraft gemacht. Mit ihr zusammen hat er zuweilen recht getan, zuweilen versucht, das Rechte zu tun, und dabei niemals irgendwen verachtet. Weiß er doch, daß, wie Gott ihm half, von vielen bösen Leidenschaften und sonstigen Übeln frei zu werden, er gleichfalls die Macht hat, allen zu helfen, denen er will, vornehmlich denen, die sich um seinetwillen bemühen. Er kann seine Gründe haben, sie nicht auf einen Schlag von allen Verfallenheiten zu befreien, sondern alle Beflissenen zu gegebenen Zeiten zu heilen, als ein guter und freundlicher Arzt.

*

Aus fünf Gründen bekommen die Dämonen Erlaubnis von Gott, uns anzugreifen. Erstens damit wir ... zur Unterscheidung zwischen Tugend und Laster gelangen. Zweitens damit unsere Tugend, durch Kampf und Mühsal errungen, uns gefestigt und unverrückbar werde. Drittens damit wir, in der Tugend fortschreitend, uns nicht überheben, sondern lernen, uns zu demütigen. Viertens damit wir, vom Laster versucht und es kennenlernend, mit vollendetem Hasse es hassen. Fünftens und vor allem, damit wir, zur inneren Freiheit gelangt, unsere eigene Schwäche niemals vergessen und somit auch nicht die Kraft dessen, der uns geholfen hat.

Vollkommene Liebe hat noch nicht erreicht, auch nicht Erkenntnis in der Tiefe der göttlichen Vorsehung, wer zur Zeit der Anfechtung in den zustoßenden Übeln nicht mit hohem Mut durchharrt, sondern von der Liebe zu den geistlichen Brüdern sich abtrennt.

Von der Nächstenliebe

Wer Gott liebt, kann nicht umhin, auch jeden Menschen wie sich selber zu lieben, auch wenn er die Verfallenheiten der noch Ungereinigten nur widerwillig erträgt. Wenn er deshalb ihre Bekehrung und Besserung miterlebt, dann freut er sich mit unermeßlicher, unsäglicher Freude.

*

Wer in seiner Seele eine Spur von Haß gegen irgendwen ob irgendwelcher Beleidigung entdeckt, der ist noch immer ganz fremd der Liebe zu Gott. Denn Gottesliebe und Menschenhaß sind in jeder Hinsicht unverträglich.

*

„Wer mich liebt", sagt der Herr, „der wird meine Gebote halten; das aber ist mein Gebot, daß ihr einander liebt" (Joh 14, 15; 15, 12). Wer also den Nächsten nicht liebt, hält das Gebot nicht, und wer das Gebot nicht hält, kann den Herrn nicht lieben.

*

Selig der Mann, der alle Menschen gleicherweise lieben kann.

*

Du kannst die einen nicht ausstehen, andere sind dir weder liebens- noch hassenswert, andere liebst du, aber nur mäßig, andere liebst du heftig. An dieser Ungleichheit merke, daß du noch fern bist von der vollkommenen Liebe, die sich vornimmt, alle Menschen gleich sehr zu lieben.

*

Wer Gott liebt, der liebt durchaus auch den Nächsten. Er kann seine Besitztümer nicht für sich behalten, sondern verschwendet sie, so wie Gott es tut, indem er jedem Bedürftigen beisteht.

Wer in Nachahmung Gottes Almosen gibt, kennt nicht den Unterschied zwischen Bösen und Guten, Gerechten und Ungerechten, wenn einer in leiblicher Not ist; er gibt allen gleichmäßig je nach Bedürftigkeit, auch wenn er den Tugendhaften um seines guten Wollens willen dem Verkehrten vorzieht.

*

Am Verteilen der eigenen Güter wird die Liebe abgelesen, aber noch viel mehr am Verteilen des Wortes Gottes und am leiblichen Dienst am Nächsten.

*

Wer von Herzen den weltlichen Dingen den Abschied gegeben und ohne Verstellung sich zum Diener am Nächsten gemacht hat, der ist schnell genug von aller Verfallenheit frei geworden und teilhaft der göttlichen Liebe und Einsicht.

*

„Die Liebe tut dem Nächsten nichts Böses an“ (Röm 13, 10). Seinen Bruder beneiden, traurig sein ob seiner Ehrung, seinen guten Ruf mit hämischen Worten beflecken, ihm zuweilen eine boshafte Falle stellen: wie stünde, wer das tut, nicht außerhalb der Liebe und zöge sich nicht ewige Strafe zu?

*

„Die Fülle des Gesetzes ist die Liebe“ (Röm 13, 10). Wer nachträgerisch ist seinem Bruder gegenüber, wer ihm listige Fallen stellt, ihm Böses wünscht und Freude hat, wenn er hineinfällt, wie stünde ein solcher nicht außerhalb des Gesetzes und zöge sich nicht ewige Strafe zu?

*

„Wer seinen Bruder verleumdet und richtet, der verleumdet und richtet das Gesetz“ (Jak 4, 11). Das Gesetz Christi aber ist die Liebe. Wie sollte demnach der Verleumder nicht aus der Liebe heraus- und der ewigen Strafe verfallen?

*

Leihe dein Ohr nicht einer verleumderischen Zunge, noch deine

Zunge einem tadelsüchtigen Ohr aus Vergnügen am Geschwätz gegen den Nachbarn, sonst fällst du aus der Liebe Gottes heraus und entfremdest dich selbst dem ewigen Leben.

*

Die vollkommene Liebe zertrennt nicht die eine Natur aller Menschen aufgrund ihrer verschiedenen Meinungen und Verfaßtheiten. Sie blickt immerfort auf diese Einheit und liebt deshalb alle Menschen gleicherweise. Die Eifrigen liebt sie als Freunde, die Verkehrten als Feinde, indem sie ihnen Gutes erweist und in Langmut ihre Nachstellungen erträgt, in keiner Weise das angetane Schlimme bedenkt, ja sogar für sie leidet, wenn sich Gelegenheit dafür bietet. Sie macht sie sich so vielleicht zu Freunden; wenn nicht, fällt sie wenigstens nicht von sich selber ab, trägt vielmehr immer die Früchte der Liebe in gleicher Weise zu allen Menschen. So hat auch unser Herr Jesus Christus seine Liebe zu uns erwiesen, indem er für die gesamte Menschheit starb und allen in gleicher Weise die Hoffnung der Auferstehung schenkte, wenn auch jeder sich selber der Verherrlichung wie der Strafe würdig machen kann.

*

Hat dich einer geschmäht? So hasse ihn nicht, sondern die Schmähung und den Teufel, der ihn zum Schmähen reizte. Hassest du den Schmähenden, so hassest du einen Menschen und übertrittst das Gebot, und was jener mit Worten getan hat, das tust du mit Werken. Hältst du aber das Gebot, so erzeige ihm Liebe, und wenn du es irgend vermagst, so hilf ihm, um ihn vom Bösen freizubekommen.

*

Christus will nicht, daß du gegen irgendwen Haß hegst oder Verbitterung oder Groll oder Rachegedanken, auf welche Art oder um welches Anlasses willen es auch sein mag. Das künden überall laut die vier Evangelien.

*

Wenn Liebe durch Langmut und Güte bestimmt wird, dann ist der Erzürnte, mit Bösem Vergeltende offenbar der Liebe fremd; wer aber der Liebe fremd ist, ist Gott fremd, weil Gott die Liebe ist.

Willst du nicht aus der Liebe Gottes herausfallen, so laß den Bruder sich nicht zur Ruhe legen, wenn er etwas gegen dich hat; auch du lege dich nicht nieder mit einer Bitterkeit gegen ihn, sondern „Geh hin, versöhne dich mit deinem Bruder, dann komm“ und opfere Christus in lauterem Gewissen und feurigem Gebet das Opfergeschenk der Liebe (Mt 5, 24)

*

Verletze nie deinen Bruder durch doppelsinnige Worte, damit er nicht etwa auf deinen Ton eingehe und ihr beide aus der Haltung der Liebe fallt. Geh lieber in aller Offenheit der Liebe zu ihm und sprich dich mit ihm aus; dann wird der Anlaß der Verbitterung aufgehoben, und ihr beide werdet frei von dem, was euch wirrt und bedrückt.

*

Bist du verbittert gegen jemanden, so bete für ihn, dann bringst du den Ruf der Leidenschaft zum Stehen, denn das Gebet trennt die Verbitterung wegen des angetanen Unrechts aus dem Gedächtnis. Wirst du gar liebend und menschenfreundlich, dann hast du die Leidenschaft aus der Seele getilgt. Tut einer dir Unrecht, so benimm dich freundlich und demütig ihm gegenüber, behandle ihn gut, und du wirst ihn von seiner Leidenschaft befreien.

*

Hüte dich, wenn dein Bruder sich im allgemeinen eines guten Rufes erfreut, ihn aus einem dir im Herzen verborgenen Ressentiment im Reigen der übrigen Brüder zu verdächtigen, indem du heimlich deinen Worten einen Tadel untermischst. Im Gegenteil, rühme ihn offen vor der Gemeinschaft und bete aus ganzem Herzen für ihn wie für dich, und rasch wirst du von dieser verderblichen Abneigung geheilt sein.

*

Wer sich neugierig um die Fehler der andern kümmert oder auf bloße Mutmaßung hin den Bruder richtet, hat noch nicht den Grund zur Umkehr gelegt und dafür, seine eigenen Fehler einmal zu erforschen, die doch in Wahrheit schwerer sind als ein ungeheures Bleigewicht. Er weiß nicht, woher „der Mensch“ kommt „mit dem schweren Herzen, verliebt in die Eitelkeit und die Lüge suchend“ (Sach 5, 7; Ps 4, 5). Wie ein Tor, der im Finstern ausschreitet, kümmert er sich nicht um seine Sünde, malt sich aber die der andern aus, wirkliche oder nur angenommene, vermutete.

Von der Nachfolge Christi

Wer Christus liebt, der ahmt ihn durchaus, soweit er kann, nach. Zum Beispiel hat Christus nicht abgelassen, den Menschen wohlzutun; waren sie undankbar und lästerten sie, so ertrug er es großmütig; schlugen sie ihn und übergaben sie ihn dem Tode, er duldete es und sann auf kein Böses. Diese drei sind die Werke der Nächstenliebe; lehnt einer sie ab, so betrügt er sich selbst, wenn er vorgibt, Christus zu lieben und seines Reiches teilhaft zu sein. „Nicht wer zu mir sagt: Herr! Herr!, geht in das Himmelreich ein, sondern wer den Willen meines Vaters tut“ (Mt 7, 21). Und wiederum: „Wer meine Gebote hält, der ist es, der mich liebt“ (Joh 14,15).

*

Du willst den Weg finden, der zum Leben führt? Suche ihn auf jenem Weg, der von sich sagt: „Ich bin der Weg, die Wahrheit und das Leben“ (Joh 14, 6), so wirst du ihn finden. Aber gib dir viel Mühe beim Suchen, denn „wenige sind es, die ihn finden“ (Mt 7, 14); sieh zu, daß du nicht, aus der Zahl der Wenigen verstoßen, unter den Vielen erfunden werdest.

*

Wer in sich die göttliche Liebe besitzt, dem ist es nicht Mühsal, seinem Herrn und Gott nachzufolgen, nach dem göttlichen Jeremia (Jer 17, 6); er trägt doch alle Mühsal, Beleidigung und Gewalttat gern und von Herzen und denkt dabei keinem etwas Böses an.

Register spiritueller Schlüsselworte

Textnachweise

Übernahme von Übersetzungen

1. Diognet-Brief
Aus: Balthasar, H.U. v. (Hg.), Griechische Apologeten des zweiten Jahrhunderts, Johannes-Verlag Einsiedeln, Freiburg 1958, 97–106, vergriffen.

2. Aus den Homilien zum Buche Numeri
Aus: Balthasar, H.U. v. (Hg.), Origenes. Geist und Feuer. Ein Aufbau aus seinen Schriften, Neuausgabe: Johannes Verlag Einsiedeln, Freiburg ^{3}1991, Christliche Meister 43 S. 81f, 83–91.

3. Aus den „Worten der Väter"
Aus: Miller B., Weisung der Väter, Paulinus-Verlag, Trier, ca. 3 Seiten, ausgewählt aus dem Gesamtwerk.

4. Aus der Regel des Benedikt von Nursia
Aus: Steidle, B. (Hg.), Die Benediktus-Regel, lat. -dt., Beuroner Kunstverlag, Beuron ^{3}1978, 55.57.59.61.–71.73.75.77.–81.83.85.87.89.

5. Aus den „Viermalhundert Sprüchen über die Liebe"
Aus: Balthasar H.U. v., Kosmische Liturgie, Johannes-Verlag Einsiedeln, Freiburg ^{3}1988, 415–481, davon 11 Seiten ausgewählt.

Topos Taschenbücher
Die Reihe mit dem klaren Profil

Topos Taschenbücher
Die Reihe mit dem klaren Profil

225 Hoffmann-Herreros, Thomas Merton
226 Romero, Die notwendige Revolution
227 Schroedel/Sobotta, „Ich möchte ja gerne"
228 Guardini, Der Sonntag, gestern, heute und immer
229 Aretz, Nikolaus Groß
230 Bühlmann, Zehn Gebote für die Zukunft der Welt
231 Guardini, Geistliche Schriftauslegung
232 Herbstrith, Verweilen vor Gott
233 Bühlmann, Gottes große Überraschung
234 Herbstrith, Edith Stein
235 Mut zum Leben
236 Walter, Meinen Bund
237 Welte, Die Würde des Menschen
238 Benker, Die Gemeinschaften des Karmel
239 Conrad, Mit Klugheit, Mut und Zuversicht
240 Frielingsdorf, Glück im Unglück
241 Beyer, Simone Weil
242 Guardini, Nähe des Herrn
243 Jakobi, Sehnsucht nach Leben
244 Kranz, Augustinus
245 Rath/Schütz, Der Benediktinerorden
246 Schaller, Treue zum eigenen Weg
247 Maiberger, Das Alte Testament
248 Pausch/Pausch, Kraft in den Schwachen
249 Bossis, Mein Herz erwartet euch
250 Geerlings/Greshake, Quellen geistlichen Lebens
251 Herbstrith, Biblische Meditationen
252 Guardini, Engel

Matthias-Grünewald-Verlag · Mainz